Heinz Prüller

Das große Happel Fußballbuch

Training · Taktik · Tricks

Orak WIEN · MÜNCHEN · ZÜRICH

Bildquellenverzeichnis:

ANP (1); C. Birbaumer (1); Chrisap-Foto (1); Frischauf, Innsbruck (1); G. Gradwohl (5); Maislinger (2); G. Moser, Innsbruck (14); Privatfotos (2); Schatzer, Wien (7); G. Schubert, Wien (1); Spieß, Innsbruck (2); Sündhofer, Wien (1); Votava, Wien (48)

Copyright © 1993 by Heinz Prüller
Jede, auch nur teilweise Zitierung und jegliche Verwendung von Informationen aus dem Inhalt dieses Werkes bedarf der schriftlichen Zustimmung des Urhebers. Ein Verstoß wird in straf- und schadenersatzrechtlicher Hinsicht verfolgt.

ISBN 3-7015-0304-4
Schutzumschlag und grafische Gestaltung der Bildteile: Rudolf Kasparek-Koschatko
Satz: Friedrich Brandstetter, Wien
Druck und Bindearbeiten: Wiener Verlag, Himberg bei Wien

Inhaltsverzeichnis

I. MYTHOS HAPPEL	7
HAPPELS FUSSBALL-EVANGELIUM	13
WIE DER FUSSBALL SEIN LEBEN RETTET	15
DAS UNGARISCHE WUNDERTEAM	27
FEYENOORD UND DER „FUSSBALL 2000"	30
BRÜGGE: DIE ABENTEUER MIT EDI KRIEGER	37
HSV: IMMER IN SEINEM HERZEN	40
II. DER STRATEGE	
HAPPELS ALL-STARS: „MEINE BESTEN"	44
ALS SPION BEI ANDEREN TRAINERN	45
ANGRIFFSÜBUNGEN	65
DAS MITTELFELD	75
TAKTISCHE ÜBUNGEN	82
HAPPELS BESTE IDEEN	84
MODERNE ÜBUNGEN	87
MANNSCHAFT AUS DER SICHT DES TRAINERS	90
III. DAS HAPPEL-ERBE	92
FUSSBALLTRAINER: KOLLEGEN ODER INTRIGANTEN?	120
FRÜHER 7,5 MILLIONEN TEAMCHEFS, JETZT NUR EINER	124
ALLE TEAMCHEFS SEIT 1945	126
HAPPEL UND DIE WM: NEUE HOFFNUNG	127
HAPPEL „RÖNTGENISIERT" SEINE SPIELER	152
DER ÖFFENTLICHE HAPPEL	165
SEIN STILLER KAMPF	168
WER HAT DEN GRÖSSTEN SEGEN?	174
PROHASKA, DER HAPPEL-ERBE	185
ALLE SPIELE HAPPELS FÜR RAPID	190

*»Das Happel-Buch
ist eine Pflicht-Lektüre«*

ÖFB-Teamchef Herbert Prohaska

I. Mythos Happel

Griechenland am 10. März, Frankreich am 27. März, Bulgarien am 14. April. Der große Fußball, nach Happels Tod am 14. November 1992 in Europa stillgestanden, überschlägt sich wieder. Und fast überall, wo er aufspringt, steht „Happel".

Brausen und Brodeln, Tore, Tränen und Triumphe: die täglichen Emotionen von „König Fußball", dem Sport mit den tausend Gesichtern und den hundert Wahrheiten, auch im Jahr 1 nach dem großen Zauberer.

Die Fußball-Geschichtsschreibung sagt: „Auf den Tag genau 36 Jahre, nachdem er der spanischen Wundermannschaft Real Madrid drei Tore geschossen hat, ist Happel in einem Blitzlichtgewitter zum letztenmal aus dem Wiener Stadion gegangen – als 5:2-Sieger über Israel in seinem letzten Match."

Stimmt nicht ganz:

14. November 1956: Rapid – Real Madrid 3:1.

14. November 1992: Happels Todestag. Fast melodramatisch.

Jetzt führt Herbert Prohaska, mit dem Happel-Erbe auf den Schultern, die österreichische Nationalmannschaft ins „Ernst Happel"-Stadion. Das Team, von dem Happel zu ÖFB-Präsident Beppo Mauhart gesagt hat: *„Da wird was draus."* Aber auch, vertraulich und deprimiert, nach dem inferioren 0:2 von Paris: *„Sie haben mich zu Tode gequält."*

Andy Herzog, nach Happels Tod zum „besten offensiven Mittelfeldspieler im Fegefeuer der deutschen Bundesliga" gewählt, und Peter Stöger sind sowieso seine Stars: Aber er glaubt auch an Didi Kühbauer und Thomas Flögel: *„Die haben's da* (zeigt auf den Kopf) *und da* (zeigt auf die Beine). *Wenn'st ein paar solche auf der Bank hast, sind wir sowieso auf Rosen gebettet."*

Happel mag *„die Jungen, die rausgehen, vor nichts Angst haben und marschieren"*. Ihm taugt's, *„wenn einer zwischen zwei, drei Gegnern eingezwickt ist, sich herausdribbelt. Nicht zurücksteckt, sondern streitet."*

Der alte Spruch: „In Österreich wirst immer erst berühmt und geehrt, wenn du tot bist", gilt für Happel nicht. Gerhard Hanappi, Diplom-Ingenieur und Fußball-Architekt, hat das „Gerhard-Hanappi-Stadion" in Hütteldorf noch selbst gebaut, sich selbst ein Denkmal gesetzt. Als der Ur-Rapidler Happel – damals noch HSV-Trainer – vor sieben, acht Jahren ein Rapid-Match besuchen will, hat er seinen ÖFB-Ausweis (lebenslang Gratis-Eintritt ab dem 25. Länderspiel) nicht bei sich. Und der Türsteher erkennt den berühmtesten Trainer der Welt nicht. *„Zu diesem Verein"*, ärgert sich Happel, *„komm ich nie mehr wieder!"*

Modellfußballer Ernst Ocwirk, der letzte große offensive Mittelläufer, hat keine große Gedenkstätte – nur eine Büste beim Stadioneingang.

Als ich Bürgermeister Dr. Helmut Zilk kurz nach Happels Ableben frage, ob er einer Umbenennung in „Ernst-Happel-Stadion" zustimme, sagt er: „Schon geschehen. Ich hab Auftrag gegeben."

Am 27. November flattert zwar Happels Freundin Veronika aus dem Rathaus ein Computer-Glückwunschbrief zu Happels 67. Geburtstag ins Haus – aber die offizielle Stadion-Umbenennung zieht sich. Gebremst von der Bürokratie. „Bis die Happel-Büste fertig ist."

Auf dem Hernalser Friedhof liegen täglich frische Blumen. Von Happels Grab aus sieht man die Lichtmasten des Sportclub-Platzes, das Haus am Schafberg und ahnt sogar das Café Ritter in der Ottakringer Straße – alles nur wenige hundert Meter entfernt.

Zwei Reihen vor Happel liegt Rudi Röckl, sein oftmaliger Nebenmann im Nationalteam, seitlich gestaffelt wie füher auf dem grünen Rasen.

„Das ist nicht Neugier, die immer noch so viele Menschen täglich an sein Grab treibt", sagt mir Elfriede Happel. „Das ist Andacht und Respekt."

Begegnet sind einander die zwei Damen – Elfriede, mit der er verheiratet war, und Veronika, mit der er die letzten Jahre gelebt hat – noch nie. Fast so, als würde es ein Abkommen mit der Blumenfrau geben, die entweder sagt: „Heute ist die Luft rein und frisch" oder: „Heute sind aber viele Besucher auf dem Friedhof."

Codewörter hat auch Happel immer gern mögen: „Beethoven", „Schubert" oder „Brahms", wenn man ihn als Freund im „Café Ritter" anrief. Unter „Pasterka" verbrachte er in Buenos Aires eine Nacht auf der Polizeistation. Und als „Direktor Waldner" legte er sich einmal in die Privatklinik.

Happel hatte seine Friedhofsblumen, wenn er die Oma, Bimbo Binder, Hans Pesser oder Robert Körner am Baumgartner Friedhof besuchte, immer bei „Bimbo" Binders Witwe gekauft. *„So ein Super-Fußballer und Fachmann. Und eigentlich hat er fast nix verdient."*

Weihnachten 1992: Für die Happel-Enkelkinder Philipp und Nina ist nichts mehr, wie es früher immer war. Kein Christkindlmarkt mit dem berühmten Opa, kein Kakao im Café Schwarzenberg oder im Landtmann – alles gestrichen. Wie oben, im Haus am Schafberg, die Erdäpfelsuppe mit Schwammerln, Happels traditionelles Weihnachtsmenü, jedes Jahr, pünktlich um 15 Uhr.

Jedes Jahr auch ein teures Geschenk fürs Haus. Einmal die barocken Weihnachtsengel. 1991, bei Happels letzten Weihnachten, ein schönes Bild vom Schafberg, Luftaufnahme vom Happel-Haus.

„Nächstes Jahr", hat Happel gesagt, als er das Bild auspackte, *„schau ich von oben runter."*

Ruhig, fast sachlich. Er hat nie geklagt.

In der Vitrine: ein goldener Schuh, Geschenk von Gernot Langes. Pokale, Ehrenzeichen, Wimpel, Fotos.

Frau Happel sortiert die Beileidstelegramme: „296 hab ich gezählt." Und die Garderobe: „Jedesmal, wenn er da war, wurden die Sakkos um zehn Zentimeter schmäler. Jetzt sind noch fünfzig Anzüge und 35 Paar Schuhe von ihm gekommen. Bald hab ich wirklich ein Museum."
Großzügig ist Happel bis zuletzt: Jahrelange Patenschaften für SOS-Kinderdörfer, das St.-Anna-Kinderspital. „Wenn er da sitzt, fragt er oft: Hast schon gespendet? Du hast ja mehr Marie als ich. Oder: Ich gib dir zuviel Geld. Am glücklichsten ist er, wenn er mich fragen kann: Hast zweihundert Schilling für mich fürs Taxi?"
Ernst junior, Happels einziger Sohn, dem berühmten Papa total aus dem Gesicht geschnitten – sprachenbegabt und immer noch glühender Mick-Jagger-Fan – ist nicht mehr Airline-Manager. Er überlegt, ins Kaffeehausgeschäft einzusteigen. „Vielleicht übernimm ich einmal das Café Ritter – und mach aus einem Extrazimmer ein Fußballmuseum." Wie oben am Schafberg.
Auch beim ÖFB im Praterstadion hängt ein schönes Bild, das man bei der letzten Weihnachts-Benefizaktion nicht versteigert hat: Happel über den Wolken, wie er runterschaut.
Was würde er sich wohl denken, wenn er sieht, was sich heute abspielt? Was aus seiner „Revolution" geworden ist?

Am Stammtisch im Innsbrucker „Stiegl-Bräu" ist Happels Platz leergeblieben. Und wann immer sich jemand irrtümlich auf einen der Happel-Pölster setzt, zieht er sich sofort den Haß aller zu. Auf seinem Sitzpolster: wochenlang täglich eine frische Rose – erst jetzt ist der Platz freigegeben. „Wir wollen kein Requiem."
Happel, im FC-Tirol-Trainingsanzug, blickt fast gütig runter auf die Kartenrunde. Und oft schaut einer, der grad ausspielt, rauf zum großen Meister: „Hab ich's richtig gemacht, Ernscht?" Denn: „Beim Bauernschnapsen war er net so guat..."
Vom „Stiegl-Bräu" sind es nur 100 Meter Luftlinie zum neuen Innsbrucker Casino, eröffnet am 4. Dezember 1992 – drei Wochen zu spät. „*Da hätt ich nur rübergehen brauchen... Der größte Kranz für mich*", hat Happel einmal gesagt, „*wird von der Casino AG kommen müssen.*" Nach allem, was er dortgelassen hat? Oder auch nicht. Noch im Herbst 1992 rechnet mir Happel vor: „*Ich bin mit 105.000 Schilling im Plus.*"
Veronika Jagersberger führt heute, wie es Happel gewollt hat, ein Hotel im Tiroler Skidorf Kühtai. 2000 Meter hoch, 45 Minuten von Innsbruck. Populär geworden durch Peter Pock, den Skilehrer, der Filmstar Nancy Kwan („Die Welt der Suzy Wong") geheiratet hat. Längst geschieden. Pock ist jetzt Surflehrer in Sri Lanka. Stammgäste bei Veronika: Gloria von Thurn und Taxis, eine überhaupt nicht exaltierte, sondern völlig normale Dame, und der pensionierte Polizeichef von New York, den sie „Kojak" nennen.

„Kojak" wollte einen riesigen Kokain-Skandal auffliegen lassen, trotz massiver Drohungen, die Untersuchungen einzustellen – bis zum lebensgefährlichen Abschuß auf dem Highway. „Kojaks" Auto stürzte die Böschung runter, oben steht der Strohmann, ein zittriger 85jähriger, der behauptet: „Ich bin gefahren." In Kühtai erholt sich „Kojak" langsam, aber gut, bis er vom mörderischen Bombenattentat im „World Trade Center" in Manhattan hört.
Happels Lieblingsplatz: das Eck beim Kachelofen. „Dort hat er bei seinem letzten Besuch noch eingeladen: für alle einen Schnaps." Veronika gefiel auch die Idee, daß Happel ins Hotelbusiness einsteigt: „Du brauchst nur zweimal pro Woche durchgehen und Grüß Gott sagen."
Für Happel in Kühtai immer das Schönste: *„Neben dem Bach in der Wiese sitzen und Karten spielen."*
Schöner als sich an der Outlinie ärgern oder auf der Betreuerbank?
Der berühmteste Fußballer unserer Zeit, der um ein Haar Happel-Schützling geworden wäre, feiert glorreiche Auferstehung: Diego Maradona – von seiner neapolitanischen Kokain-Affäre geheilt, weil FIFA-Generalsekretär Sepp Blatter eingriff, den Millionentransfer einfädelte und die Karriere rettete – feiert neue Triumphe. Ausgerechnet beim FC Sevilla, wo Happel 1975 Trainer war – und Toni Polster später Spieler. Und im Jubiläumsmatch der Brasilianer: Sogar Comeback im Nationalteam, geehrt als „Argentiniens größter Fußballer aller Zeiten". Worauf Diego bremst: „Di Stefano und Kempes waren genauso gut."
Di Stefano, dessen Flic-Flac-Tor für Real Madrid 1956 im Wiener Stadion, nach drei Happel-Toren, Real Madrid im Europacup gerettet hat. „Denn sonst", steht in der Rapid-Chronik, „wäre vielleicht Rapid so groß wie Real geworden. So aber wurde Real die große Real – und Rapid blieb Rapid."
Kempes, der Happels Titelträume mit dem Holland-Team beim WM-Finale 1978 (3:1 n.V.) mit zwei Toren zerschossen hat.
„Mit di Stefano, als er noch bei Millionarios in Kolumbien spielte, wurde ich einmal ausgeschlossen. Kempes hab ich in Österreich noch öfter gesehen – aber übers WM-Finale geredet haben wir nie."
Dafür über Diego Maradona: *„Mit Napoli war ich schon einig. Nur hat mich der HSV nicht freigegeben."* Happel und Maradona in Neapel? *„Da wär der Vesuv ausgebrochen! Denn in der Garage hätt' Maradona bei mir nicht trainieren dürfen – keine Extrawürste. Hätte mich gereizt, aus Maradona das Maximale herauszuholen. Seine Kondition war ja nur 60 Prozent – der Mann aber immer noch exzeptionell!"*
In Holland stürzt PSV Eindhoven vorübergehend Feyenoord vom Thron.
Was niemand weiß: Feyenoord wollte Happel, der die Rotterdamer zum Europacup- und Weltcupsieg gedrillt hat, zurückholen.
In Italien stürmt der Millionen-Superklub AC Milan von Sieg zu Sieg – mit seinem „totalen Fußball" bereits weit über 50 Spiele ungeschlagen.

Was niemand weiß: Happel hätte Milan-Trainer werden sollen – spätestens als Arrigo Sacchi das Nationalteam übernahm und Capello die „Rosso-Nero" in San Siro.
Happel, der Trainer mit soviel Charisma und Aura: immer und überall noch allgegenwärtig. Anders, als viele glauben. Und immer anders als die anderen. Weil er oft total anders reagiert, als alle erwarten. Ich will drei Beispiele aufzählen.
BEISPIEL 1: MIT BRANKO MILANOVIC BEI RAPID
Frühsommer 1960, die Nacht vorm Cupsemifinale Rapid – Sportclub. Beim „Spatz" in der Himmelpfortgasse, Wiener Innenstadt, der letzten Station aller Nachtbummler auf eine Hühnersuppe, schaut der strenge Sektionsleiter Happel plötzlich völlig unerwartet seinem Millionenstar ins Gesicht: Branko Milanovic, der vor so einem wichtigen Match schon längst keusch, im männerstärkenden Einzelschlaf, zu Hause im Bett liegen müßte. Aber nicht um halb fünf Uhr früh beim „Spatz".
„Branko?" Happel fährt sich über die Augen, als sieht er einen Geist, wischt dann über Brankos Gesicht, als müßte er einen bösen Traum verscheuchen. Ja, es ist wirklich Milanovic. Ein bißl unscharf, aber leibhaftig.
Wortlos packt Happel seinen Stürmerstar ins Auto, fährt zu sich nach Hause, richtet für Milanovic sein Bett her und legt sich selber unbequem auf die Wohnzimmercouch.
„Um halb zwölf weckt mich Happel, nur mit einer Hühnersuppe, packt mich ins Auto, fährt mich ins Stadion – und redet immer noch kein Wort."
Das Cupmatch ist ein Hit, spannend, ausgeglichen. Kurz vor Schluß immer noch 1:1.
Alles rechnet mit einem Nachspiel – oder Wiederholung.
Da erwischt Milanovic 20 Meter vorm Tor den Ball und jagt einen Bombenschuß ins Kreuzeck. 2:1, Rapid ist im Cupfinale. Branko der Held des Tages, stürmisch gefeiert.
„Alle gratulieren mir. Mitspieler, Funktionäre, Reporter. Nur Happel nicht."
Erst als Allerletzter, als Branko allein aus der leeren Kabine geht: *„Masl hast gehabt, sonst gar nix"*, sagt Happel trocken.
BEISPIEL 2: MIT FRANZ HASIL BEI FEYENOORD
Wichtiges Match in Belgien, Anderlecht gegen Feyenoord, immer noch 0:0, acht, neun Minuten nach der Pause. Israel paßt zu Hasil, dem springt der Ball vom Fuß, ein blitzschneller belgischer Konter – aber Kapitän Israel rettet 10 Meter vor dem Tor mit einem sliding tackling, verhindert ein sicheres Verlusttor, ärgert sich fürchterlich und rennt laut brüllend zur Betreuerbank: „Herr Happel, was ist mit dem Hasil los?" beschwert er sich.
Hasil, ganz bös, wartet bis Israel zurückkommt, dann packt er den holländischen Riesen am Leibchen, reißt ihn herum und schimpft: „Du holländisches Arschloch (was auf niederländisch noch viel häßlicher klingt), was bildest du

dir eigentlich ein? Nur weil du Kapitän bist? Spiel allein weiter, du Trottel. Ich geh."

Und er geht wirklich. Bis zur Outlinie, wo Happel steht und schaut. Hasil kocht noch immer vor Zorn: „Und Ihnen, Herr Happel, sag ich's auch gleich: Sie mit Ihren ganzen Scheiß-Holländern können mich auch gleich..."

Weiter kommt er nicht. *„Wennst jetzt rausgehst"*, warnt ihn Happel, *„kannst von hier gleich mit dem Schiff nach Haus fahren. Dann brauchst nicht einmal mehr zurück nach Rotterdam!"*

Klar, Hasil spielt weiter. Acht Minuten später: Moulijn geht linksaußen durch, Hasil ist mitgelaufen, Moulijn spielt zurück – und Hasil jagt einen Volleyschuß ins Kreuzeck. 1:0!

„Alle Spieler liegen auf mir, erdrücken mich vor Freude. Nur einer nicht – Israel. Der steht hinten wie ein Bock und gratuliert absichtlich nicht. Hat auch seinen Stolz."

Einen Monat lang reden Hasil und Israel kein Wort miteinander. Schwierig, weil sie im gleichen Zimmer schlafen.

„Aber das gibt sich. Wir werden später sogar Freunde." Und Israel kommt sogar nach Wolfsberg in Kärnten zu Hasil auf Urlaub.

Happel hat schon Fußballer wegen weitaus harmloseren Vergehen rausgeschmissen – Hasils „Subordinationsverletzung" ist wesentlich krasser. Dem Trainer das Götz-Zitat an den Kopf geworfen – und nicht einmal Geldstrafe!

„Happel hat nix gesagt, kein Wort. Das zeigt seine menschliche Größe. Ein anderer Trainer, der kein Gefühl hat, hätte mich rausgeworfen. Aber Happel spürte, was in mir vorging: 0:0, das Match wogt hin und her, alle sind fürchterlich angespannt – da können schon einmal die Nerven reißen."

BEISPIEL 3: MANFRED ZSAK UND DAS TEAM

Als dem HSV-Sturmtank Horst Hrubesch – später Happels Co-Trainer in Tirol – telefonisch durchgegeben wird: Du bist Vater geworden, gratulier! glaubt Hrubesch, er könne nach dem Spiel sofort in die Klinik fahren. „Nix da!" beharrt Trainer Zebec, „das Kind kriegt deine Frau sowieso allein, für Komplikationen sind Ärzte da, also fährst du mit der Mannschaft zurück nach Hamburg. Morgen ist Training, dann habt ihr bis Montag frei – da kannst du tun, was du willst."

Als bei Hansi Müllers Frau der Storch anklopft, ruft sie im Trainingslager in Kaltern an: „Hansi, es ist soweit." Happel besteht darauf, daß Müller das Probematch spielt – dann darf er natürlich heim, muß aber wieder zurück nach Südtirol.

Während des Trainingslagers vorm Israel-Match braucht Zsaks Frau, hochschwanger, ihren Manfred besonders. Vertrauliches Gespräch Zsak-Constantini, ob er kurz heimfahren dürfe, „aber was ist, wenn mit dem Auto was passiert?"

Happel wird eingeweiht. Und der Teamchef, der nie Ausnahmen macht, erlaubt Zsak die heimliche Flucht aus dem Trainingslager: *„Wenn was ist, sagen wir halt: Du bist am Zimmer."* Heute: Gratulation zur kleinen Anna Maria, mit Happel als heimlichem Onkel.

HAPPELS FUSSBALL-EVANGELIUM

Was Happel über Fußball sagt, ist endgültig.
Der Fußball ist zu 80 Prozent Praxis und zu 20 Prozent Theorie.
Ich hab mich während meiner langen beruflichen Tätigkeit intensiv mit der Fachliteratur beschäftigt und meine daher, daß das Umsetzen der Fachliteratur in die Praxis sehr wichtig ist.
Fußball besteht aus drei Elementen:
Technik, Taktik, Kondition, wobei die Technik primär ist.
Die besten Fußballer sind Straßenfußballer wie Beckenbauer, Cruyff usw., und ich war auch einer. Heute findet man diese Art von Spielern kaum mehr.
Die Spieler müssen auf dem Feld geführt werden. Es müssen Spielerpersönlichkeiten vorhanden sein, die in der Lage sind, die Mannschaft, und vor allem Jugendliche, zu führen.
Der beste Trainer ist schlecht genug für die Jugend.
Die Leistungszentren sollen eventuell mit der Schule oder einem Internat verbunden werden.
Die Jugendlichen sollen nicht nur laufen, sondern spielen, spielen und nochmals spielen, wobei sie die Ausdauer mit dem Ball trainieren sollten. Natürlich muß die Beweglichkeit, die Gewandtheit, die Geschicklichkeit, die Schnelligkeit, und vor allem die Technik im Training geübt werden.
Die Taktik soll erst ab dem 18. Lebensjahr trainiert werden.
Die Miniknaben, Kinder sollte man spielen, spielen und nochmals spielen lassen, weil sie heute eben kaum noch Möglichkeiten haben, frei Fußball zu spielen.
Wichtig ist der Spielwitz. Die Technik sollte man mitbringen und im Training mit dem Ball trainieren.
Man sollte keine Unterschiede machen zwischen Spielern, die größer und kleiner sind. Man sollte auf ihre Leistungen achten.
In der Taktik lernt man nicht aus. Aber mit der Taktik die jungen Spieler nicht überfordern.
Kondition: Die Wissenschaft gehört unbedingt einbezogen, früh beginnen konditionell zu arbeiten, Umfeld unbedingt einzubeziehen.
Literatur ist sehr wichtig für den Übungsstoff, das Training sollte nie langweilig gestaltet werden.
Sehr wichtig: dehnen und Gymnastik, sonst gibt es keine Geschicklichkeit, Beweglichkeit und Gewandtheit. Maximale Trainingszeit 90 Minuten, normal 60 Minuten.

Man sollte zu 80 Prozent in der Raumdeckung arbeiten und nur zu 20 Prozent in der Manndeckung. Sehr wichtig sind Parteispiele 1:1, 2:2, 3:3, 5:5, 7:7 usw., eventuell mit neutralem Spieler oder eben mit Eckspieler als Wandspieler.
Da es kaum mehr Kopfballspieler gibt, sollte man Kopfballspiele im Training unbedingt einbauen.
In einer Mannschaft sind eben sieben verschiedene Mittelfeldspieler vorhanden. Warum?
Weil man heute die beiden Flügelverteidiger bereits als Mittelfeldspieler bezeichnet, dann sind zwei defensive und zwei offensive Mittelfeldspieler vorhanden sowie ein zentraler Mittelfeldspieler, der nach vorne und nach hinten zumacht. Die Taktik ist Kultur. Man sollte die Raumdeckung, die Manndeckung, Abseits und die Offensive beherrschen.
Zwei bis drei verschiedene Varianten muß man spielen können, um den Strafraum gibt es keine Raumdeckung. Hier gibt es nur Manndeckung.
Je weiter der Ball vom gegnerischen Spieler entfernt ist, desto mehr spiele ich auf Raumdeckung, je näher der Ball zum gegnerischen Spieler kommt, desto mehr spielt man auf Manndeckung.
Die Grundaufstellung soll nach Ballverlust immer wieder eingenommen werden, egal welcher Spieler auf welcher Position. Die Taktik muß dem vorhandenen Spielermaterial angeglichen werden.
Attraktiver Fußball:
1. Technisch taktisch spielen.
2. Tempo und Rhythmus wechseln.
3. Spieler und Trainer müssen Verantwortung übernehmen, Risiko übernehmen, Nervosität ist Blei in den Füßen.
Wichtig: den Spielern gegenüber darf man nicht argumentieren, man darf ihnen keine Argumente geben. Man muß auch Risiko in der Abwehr, aber vor allem im Sturm übernehmen.
4. Straßenfußballer sollen ihren Spielwitz zeigen.
5. Spieler müssen den Ball beherrschen. Um die Technik zu verbessern, müssen die Spieler mit dem Trainer intensiv arbeiten. Aber nicht nur mit dem Trainer, sondern auch in ihrer Freizeit bzw. vor und nach dem Training.
6. Spieler führen und motivieren, hart arbeiten, Fehler korrigieren, Nachwuchsarbeit muß mit Liebe gemacht werden. Der Trainer muß auf Disziplin achten, muß pünktlich sein, er muß der erste und der letzte sein, der am Arbeitsplatz erscheint.
Im Profifußball gehören die Gehälter auf Leistung bezogen (ein Ruß wollte 150.000 Schilling netto im Monat Fixum).
Man muß Leute motivieren können, damit sie Geld für einen Verein aufbringen. Um einen Profibetrieb ordentlich abführen zu können, sollen auch gute Leute bzw. bekannte Leute auf der Zuschauertribüne sein, um den Fußball attraktiver gestalten zu können.

Bei Verletzungen müssen Spieler beim Training anwesend sein. Während der Trainingszeit gibt es keinen Arztbesuch.
Es darf keine Spieler geben, die zufrieden sind; verdient er 10.000 Schilling, muß er 20.000 Schilling verdienen wollen. Verdient er 20.000 Schilling, muß er 40.000 Schilling verdienen wollen usw.
Wenn es möglich ist, soll man menschlich arbeiten, Mensch muß man bleiben.
In der Trainingsplanung müssen Spiele, Spiele und nochmals Spiele einbezogen werden. In der letzten Woche vor Meisterschaftsbeginn muß unbedingt die Spritzigkeit trainiert werden.
Beim Cooper-Test muß man verschiedene Gruppen aufteilen und laufen lassen, zum Beispiel als erstes die Schwächeren wie Torhüter, Mittelstürmer und Libero, als zweite eine Minute später die Zweitbesten, und als drittes zwei Minuten später die Stärksten.

WIE DER FUSSBALL SEIN LEBEN RETTET

„Der Happel", sagt sein Mitspieler, Kriegskamerad, Trainerkollege Franz Prak, „ist wie eine Kokosnuß. Außen hart, innen weich". Trainer Happel arbeitet nach dem berühmten Dionys-Schönecker-Prinzip: *„Parierst oder parierst net. Wer net spurt, muß gehen!"* Spieler Happel mag den militärischen Drill weniger. Soldat Happel schon gar nicht: die Fußball-Version des braven Soldaten Schwejk.

Weil er der Kleinste ist, ist er der Liebling von Hütteldorf. Als die Rapid-Jugend Wiener Meister wird, qualifiziert sie sich fürs Turnier in Breslau. Im „Kreishaus" beim Wiener Westbahnhof (wo heute noch die Ocwirk-Tankstelle steht) muß sich Happel bei der „HJ" melden, dreht aber wieder um, als das Turnier gestrichen wird: der abgesagte Hitlerjunge Happel.

Am 30. August 1943 soll er einrücken, kriegt aber Aufschub wegen eines Fußballspiels in Marburg. Rapid gewinnt 2:1. Auf seinem Dreß: der Wehrmachtsadler.

Spindkontrolle – jedesmal ein Chaos. Gewehrreinigen: uninteressant. Die ungeputzten Schuhe schiebt er unters Bett: *„Die sind grad in der Kleiderkammer."*

Happel ist immer Fatalist. Sein Lebensmotto schon damals, etwas feiner ausgedrückt: *„Was bin ich auf was neugierig, was brauch ich das, was kümmert's mich?"*

Er kommt zu den Nachrichtentruppen – was aber nichts mit seiner späteren Liebe zur Presse zu tun hat.

März 1944: Der Marschbefehl nach Minsk. Erster Tag in Rußland, und Funker Happel hat schon drei Tage Bau: *„Weil ich auf dem Plateauwagen mit den Stiefeln alle Glasplatten zerbrochen hab."* Durch den Bretterverschlag hindurch spielt er Karten.

Einmal bringt ihm Prak von einem Heimaturlaub die geliebte Mohntorte mit – vom Standl seines Onkels Nechiba, Bruder seiner Mutter, am Wiener Meiselmarkt. Als er die Torte auspackt, läuft sie von allein ...
Der Happel später das Leben rettet, ist ein deutscher Hauptmann aus Hamburg – total fußballverrückt. *„Er sagt immer: Gehen wir bolzen. Damit meint er Einschießen. Prak muß von rechts flanken, ich von links, der Hauptmann schießt und köpfelt in der Mitte – und im Garagentor steht der Chauffeur."*
Statt Happel und Prak an die Front zu schicken, „wo die Jungen wie die Hasen abgeknallt werden", baut er rund um sie eine Fußballmannschaft auf.
„Nach zwei Matches beginnt der Rückzug. Wir müssen Memel bis Mitternacht verlassen, weil dann wird die Stadt zur Festung erklärt und muß bis zur letzten Patrone verteidigt werden."
Bahnlinie längst abgeschnitten, kein Benzin, aber irgendwo treibt der Hauptmann Sprit auf, und Funker Happel entkommt der Hölle.
Den Hamburger Hauptmann hat er nie mehr gesehen. Aber vielleicht deshalb später: seine große Liebe zum HSV?

Die enggeschnittenen modischen Jeans des neuen Teamausstatters betonen die O-Beine mancher Fußballer besonders – fällt mir auf einem Flugplatz auf, als wir hinter einer Gruppe Teamspielern gehen.
„War zu meiner Zeit noch viel ärger", schmunzelt Happel und denkt nicht nur an den Wacker-Linksaußen Haummer ... *„Überhaupt, die heutigen Fußballer. Brauchst ja nur schauen, welche Video-Filme sie im Bus schauen."*
Lange Eisenbahnfahrten – wie Pepi Argauers legendäre „Buche-Eiche"-Abenteuer mit Simmering, bis nach Griechenland und in die Türkei – wären heute unvorstellbar.
Aber das Nationalteam reist noch in den fünfziger Jahren per Achse. Die Stars von Rapid und Austria bekommen im Liege- oder Schlafwagen automatisch die ruhigsten Abteile, die Teamspieler von Sportclub, Vienna oder Wacker rüttelt's, weil sie direkt über den Achsen schlafen müssen, die ganze Nacht durcheinander.
Als 1958 der Sportclub dank seines einmaligen Wundersturms Horak-Knoll-Hof-Hamerl-Skerlan österreichischer Meister wird, mucken die Dornbacher zum erstenmal auf. Bringen die Hackordnung durcheinander, beanspruchen über ihren Direktor Pacher ihrerseits die ruhigen Schlafplätze: „Wir sind Meister geworden, ab jetzt schlafts ihr über der Achse!"
„Nix da", beharrt Happel. *„Bis sich überall rumgesprochen hat, daß nicht Rapid, sondern Sportclub Meister geworden ist, seids ihr schon wieder abgestiegen."*
Er ist selten krank, manchmal ausgeschlossen, aber – fast ein Wunder bei seinem totalen Einsatz und seiner Zweikampfstärke – nie verletzt. *„Ein einziges Mal, bei Racing Paris: der Meniskus. Die Franzosen wollen mich zu ihrem*

„Ein Tag ohne Fußball ist für mich ein verlorener Tag. Ich muß jeden Tag draußen auf dem Platz stehen – und die Arbeit mit jungen Menschen hält mich jung!" Vor Happel haben alle Spieler Respekt. Angst ist nicht notwendig.

Der junge Happel: Ferien mit Bimbo Binder in Plomberg am Mondsee, Sommer 1956. Rapid-Graffity aus den Roaring Fifties: Mit Publikumsliebling Heinz Conrads 1953 beim Rapid-Ball in den Stefaniesälen — nur Elfriede Happel (rechts) wurde, weil violett angezogen, nach 10 Minuten heimgeschickt.

Die damalige Rapidmannschaft war die erfolgreichste aller Zeiten. Stehend: Gernhardt, Dienst, Merkel, Riegler, Probst, Happel. — Hockend: Golobic, Körner II, Zeman, Körner I, Hanappi.

ie kommen! Körner I führt die Rapid-Elf aufs Feld, hinter ihm Happel und Halla. Happel beim Schußtraining, vie immer in vorbildlicher Haltung. Unten: Fliegende Rapidler. Ungewöhnlicher Schnappschuß von einem Match AEK–Rapid in Athen: Griechische Reporter fotografierten damals aus tiefen Gruben hinterm Tor – daher die ngewöhnlichen Perspektiven.

Rapidler sind selten am Boden, aber wenn, dann besonders traurig: Zema

nd Happel konsterniert nach einem Gegentreffer, rechts Merkel und Müller.

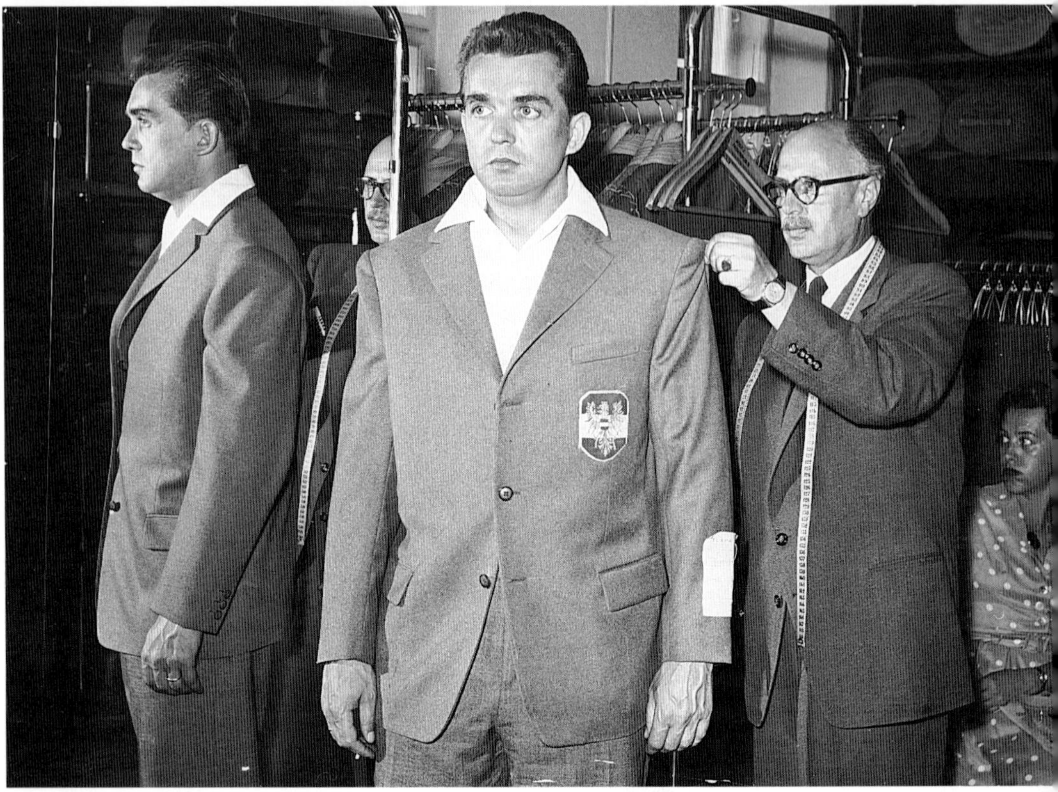

Immer modisch: Wie später Hans Krankl, hatte schon Ernst Happel immer einen Sinn für die aktuelle Mode. De Teamschneider nimmt Maß (oben). Dressenmode 1950: Rapid schlug Vienna 3:1, links Happel.

„Ich wollte nie selber ein Schiedsrichter sein ... Ich hab nur den Linienrichtern immer Abseits angezeigt." Dienst und Happel (dunkle Dressen) protestieren stürmisch (gegen GAK, 1958). Unten: Happel als höchst aktiver Trainer — neben den jungen Spielern Wolfsbauer, Seitl und Praschak.

Die alte Pfarrwiese mit ihrer berühmten Tribüne ist längst verschwunden, Happel aber im Herzen immer Rapidler geblieben: „Wenn Rapid einmal Tabellenletzter ist, hört sich die Meisterschaft auf" (Sommer 1992). Als Schirmherr für Gustl Starek, zögerndes Shakehands mit Hans Krankl.

Klubarzt nach Lyon schicken, aber ich besteh darauf: nur nach Wien."
Viele Fans erinnern sich noch an seine Muskelstränge: vererbt von seinem 1,95 Meter großen Vater, einem Gewichtheber und Cousin des früheren Europameisters und Sportstadtrates Ing. Franz Hölbl.
Dolfi Blutsch aus der LASK-Meistermannschaft von 1965, später Trainer, vergleicht noch heute: „Trotz Ocwirk, trotz Hanappi: Österreichs technisch bester Fußballer war Happel."
Seine Schmähs sind längst Legende: Wie er bei der Eröffnung des Tivoli-Stadions in Innsbruck (Rapid – Nimes, 5:1) eine weite Vorlage der Franzosen unorthodox abstoppt – mit dem Hintern. Wie er Walter Zeman das berühmte Eigentor ins Kreuzeck bombt etc.
„Dem Gegner nachzurennen wie ein Esel" ist ihm immer verhaßt. *„Dem Sportclub-Mittelstürmer Dr. Epp zum Beispiel brauchst nie decken. Weil ihm beim Stoppen immer der Ball fünf Meter weit wegspringt."* Epp ging später nach Linz und wurde Direktor einer VÖEST-Tochterfirma.
Und später, als Teamchef, am Beispiel Frenki Schinkels: *„Wenn sich jemand auf seinem Posten nicht wohlfühlt, soll er es mir sagen! Mich stellt Max Merkel seinerzeit als Rapid-Trainer auch einmal als rechten Außendecker auf. Mein Gegenspieler, der Salzburger Adi Macek, kommt daraufhin sofort ins Team."*
Gelächter überall. Aber Didi Constantini hält es für möglich, „daß sich Happel vorher mit Macek abgesprochen hat".
Für Ernst Ocwirk war er sowieso immer „der beste Verteidiger, vor dem ich je gespielt hab".
Derjenige, der den Fußballer Happel am allerbesten charakterisiert, ist jedoch der frühere französische Teamselektionär Barreau, der „französische Hugo Meisl". Ich hoffe, ich darf zitieren. Barreau sagt zu Dr. Helmut Lang, der vor 35 Jahren die wunderbare Rapid-Chronik zusammengestellt hat, über Happel: „Er ist die originellste und charmanteste Mischung, die ich in rund dreißig Jahren auf allen Fußballplätzen der Welt sah und kennenlernte. Happel verkörpert im Fußballdreß eine Mischung zwischen Phlegmatiker, Philosoph, Humorist und Bruder Leichtsinn, dazu gesellen sich seine reine Freude am Spiel und eine artistische Ballbehandlung. Alle diese Eigenschaften zusammen machen aus Happel den genialen Wiener Fußballer, eine Spielerpersönlichkeit, die nicht imitiert werden kann. Bei ihm weiß weder der Gegner – noch der eigene Tormann –, wie er einen Angriff unterbindet. Bei jeder Aktion läßt er sich etwas Neues einfallen, sein Spiel allein macht den Besuch einer Fußballpartie zum Vergnügen."
Schon lang, bevor auch Österreich endlich das Fernsehen entdeckt (1956), ist Happel ein Superstar – vergleichbar den Popstars von heute.
Ein Szenenfoto: Mit Heinz Conrads 1953 beim Rapid-Ball in den Stefaniensälen. „Küß die Hand, die Madeln, servus, die Buam" konnte der Volksliebling H. C. nicht lang sagen, denn Happel schickt seine Frau Elfriede nach einer

Viertelstunde nach Hause. Sie ist – zum Rapid-Ball (!) – im violetten Kleid gekommen. *„Ich weiß gar nicht, warum ich dich geheiratet hab!"*
Heinz Conrads, fanatisches Rapid-Mitglied, macht mit Happel noch oft den Doppelpaß. Auch bei der Eröffnung von Happels Lebensmittelgeschäft Ecke Neubaugasse-Neustiftgasse im siebenten Wiener Bezirk, gekauft von seinen Gagen bei Racing Paris, 1956.

„Als Geschäftsmann", erinnert sich Frau Happel, „ist der Ernst hoffnungslos. Viel zu großzügig. Will ein Kunde einen Cognac kaufen, hat er ihm gleich fünf Flaschen aufgemacht – zum Kosten. Will jemand Keks, hat er alle durchprobieren dürfen und gesagt: Danke, ich komm morgen wieder. Und kauft jemand mehr als zwei Sachen, rundet er die Rechnung immer nach unten ab. Im Filmhaus in der Neubaugasse bestellt Direktor Frey oft Geschenkkörbe, aber die Rapidler kriegen Schokolade fast umsonst, und der Ernst gibt allen Rabatt. Nach vier Monaten nimm ich ihm das Geschäft aus der Hand: Geh lieber trainieren, sag ich ihm. Weil wenn du noch länger da bist, gehen wir bankrott..." Nach vier Jahren verkauft Happel das Lebensmittelgeschäft an die Ladenkette Arabia.

Da ist er längst kein aktiver Fußballer mehr, sondern bereits Rapid-Sektionsleiter.

Aber Happel holt auch den ersten Ausländer nach Österreich: den jugoslawischen Olympiateamspieler Branko Milanovic – lange, bevor die Austria ihren „Murl" Jacare einkauft oder der Sportclub den Dänen Finn Laudrup, Vater von Brian und Michael.

Eine abenteuerliche Aktion: Happel holt Branko aus Belgrad mit dem Auto ab, hört in Banja Luka erschrocken von einer Kaperanzeige, gibt noch mehr Gas, als ihn die Polizeistreife verfolgt – „außer Atem", mit Milanovic im Simca: „Ich kenn mich überhaupt nimmer aus. Alles total verrückt. Aber ich glaub, Happel hat Angst."

Fünf Kilometer vor der Grenze läßt Happel seinen Millionenstürmer aussteigen: *„Fahr allein mit dem Zug weiter – wir treffen uns hinter Marburg – ich laß dich abholen."*

Fast die gleiche Story wie seinerzeit mit Tommy Parits. Austria und Rapid wollen das Supertalent gleichzeitig aus dem Burgenland entführen. Pepi Argauer ist schneller und hat Parits schon im Auto, als ihm ahnungslose Rapid-Funktionäre entgegenbrausen. „Schnell, duck dich!" brüllt Argauer, Tommy rutscht vom Sitz – und die Rapidler fahren arglos in die falsche Richtung.

Aber einen Happel kann keiner ausbluffen. Milanovic kommt heil nach Wien, kriegt zwar ein Jahr FIFA-Sperre aufgebrummt, aber die Ablösesumme regelt Happel mit Dollars: Weltturnier mit Roter Stern Belgrad in New York.

Zufällig kommen Happel und Milanovic drauf, daß sie schon wochenlang mit der gleichen Dame flirten: der Rosi aus der „Eve"-Bar. Der Schüler, mit der Freundin seines Lehrers erwischt, würde hochkantig rausfliegen. Branko nicht.

„Wir sind zwei Männer", sagt ihm Happel, *„reden wir nimmer drüber. Vergessen wir die G'schicht."*
Aber lang nicht des Dramas letzter Akt. „Ich hör plötzlich, ich muß Österreich verlassen, werde um drei Uhr früh abgeholt, richtig gekidnappt, bei Nacht und Nebel nach Zürich entführt." Branko als Geisel in der Villa des Grasshoppers-Präsidenten – weil sich der damalige Trainer des späteren Jara-Klubs unbedingt Milanovic eingebildet hat. Sein Name: Tschik Cajkovski.
Milanovic trainiert 14 Tage in seinem „goldenen Käfig", dann kommt er drauf, daß ihn ein Rapid-Funktionär privat verkauft hat – und läßt Happel aus seinem Versteck eine verschlüsselte Nachricht zukommen.
Worauf Happel sofort nach Zürich braust und Milanovic in einem Handstreich aus der Präsidentenvilla befreit.
Erster Weg in Wien: ins Rapid-Sekretariat auf dem Urban-Loritz-Platz. „Schön, daß du wieder da bist", sagt der Rapid-Funktionär, der Branko unter der Hand verkauft hat, scheinheilig.
Was jetzt folgt, steht in keiner Rapid-Chronik: Happel tritt, empört und zornig, den Funktionär mit dem Fuß in den Hintern – wie beim Freistoß.
Und später, als Milanovic an Le Havre echt weiterverkauft wird, gesteht ihm der französische Manager: „Alle haben sie bei deinem Transfer die Hand aufgehalten – außer Happel."
Der Fall Milanovic: Typisches Beispiel für Happels Schläue, seinen Charakter – und seine Geradlinigkeit.

DAS UNGARISCHE WUNDERTEAM

Die beste Mannschaft aller Zeiten? *„Das ist für mich das ungarische Wunderteam 1950 bis '54 ..., nur die Verteidiger sind gnadenlos."* Fünf der elf leben noch – ich treff sie 1991 für ein Radio-Special im Budapester Nepstadion.
„Ferenc Puskas ist tot – gefallen auf Seite der Aufständischen!" Die Schockmeldung von der Ungarischen Revolution 1956 erschütterte Millionen Fußballfans, aber Starreporter Heribert Meisel schrieb schon damals: „Hoffen wir, daß es mit Puskas genauso ist wie auf dem Fußballplatz. Wie oft hat er sich nach einem Strafraumfoul totgestellt – und dann selber den Elfmeter verwandelt?" Vierzig Jahre später gesteht Puskas, damals Major der ungarischen Armee: „Ich hatte keine Angst!" Aber der legendäre Radioreporter und spätere ungarische Fußballpräsident Georg Szepesi entgegnet: „Das glaub ich dir nicht!"
Vor 36 Jahren, nach der Revolution, ist das „ungarische Wunderteam", eine der berühmtesten Mannschaften der Sportgeschichte, nach dem Westen geflüchtet und auseinandergefallen. Ihr Rekord wurde nie wieder erreicht: 32 Länderspiele – zwischen dem 3:5 gegen Österreich am 14. Mai 1950 und dem 2:3 gegen Deutschland im WM-Finale am 4. Juli 1954 in Bern – war die

Mannschaft, praktisch immer in der gleichen Besetzung spielend, ungeschlagen geblieben: 26 Siege, darunter die legendären 6:3 und 7:1 gegen England, 6 Unentschieden, keine einzige Niederlage.

Aus Anlaß „40 Jahre ungarisches Wunderteam": Was ist aus den elf ungarischen Fußballhelden geworden? Hier die Story von Heimweh und Herzweh, das die halbe Mannschaft hinwegraffte.

GYULA GROSICS (67): Der „schöne Mann im Tor" ist 1985 als Präsident des Oberligaklubs Nolan in Pension gegangen, hält aber viele Vorträge, ist dauernd auf Reisen – zuletzt gemeinsam mit Box-Idol Laci Papp in Australien, um die dort lebenden Ungarn zu besuchen. „Plötzlich ist unsere 2:3-Finalniederlage von Bern 1954 hochinteressant. Die Fans diskutieren mehr über 1954 als über heute", wundert sich Grosics, nach der WM 1962 in Chile abgetreten, sieben Jahre lang Trainer bei Szalgotarjan und Tatabanya, zwischendurch Fußballkommentator im ungarischen TV, zuletzt 10 Jahre lang Präsident – alles mit schönem Erfolg.

JENÖ BUZANSKI (67): Der grimmig-harte Außenverteidiger und Elfmeterspezialist (im negativen Sinn), einziger Nicht-Budapester des großen Teams, ist seinem Provinzklub immer treu geblieben: der Bergarbeitermannschaft Dorog. Er war ihr Personalchef, später Sektionschef – und vor allem 15 Jahre lang Verbandskapitän der ungarischen Oldboys.

GYULA LORANT (gestorben 1984): Der General, der in den Stiefeln starb. Vom Herzinfarkt weggerafft auf dem Schlachtfeld Fußball, als Trainer von Paok-Saloniki. 1:0 in Führung, plötzlich Elfer für den Gegner AEK-Athen – woraufhin Lorant auf der Betreuerbank mit einem Herzanfall zusammenbrach. Sein Leben im Zeitraffer: geboren in Steinamanger, aufgewachsen in Rumänien, zurück nach Ungarn, über Vasas zu Honved, dort ab 1961 auch Trainer – zu streng, zu hart, zu sehr Peitschenknaller und darum bei der Mannschaft durchgefallen. Über Wien, wo er 1963 in der Villa von Austria-Boß Joschi Walter wohnte, nach Deutschland weitergezogen: Trainerdiplom an der Kölner Sporthochschule, Jobs bei Mönchengladbach und Frankfurt – letzte Station Griechenland. Lorants Schicksal war Happel immer eine Warnung: *„Am Bankl sterben werde ich sicher nicht – oder soll ich arbeiten, bis ich vom Bankl runterfall?"*

MIHALY LANTOS (59): Der blonde linke Außendecker hatte ein ganz ruhiges Fußballerleben: Nach seiner MTK-Karriere Trainer bei Videoton und Szalaegerszeg mit guten Erfolgen – dann gemeinsam mit Nandor Hidegkuti „Talent Scout" für seinen Stammklub: suchte in ganz Ungarn die größten Talente für MTK zusammen. Lebt nicht mehr.

JOSEF BOZSIK (gestorben 1978): Der schwarzhaarige, ganz ruhige Mittelfeldmotor galt immer als der große Diplomat – aber vielleicht fraß er nur vieles in sich hinein. War der erste Fußball-Emigrant, der nach der Revolution heimkehrte (Juni 1957) – und der erste aus der großen Mannschaft, der starb,

Mag sein, daß eine Ländermatchniederlage gegen Österreich dran mitschuld war: Beim 0:1 in Wien 1975, Bozsiks einzigem Spiel als Verbandskapitän, erlitt er einen leichten Herzinfarkt, blieb noch drei Jahre lang im Fußball tätig, bei Nationalmannschaft und Honved, half bei Fitness- und Trainingsprogrammen, ehe er 1978, während der Fußball-WM in Argentinien, vorm Fernsehapparat an Herzschlag starb – nur 53 Jahre alt. Sein Rekord von 100 Länderspielen (das erste: 1947 gegen Bulgarien, das letzte: 1962 gegen Uruguay) wurde nie mehr erreicht. Und seine Witwe schwört noch heute: Es waren sogar 101.

JOZSEF ZAKARIAS (gestorben 1980): Galt als die „graue Eminenz" in der Mannschaft, war immer als Sonderbewacher des gegnerischen Torjägers abkommandiert – aber beim WM-Finale 1954 schoß Max Morlock gegen ihn ein Tor, was ihm Teamchef Gustav Sebes nie verzieh: „Es hat mit dir nicht geklappt – ab heute bist du bei mir in Ungnade!" Zakarias, erst 28jährig, spielte noch bis 1960 bei MTK, aber nie mehr im Team, was ihm bitter weh tat. Später 10 Jahre lang Trainer in Nigeria, starb er wenige Monate nach seiner Rückkehr in die Heimat – Herzinfarkt.

LASZLO BUDAI (gestorben 1984): Der einzige Soldat der Armeemannschaft Honved, der immer Soldat blieb – und es sogar bis zum Oberst brachte. Budai II, der Rechtsaußen, hat 1958 als Teamspieler aufgehört, sich aber weiter nur mit Fußball beschäftigt, alle Honved-Nachwuchsmannschaften trainiert, dafür immer neue Sterne bekommen und sie alle aufgenäht. Aber Budai war kein kraftstrotzender Fußballoberst: Er litt schon länger unter schwacher Gesundheit. 1981 lag er krank im Bett, als er völlig überraschend Besuch bekam – Ferenc Puskas war zum erstenmal seit 1956 heimgekehrt und rief durch die Tür etwas Typisches, was nur Puskas rufen konnte – der kranke Budai lief zitternd vor Aufregung zur Tür. „Puskas hat mich noch besucht!" freute er sich noch zwei Jahre lang, aber es ging ihm immer schlechter. Die Nachricht vom Tod seines besten Freundes Sandor Kocsis zwei Jahre später hat er nicht mehr verkraftet – Herzinfarkt.

SANDOR KOCSIS (Selbstmord 1983): Der „beste Kopfballspieler aller Zeiten" und WM-Torschützenkönig 1954 hatte kaputte Venen und später Krebs – daß man ihm den rechten Fuß ab dem Gelenk amputieren mußte, hat er nicht ertragen können. Von seiner neuen Heimat Barcelona war er für zwei Monate in ein Budapester Spital gekommen. Zwei Monate, in denen sein bester Freund Budai Tag und Nacht an seinem Bett saß. „Die beiden waren unzertrennlich, fantastische Freunde – aber sie haben die ganzen zwei Monate fast nichts geredet", erinnert sich Georg Szepesi. Zurück in Barcelona, stürzte sich Kocsis aus seinem Fenster im 3. Stock – Selbstmord. Glück hat er nie viel gehabt. Als Spieler Weltklasse, als Trainer erfolglos – Jugendtrainer von Barcelona, nicht gerade die Erfüllung seiner Träume. Kocsis besaß in Barcelona eine kleine Finca – mehr war von den Millionengagen nicht geblieben. Um so geschickter war seine zweite Frau mit einer Zementfabrik. Kocsis' Buben aus erster Ehe sind ebenfalls Fußballer geworden, aber im Mittelmaß hängengeblieben.

NANDOR HIDEGKUTI (70): Der „zurückhängende Mittelstürmer", nach 1959 immer als Trainer im Ausland gewesen, hat bei Mantua und Fiorentina, in Ägypten und Saudi-Arabien gearbeitet. „Happel war ein ganz schlauer Gegenspieler. Ich hab ihn bewundert", sagt Hidegkuti noch heute.

FERENC PUSKAS (66): Der weltberühmte „Öcsi" („der Kleine") hatte im Gegensatz zu Kocsis nie Heimweh nach Ungarn – oder reist er deshalb soviel in der Welt herum, daß er überall hinkommt, wo Ungarn leben? Nach der Revolution 1956 monatelang in Wien gelebt, beim Sportclub trainiert, weiter nach Italien und schließlich sieben glorreiche Jahre mit dem „weißen Ballett" von Real Madrid, dem Europacup-Abonnementsieger. Spätere Trainerstationen: Betis, Alicante, Port Said, Vancouver. Und Panathinaikos brachte er sogar ins Europacupfinale (0:2 gegen Ajax Amsterdam). Trainer in Paraguay, dann Trainer in Australien, seine Frau lebt in Madrid, die Tochter ist mit einem spanischen Ingenieur verheiratet, die Enkel wachsen in Bilbao auf. Puskas, der Businessman, schoß weniger zielsicher: Hat viel Geld in eine Salamifabrik investiert und mit „Puskas-Wurst" fast alles verloren – bis zum Nachspiel vor Gericht. „Dafür waren die Osterturniere im Wiener Stadion immer super – besonders die Duelle mit Happel."

ZOLTAN CZIBOR (63): Der Linksaußen und Puskas-Nebenmann schimpfte – oft wie ein Rohrspatz – und meist auf Puskas, den er haßte, so gut die beiden oft auch zusammenspielten. Wäre Puskas seinerzeit bei Barcelona gelandet, wäre Czibor zu Real gegangen, aber weil Puskas Real-Spieler war, zog Czibor mit Kocsis zu Barcelona. So groß war die Feindschaft. Seine Bar „Blaue Donau" gehört nicht mehr ihm, sondern seiner geschiedenen Frau, die er samt fünf Kindern verlassen hat. Czibor war schon immer wieselflink und blitzschnell im Antritt. 1982 kommt er – mit neuer Freundin – ins Nep-Stadion, um Happels Teamchef-Premiere live mitzuerleben.

Begonnen hat seine atemberaubende Trainer-Karriere in Holland.

FEYENOORD UND DER „FUSSBALL 2000"

1968/69, noch bei ADO den Haag, fährt Happel drei-, viermal die 240 km nach Gelsenkirchen, um einen Ex-Rapidler „zu röntgenisieren": Franz Hasil, von Rapid für 500.000 Mark (3,5 Millionen S) an Schalke 04 verkauft. *„Ich geh im Sommer zu Feyenoord"*, vertraut ihm Happel an, *„und du kommst mit mir. Ich hol dich!"*

Im Winter ist alles abgesprochen, im Februar alles geklärt.

Hasil kostet nur 560.000 Gulden, also verdient Schalke an ihm noch 700.000 Schilling – Happel gewinnt mit ADO noch den holländischen Cup.

Der Anfang ist mörderisch. So körperlich brutal trainiert keine andere Mannschaft. „Lazeroms und Israel, die beiden Innenverteidiger, sind Mörder. Nicht nur gemein zu ihren Gegenspielern, auch gegen ihre Mitspieler."
Lazeroms schlägt Hasil im Training das Nasenbein ein. „Aber er hat auch andere abmontiert."
Hasil ist nicht wehleidig. Die Feyenoord-Spieler halten nur, wenn ein Ausländer kommen soll, wie Pech und Schwefel zusammen. Der Deutsche Jürgen Grabowski von Eintracht Frankfurt erlebt das später noch viel schmerzhafter: Geheimtraining bei Feyenoord, der Platz von Henk Wery ist gefährdet, also kriegt Grabowski beim Training soviel Schläge ab, daß er flüchtet.
Hasil hat auch geweint – wegen der holländischen Mentalität. Aber sobald die Holländer sehen, daß die Leistung stimmt: gutes Leben, großer Macho. Happel sieht alles, verurteilt aber nichts. *„Die Holländer sind halt so: südafrikanische Buren, Juden, Seefahrer. Oder Pflasterer, wie Israel."*
Nach eineinhalb Monaten mörderischem Training: Meisterschaftsbeginn. Nach dem dritten Spiel, Ende August, winkt Happel seinen Landsmann zu sich: *„Komm her, ich sag dir was."*
Bitte was, Herr Happel, fragt Hasil.
„Mit deinem Wiener Scheißspiel", schimpft der Meister, *„hau dich in Schnee."*
Aber Herr Happel, trotzt Hasil, in Holland ist doch jetzt kein Schnee?
Happel: *„Dann fahr heim."*
Was heißt das?
Happel: *„Fahr nach Haus, dort ist mehr Schnee."*
Aber Herr Happel. Ich bin doch grad erst gekommen, ich kann nicht schon wieder heimfahren.
Happel: *„Ich sag dir was: Du schaust am Sonntag – auswärts gegen ADO den Haag – zu. Aber du spielst nächste Woche!"*
Hasil rennt prompt um sein Leben, und Happel lobt ihn: *„Siehst, so spielt man Fußball! Aber net deinen Scheiß Wiener Fußball."* Schnell, körperbetont, kampfstark, weite, scharfe Passes. „Gegenüber Österreich der totale Wahnsinn", sagt Hasil noch heute.
Hasil: „Er ist auch menschlich in Ordnung. Nie mit mir geschimpft, nie geschrien, kein böses Wort. Immer korrekt. Dabei ist er zu mir besonders hart, sieht zu, wie sie mich im Training abhauen wie einen Tanzbären."
Gegen Santos müssen die Sanitäter aufs Feld laufen, einen Brasilianer raustragen. Kaum vom Feld, müssen sie umdrehen und gleich den zweiten mitnehmen...
Happels revolutionäre Trainingsmethoden mit Feyenoord dienen Legionen von Fußballtrainern heute noch als Vorbild – bis zum berühmten AC Milan. Hier, welche Aktionen Happel geprobt, gepredigt und immer wieder geprobt hat:
OFFENSIVE VERTEIDIGER: Trainingsspiele, in denen die Sturmspitzen

keine Tore schießen dürfen – nur die Abwehrspieler. Das heißt für Hasil: 40-, 50mal im Match lange Sprints über 50 bis 80 Meter, „sonst kannst ja kein Tor schießen. Das sind unglaublich lange Wege, denn du mußt ja auch immer schnell zurücklaufen. Aber ich weiß genau: Wenn wir halblinks angreifen, muß ich schon halbrechts starten, blitzschnell ins Loch laufen – jedesmal ein 50-Meter-Sprint. Aber ich hab's gelernt – und viele Goals geschossen!"

FORECHECKING: Genau wie beim Eishockey. *„Den Gegner schon bei der Mittellinie abfangen, nicht erst beim Sechzehner – dort ist es zu spät"*, predigt Happel.

PRESSING: Forechecking, noch totaler. *„Die Stürmer müssen die gegnerischen Verteidiger zu zweit anbohren und attackieren."* Beim AC Milan heute das große Schlagwort, von Happel schon vor 20 Jahren bei Feyenoord gedrillt.

ABSEITSFALLE: *„Als Spieler hab ich früher immer dem Linienrichter das Abseits angezeigt..."*, lächelt Happel, in diesem Punkt immer besonders raffiniert. Bei Feyenoord drillt er die Abseitsfalle drei Monate lang, jeden Tag. Hasil: „Mir ist schon ganz schwindlig geworden. Aber wir spielen viel auf Abseits."

AKTIONEN MIT TORSCHUSS: *„Wo der Ball ist, muß man sein!"* predigt Happel und läßt dreimal pro Woche die Kampfmannschaft gegen die U-21 antreten, *„um das Überzahlspiel zu üben."* Wenn's nicht klappt, wenn er mit etwas unzufrieden ist, pfeift er sofort dazwischen.

SPIEL AUF SECHS TORE: Eine besondere Happel-Spezialität, um das Sprinten ohne Ball zu trainieren, Kreativität zu fördern – den einfallsreichen Fußball, den er so gern hat. Dreimal pro Woche: Spiel übers ganze Feld, auf sechs Tore, aber nur drei Meter groß. Ohne Ideen geht's da nicht. Wenn der Spieler merkt, daß der Weg zum Tor verrammelt ist, muß er blitzschnell reagieren, sich umdrehen und ein anderes Tor anvisieren – und die Gegner müssen genauso rasch umdenken: Fußballer-Intelligenz!

SPIELVERZÖGERUNG: Neun gegen neun in einer Spielhälfte, also 18 Mann auf engem Raum. Zweck: den Ball so lang wie nur möglich in der Mannschaft zu halten, mit dreimal berühren. Sobald eine Seite den Ball 45 Sekunden lang behält, pfeift Happel ab. Danke, erledigt.

BREAK OUT: Mitten im Trainingsspiel plötzlich ein scharfer Pfiff von Happel. Die Mannschaft, die gerade den Ball hat, muß daraufhin sofort blitzartig attackieren, aus den Positionen, in denen die Spieler gerade sind. Also: Sprinten, Spiel verlagern, den Ball so rasch wie möglich vors Tor bringen, mit dreimal Berühren, in drei, vier Spielzügen, weil fünf Happel schon zuviel sind – und dann der Torschuß.

Dieses „Ausbrechen" trainiert Happel in zwei Variationen:
a) ohne Gegner, die also beim Pfiff stehenbleiben,

b) mit Gegnern, die mit der angreifenden Partei also mitrennen.
Das zeigt, was Happel im Kopf hat: Seine Übungen haben viel für sich. Die Züge, die sich daraus im Match entwickeln, sind grandios.
Wann immer Fußballexperten heute einer Mannschaft begeistert zujubeln: „Fußball aus dem Jahr 2000" winkt Happel ab: *„Den hab ich schon 1970 mit Feyenoord gespielt!"* Für Happel *„die beste Klubmannschaft, die ich je hatte"*.
Und weil sich später so viele an Feyenoord orientierten: Hier das Team der Athleten und Akrobaten, mit zwei 10,9-Sprintern, vorgestellt von Hasil, der sie im Herbst 1992 fast alle wieder getroffen hat.
PIETERS-GRAAFLAND: Als wir Europacup- und Weltcupsieger wurden, bereits 36, nimmer ganz so reaktionsschnell, aber ein gediegener Tormann – auch holländischer Teamtorhüter, hat heute ein Sportartikelgeschäft.
ROMAJN: Schnell, wendig, hart, mit 1,80 m körperlich stark, kein Blender, aber schwer zu überlaufen, kompromißlos.
ISRAEL: Ein gescheiter, sehr guter Fußballer, aber der gemeinste von allen. Einmal die Füße gebrochen, selber schuld. Verkaufte in einem Kiosk Zigaretten und Fußballkarten – heute U-21-Trainer in Holland.
LAZEROMS: Unser Vorstopper. Vor drei Jahren leider viel zu früh gestorben. War Trainer in Saudi-Arabien, ehe er zurückkam.
VAN DUVENBODE: Technisch besser als Romajn, der andere Außendecker, 1,86 m groß, sehr schnell, aber nicht so hart.
HASIL: Ich spielte rechts im Mittelfeld.
JANSEN: Hat meist hinter mir aufgepaßt, abgeschmiert, als Rückversicherung. Hat viele Bälle aufgenommen und abgewischt, wie die Holländer sagen. 80mal im Team, aber bei uns mehr der Wasserträger.
VAN HANEGEM: Ein Superfußballer, viel verletzt, aber viel Ahnung vom Fußball, ein cleverer Taktiker – Happel hat ihn gern gehabt. Ein schwieriger Typ. Hat viel gestritten, auch mit mir, aber er konnte im Match – Hut ab. Er konnte viel, hat viel gebracht, das wußte auch Happel. 1,88 m groß, ein Körper wie ein Zehnkämpfer, den Ball konnte ihm keiner wegnehmen. Nur über seine Leiche.
WERY: Rechte Sturmspitze, 1,83 m groß, stark und schnell – lief 100 m in 10,9 Sekunden. Haute die gefährlichen Bälle rein, die Kindvall brauchte.
KINDVALL: Der schwedische Legionär aus Norrköpping war unser Schützenkönig. Jede Saison rund 30 Tore, aber dann kam schon ich mit 17 oder 18. Mit 10,8 Sekunden über 100 Meter unser schnellster Sprinter.
MOULIJN: Der Liebling von ganz Holland. Solche Spieler gibt's heute nimmer. FC Barcelona wollte ihn damals um jeden Preis, der Präsident kam selber nach Holland. Moulijn konnte die Summe selber einsetzen – aber er blieb zu Hause. Seit zwölf Jahren hat er eine Kleiderfabrik.
In Rotterdam ist im Herbst immer starker Nebel, dazu die Rauchschwaden auf der Trainerbank – undurchdringlich.

„Wissen Sie überhaupt, wie wir gespielt haben?" fragt jemand.
„8:2 gewonnen", sagt Happel, *„damit'st dich auskennst!"*
Zu Hause schießt Feyenoord alle Gegner weg, gewinnt oft 6:0, 8:1. Gegen Mönchengladbach mit Berti Vogts 4:0, gegen den HSV mit Uwe Seeler und Libero Schulz 7:0, was sich alle bis heute gemerkt haben. Denn gut 20 Minuten vor Schluß, schon bei 7:0, springt Happel von der Betreuerbank auf, rennt zur Outlinie, schwenkt – was die Spanier für Stierkämpfer und neuerdings auch für Toni Polster tun – sein weißes Taschentuch: *„Aufhören mit dem Toreschießen"*, signalisiert er, *„7:0 ist genug."*
Gegen Milan pfeffert Hasil einen Ball, den ihm Kindvall aufgelegt hat, mit soviel Wucht an die Innenkante, daß die Querlatte wackelt. Leider springt der Ball zurück.
Der beste Hasil, den es je gab, gewinnt mit Feyenoord 1970 das Europacupfinale gegen Celtic Glasgow 2:1. Torschütze: Ove Kindvall in der 116. Minute. Happels Lob ist spärlich. Aber wenn, zählt es um so stärker. Für Hasil: ein einziges Mal, nach dem Europacupsieg in San Siro, spätnachts im Hotel in Como.
Hasil bestellt einen Capuccino, Happel setzt sich zu ihm. Leise Umarmung, dann drei Worte: *„Grandios. Super warst."*
Riesenjubel in Holland, Galaempfang im Rathaus von Rotterdam – das genau im Viertel des Feyenoord-Erzrivalen Sparta liegt. Als er nach der Feier heimfährt, wird Happel im Maas-Tunnel von der Polizei aufgelauert: Führerschein weg, und auch sonst für 14 Tage aus dem Verkehr gezogen. Da helfen nicht einmal Bittgesuche an die holländische Königin.
Beim Weltcupfinale gegen Estudiantes Buenos Aires kriegen alle Holländer eine aufs Aug, auch Hasil. So gemein spielen die Südamerikaner. Besonders der linke Verteidiger Bilardo – später Nachfolger von Weltmeister Cesare Menotti, „El Flaco", dem Dünnen, als argentinischer Teamchef – wütet als linker Verteidiger.
Joop van Dale, ein Brillenträger, schießt das Siegestor. Bilardo rennt ihm in einem wilden 40-Meter-Sprint nach, reißt ihm die Brille vom Gesicht, zertrampelt sie. Van Dale ist blind und kann nimmer weiterspielen.
Königin Juliane der Niederlande – im Winter immer im „Hotel Post" in Lech am Arlberg – lädt Happel und Hasil zur Audienz: „Ich muß die beiden Österreicher kennenlernen, die für Holland den Weltpokal gewonnen haben."
Königliche Hoheit spricht sehr gut deutsch. Hasil grüßt, mit artiger Verbeugung. Und zwischen Königin Juliane und Happel wiederholt sich nicht der legendäre Dialog zwischen König George V. von England und dem Wunderteamverteidiger Karl Sesta anläßlich der „glorreichen 3:4-Niederlage" in Stamford Bridge 1934.
„Fußballer", sagte der König damals beim Händeschütteln zu Sesta, „das ist ja ein wunderbarer Beruf. What a wonderful job!"

Darauf Sesta trocken, wie sonst nur Happel hätte antworten können: „Aber Sie haben auch ka schlechte Hacken, Herr König."
„Happel, der beste der Trainermenschen", sagt Wim Jansen heute. „Großer Trainer, großer Mensch, der aus allen Spielern das Maximum herausholt – das ist seine Qualität."
Ein Stück von Happel ist immer noch in Rotterdam. „Wir versuchen, so Fußball zu spielen, wie er Fußball gedacht hat. Nicht erst jetzt, sondern die ganzen Jahre. Ich hab alle seine Trainings mitgeschrieben. Aber das wichtigste für uns: Was uns Happel gesagt hat."
Das tollste Spiel, in der Erinnerung von Jansen? Gar nicht der Europacupsieg gegen Celtic, sondern das 2:0 gegen AC Milan. „Unser bestes Match in zwanzig Jahren."
Aber, wie Wim Jansen sagt: „Man geht immer weg im Fußball." Happel merkt, erzählt mir der Feyenoord-Manager mit dem schönen Haus in Adorp an der Nordsee, schon ein halbes Jahr vor Vertragsende: *„Wir haben soviel erlebt, ich muß aufhören. Mit zuviel Siegen geht die Disziplin zurück. Wir werden zu sehr Freunde. Man leidet und weint, man lacht und gewinnt zusammen. Und das darf nicht zu lang dauern."*
Die Ansicht von Happel, nicht von Feyenoord. „Ich weiß, daß Happel auch private Schwierigkeiten hat, mit seiner Frau, daß er eigentlich darum weg will."
Darum rät ihm Fred Blankenmieer: „Ernst, gehen Sie nach Wien, ins Kaffeehaus, Karten spielen, Torten essen, vielleicht sehen Sie dort auch noch schöne Frauen. Nach zwei, drei Wochen kommen Sie frisch zurück – und wir reden weiter."
Happel bemüht sich, will aber letztendlich doch weg. Und Feyenoord akzeptiert.
Nach vier Jahren, 1973, kehrt Hasil nach Österreich zurück. Happel wechselt die Fronten, lädt Hasil später zu einer Woche Trainingslager in Brügge und beim HSV ein. Hasil: „Drei Jahre lang hab ich mir alles aufgeschrieben, was und wie Happel trainiert." Was auch manche andere Spieler tun – wie Heinz Peischl in Innsbruck.
Happel und Hasil sind Ehrenbürger von Rotterdam. *„Da darf ich lebenslang gratis mit der Straßenbahn fahren ... und eine Pension krieg ich auch."*
Happel wechselt nach Sevilla: sein einziger Trainer-Mißerfolg. Feyenoord aber wird wieder Meister und Europacupsieger – im Finale gegen Tottenham. Weil Happel noch nie eine Mannschaft tot und kaputt hinterlassen hat.
Happel besucht Fred öfter an der Nordsee und klagt ihm: *„Mir ist in Spanien zu heiß, ich bleib nicht länger."* Und geht nach Brügge.
Indianer wissen: Kreuz nie deine eigene Spur. Gilt im Fußball nicht. Happel kehrt von Racing Paris (1954–1956) zu Rapid zurück, ein Glück, wenn man nur an die drei Europacuptore gegen Real Madrid denkt.
1991 will ihn Feyenoord zurück: und zwar schon im Winter. Ein Anruf aus

Rotterdam. Happel bespricht sich mit Veronika und ruft zurück: *„Kommt für mich nicht in Frage, ist momentan kein Thema. Ich brich nicht meinen Vertrag, hab nicht vor, ein halbes Jahr vorher in Innsbruck aufzuhören."*
Frenki Schinkels kennt Feyenoord, das Phänomen Happel und die Mechanismen im holländischen Fußball: „Den Trainer, der dich als Spieler zu den größten Erfolgen geführt hat, willst du immer zurück."
Ein paar Wochen später sind sie alle betroffen, fast vor den Kopf gestoßen, als sie hören: Happel steigt in Innsbruck aus, ist der neue Teamchef. That's life, auch im Fußball.
Im Sommer 1992 wird Wim Jansen technischer Direktor, Wim van Hanegem Trainer von Feyenoord; Israel betreut die U-21-Elf.
Hasil-Jansen-van Hanegem: Im November gehen sie wieder nebeneinander, die drei Mittelfeldstars von Feyenoord, aber diesmal ganz langsam, mit nassen Augen: van Hanegem weint, als er sich von Happel verabschiedet. Der geniale Fußballer, der Happel zur Weißglut gereizt hat, *„bei dem ich aber auch genießen konnte"*.
Alles hat mir Happel über van Hanegem erzählt: Sein Largieren beim Konditionstraining, Blödstellen bei Verletzungen, Zigaretten unter der Bettdecke – aber ein Genie mit dem Ball. Über zwanzig Jahre später rede ich mit van Hanegem über Happel.
„In Holland sagt man: Einmal in der Woche kämpfen. Hab ich getan. Zu Happel bin ich respektvoll. Der beste Trainer, den es gibt."
Dein großes Vorbild als Trainer?
„Nicht Vorbild. Nach Happel kann niemand Vorbild sein. Den kann auch niemand imitieren."
Eure Zeit bei Feyenoord?
„Die Disziplin war das Schönste. Happel ein Genie."
Was hast du von ihm gelernt?
„Er weiß immer alles von unseren Gegenspielern, starke und schwache Punkte, die legt er auf den Tisch. Zum Beispiel: Versuch, ein- oder zweimal diesem Burschen durch die Beine zu spielen. Dann wird er böse – dann ist es aus mit ihm. Er ist selber raffiniert."
Du bist ja heute selber Trainer von Feyenoord?
„Ja, aber mit Happel nicht zu vergleichen. Er ist *unique* – einmalig. Das hast du bei seinem Begräbnis gesehen: fast 10.000 Menschen."
Van Hanegem hat vier Kinder: 28, 27, vier und zwei Jahre alt. Der Älteste spielt Fußball in der Amateurliga. Happel hat seinem Sohn in der Halbzeitpause bei ADO den Haag eine Banane gegeben: *„Darfst du ruhig essen. Du wirst eh kein Fußballer, werde lieber ein anständiger Mensch."*

BRÜGGE: DIE ABENTEUER MIT EDI KRIEGER

Wenn ein Wiener Reporter im VIP-Raum des Brügge-Clubhauses sein Mikro oder den Notizblock auspackt, sagen die Belgier sofort: „Dürfen wir dir als Österreicher den Platz anbieten, auf dem Herr Happel immer gesessen ist? Da haben wir nach jedem Match lang diskutiert..., und oft hat er uns beschimpft."

Happel übernimmt Brügge als Abstiegskandidat, führt den Klub zum Meister-Hattrick und zweimal sogar in ein Europacupfinale – leider jedesmal gegen Liverpool.

Im Sommer 1975 geht Happel mit Brügge gegen Rapid mit 2:7 unter. *„Nur ein Probespiel",* zuckt er die Achseln – im Frühjahr steht er prompt im UEFA-Cup-Finale. Freilich mit neuem Libero: Statt einem Holländer der Ur-Wiener Edi Krieger, den ihm sein alter Spezi „Wurmerl" empfohlen hat. „Schau dir einmal den Krieger an."

„Ich koste zwischen 1,3 und 2,5 Millionen. Außer mich kauft Happel noch Lambert und Lefebvre von Mönchengladbach. Dafür hat er Rensenbrink und Geels rausgeschmissen, weil sie zuviel verdienen, ohne einen Schuß zu machen – zu hohes Fixum."

Happel stellt das System um: geringeres Fixum, aber sehr, sehr hohe Erfolgsprämien. „Das Leben in Belgien ist teuer. Aber ich leb besser als die anderen", erzählt mir Krieger fast zwanzig Jahre später.

„Happel ist sehr hart, zu mir aber ein bißl lockerer. Und hilft mir viel – weil mir als Austria-Spieler das belgische Profitum total fremd ist."

Im ersten Meisterschaftsmatch darf Krieger noch nicht spielen. Im zweiten, gegen Beveren, wird er wegen Revanchefouls ausgeschlossen und für vier Spiele gesperrt. „Aber Happel setzt durch, daß ich trotzdem die vollen Prämien krieg!"

Freundschaftsspiel Brügge – Feyenoord, die Belgier in Holland, gegen Willi Kreuz, Bierzeltatmosphäre. Nach dem 0:5 setzen sich Edi Krieger und sein bester Freund, der dänische Tormann Birger Jensen, mit Kreuz auf ein Bier zusammen. Happel kommt vorbei und sagt unwirsch: *„23 Uhr Abfahrt. Wer eine Minute zu spät kommt, geht zu Fuß heim."*

Beim Frühstück sagt Happel plötzlich: *„Jensen und Krieger, ihr zwei packts eure Koffer. Ihr fahrts nicht mit der Mannschaft."*

Und wie kommen wir nach Belgien zurück, Trainer?

„Mit dem Taxi", brummt Happel.

Die Fahrt Rotterdam–Brügge kostet Krieger und Jensen 3000 Schilling. Warum die Strafe, hat Happel nie begründet. „Ich frag ihn, aber er sagt nie etwas." Wahrscheinlich hat ihn das 0:5 so geärgert – ausgerechnet gegen Feyenoord. Egal ob in Holland, Belgien, Hamburg oder Innsbruck: Wann immer Happel in ein Lokal kommt und dort Spieler sieht, dreht er sich sofort um und geht.

Darum sind Krieger und Jensen, als sie in Brügge in einer Bar hocken, sofort alarmiert, als Happel unerwartet mit zwei Damen im Arm hereinschneit – den Schwestern van der Wale.

„Achtung, der Trainer kommt! Schnell unter den Tisch!" zischelt Krieger seinem Tormann zu. Beide gehen in volle Deckung, damit sie Happel nicht entdeckt.

Plötzlich steht die Kellnerin mit zwei Mineralwasser da. „Wir haben doch nix bestellt", protestiert Krieger. „Sie nicht", sagt die Kellnerin, „aber der Herr da drüben." Herr Happel, wer sonst? Jensen wird die Luft bald zu heiß, aber Krieger bleibt hocken. Happel schickt ihm die Kellnerin: Du sollst rüberkommen. *„Trinkst einen Cognac?"*

Nein, nie, sträubt sich Krieger, schmeckt mir überhaupt nicht.

Der Trainer besteht jedoch darauf: Cognac bis fünf Uhr früh. Dienstag ist bei Brügge nie Konditionstraining – aber diesmal schindet Happel seine Stars gnadenlos. Und fragt Krieger jedesmal, wenn der an ihm vorbeikeucht: *„Na, hast den Cognac in den Knien?"* Und seine Lehren daraus: *„Bier darfst als Fußballer trinken, aber keine harten Sachen."*

So ist er, der Happel. „Für mich", sagt Krieger, „ein Riesenmensch."

Die Stärke von Brügge? „Freundschaft und Kameradschaft – und die Kondition. Vor allem im Mittelfeld. Da rennt jeder nicht für einen Mann, sondern für zwei." Und Krieger schießt auch so viele Tore wie noch nie: „Keine Saison unter 15 Goals!"

1978 geht Brügge als totaler Außenseiter ins Europacup-Finale gegen Liverpool: ohne einen einzigen Stürmer – weil alle verletzt sind! Happel, mit dem Rücken zur Wand, flüchtet in ungewohnte Taktik: *„Wir spielen auf Verlängerung, mit totaler Abseitsfalle."* Es ist, für Krieger, das wahrscheinlich schlechteste aller Europacup-Endspiele. „Die Liverpool-Stars Kennedy, Souness, Dalglish, Fairclough rennen mindestens fünfzigmal ins Abseits!"

Die Abseitsfalle – von Happel als Spieler perfekt praktiziert, *„weil ich immer dem Linienrichter das Abseits anzeige"*, als Trainer noch perfekter orchestriert. Typisch für alle großen Happel-Mannschaften.

Die Kommandos bei Brügge gibt Krieger: „RUIT – alle raus! Wir üben das im Training, wir können das perfekt. Vor allem gegen englische Mannschaften mit ihrem Kick and Rush: Ball nach vorn und rennen."

Die Happel-Taktik geht fast auf: Nur durch ein umstrittenes Abseitsgoal von Kenny Dalglish verliert Brügge 0:1.

Mit Happel und Krieger wird Brügge dreimal Meister, einmal Cupsieger. 1976/77, im Jahr des „großen Doubles", sogar ungeschlagen!

Aber irgendwann sind sie doch bös aufeinander: Als Happel als Holland-Teamchef bei der WM 1978 gegen Österreich rüstet: *„Wenn der Krieger Libero spielt, gewinnen wir ganz sicher!"* Krieger spielt zwar den „Libero im Mittelfeld", aber Happel hat recht: 5:1.

400 Karten situatie is afnormaal
18 spelers Bollen Knisst Marcel en ik
  Bollenstein en Tedaye
hij heft iedere spelers 20 Kart. beloft
vroeger zou für iedere en spelers een envelop gewest
zondag 0:4 ik zoeke afzondering – moral
worken als topploeg op en het laagste niveau
ik vraag mich af hoe kann deze Mann zoviel
in sinen Händen heben en bestimen

Was kann deze Mann vor club prestieren
Was hat deze man voor zovestelling vom Club toe
                                              helpen

ik vind het in der ersten instancie niet normaal
dit gespreck per telefon toe fun
ik moet saak bij U komen wegen verschillendes
en dit keer is het niet der gevaal

Rijker vorzitter ik ga 100% mein werk tun
maar ik neme geen verantwoording meer
over das Moment vrijdag in die granden
toe staan

  ik met man geen verantwoording over nehm.
Het gaat goed seit 2 Jaare maar ik altijd
de laatste tijd ruzie over deze man
daarvoor bin ik niet en goed en toe
groet voor deze man U weet hoe over
ik den

„Das hab ich Happel übelgenommen. Zurück in Belgien, muß ich am Bankl sitzen. Da hab ich rebelliert."

Endgültig Feuer am Dach ist aber, als im „Café Falstaff" der Schwestern van der Wale ein „Edi Krieger Supporter Club" gegründet wird. Weil Happel erstens keine Fußballer-Fanklubs in seinem Stammcafé mag und zweitens Krieger in Verdacht hat, daß er, ein später Milanovic, mit den Schwestern anbandeln will. (Mehr über Happels Frauen später.)

Wenn ein Fremder in die Kabine kommt, explodiert Happel. Wenn noch dazu mit Zigarre, fliegt er hochkantig raus – sogar der Brügge-Präsident und Bürgermeister van de Maele. Happels Spruch: *„In der Kabine gibt's nur einen Bürgermeister und Präsidenten, der bin ich!"* ist berühmt.

Nicht bekannt ist bisher, warum wirklich sich Happel mit Brügge zerkracht: Streit mit Brügge-Sektionsleiter Antoine. Auf Seite 39 erstmals das Dokument, warum Happel bei Brügge geht – von ihm selbst geschrieben.

Happel ist das genaue Gegenteil der drei indischen Affen: Er sieht, hört und weiß immer alles. So findet er die „400-Karten-Situatie abnormal", ärgert sich über Herrn Antoine, der offenbar jedem Spieler 20 Tickets in ein Kuvert gesteckt hat: *„Wie kann dieser Mann soviel in Händen haben? Was leistet dieser Mann für den Klub? Was hat er für eine Vorstellung, dem Klub zu helfen?"*

Happel findet das *„in der ersten Instancie nicht normal. Ich werde immer hundertprozentig meine Arbeit tun, aber ich nimm keine Verantwortung mehr – oder das kommt Freitag in die Zeitung."*

Mit dem Kerl Antoine wäre es *„zwei Jahre gutgegangen, aber in letzter Zeit nimmer. Ich bin mir zu gut und zu groß für diesen Mann"* (siehe Faksimile). Am Dienstag geht Krieger, „leider einen Tag zu früh", am Mittwoch Happel. Von Brügge zieht Krieger zu Venlo, ehe ihn der LASK für 350.000 Schilling nach Österreich zurückkauft. In Linz fängt „der Ederl" immer schon eine Stunde vor Trainingsbeginn zu gaberln an – so liebt er den Fußball, aber auch die Spielkarten. Mit VÖEST-Tormann Erwin Fuchsbichler hat er lang eine Wette laufen: „Wenn's knapp wird, schieß ich dir immer noch ein Tor." LASK gegen VÖEST steht prompt 1:1, Freistoß für LASK kurz vor Schluß, Krieger legt sich den Ball auf – und knallt genau ins Kreuzeck. Wette gewonnen, 2:1.

Kriegers letzter Kontakt mit den Belgiern? „Bei Austria – Brügge im Hanappi-Stadion. Aber ich hab nur noch den Masseur gekannt – Edi Warenier." Und der Busfahrer war der einzige Happel-Freund? „Weil er immer gemacht hat, was Happel sagt..."

HSV: IMMER IN SEINEM HERZEN

Der HSV ist Happels Nachsommer: seine späte große Liebe. Den HSV-Wimpel hat er immer vorn im Mercedes EH 111. „Stört dich das nicht, wenn du in den Rückspiegel schaust?" Nein, nie. Er nimmt die HSV-Fahne erst ab, als er

das erstemal offiziell zum ÖFB fährt – aber sie bleibt im Handschuhfach. In seinem Herzen auch. *"Vom HSV weiß ich immer genau, was sich tut, wo sie spielen – aber ich bin über alle deutschen Klubs informiert."*
Bei Happels Lieblingsheurigen in Sooß bei Baden hängt die Fahne von Bayern München, worauf er fordert: *"Tausch das sofort gegen den HSV-Wimpel aus!"* Jetzt hängen beide dort.
Früher immer das Duell Bayern gegen Mönchengladbach. Dann: Happels HSV gegen Otto Rehhagels Werder Bremen – jahrelang die besten Mannschaften der Bundesliga. „Wir spielen irrsinnig oft gegeneinander", erinnert sich Rehhagel. „Aber leider nie in einem Entscheidungsspiel. Das wäre mein größter Traum gewesen: Einmal ein großes Pokalspiel gegen Happel – oder wenigstens ein Entscheidungsspiel um den Titel."
Einmal enden HSV und Werder punktegleich – die bessere Tordifferenz (8) krönt Happel zum Meister.
Happel als Gegner? „Optimal, nie geschimpft, nie ein böses Wort über einen anderen Trainer." Und nach dem Schlußpfiff? „Wenn er mit dem HSV in Bremen spielte, gehen wir nachher fast immer abendessen."
„Was Happel leistet, sieht man erst jetzt richtig: Der HSV ist nirgendwo, und ich mit Werder immer noch vorn."
Arbeit hat Happel genug: Er läßt Manfred Kaltz, dem Ehemann mit der adeligen Freundin, Zeit, seine Probleme zu lösen. Sagt aber auch seinen zwei Torleuten knallhart: „Heute ist Stein im Tor, nächstes Mal Koitka."
Bevor Sacchi der große Trainerstar wird, studiert er zwei Wochen lang – jeden Tag – das Happel-Training beim HSV. Besonders das Pressing.
Von Happels großer HSV-Mannschaft sind nur noch zwei übriggeblieben: Thomas von Heesen – beim 1:0-Europacuptriumph über Juventur 1983 eingewechselt – und der Masseur. Von Heesen, früher Amateur in Paderborn, dankt Happel heute noch als Ziehvater: „Er hat mich großgezogen, ihm verdank ich alles."
Heute ist von Heesen Spielmacher beim neuen HSV, der im unteren Mittelfeld herumkrebst. „Mit Happel war der HSV immer im Europapokal. Das merkt man erst jetzt, weil er für uns nimmer stattfindet."
Ich frag von Heesen nach dem großen Unterschied: Happel und die anderen Trainer. „Happel ist nicht sehr autoritär, läßt uns Freiheiten, betrachtet uns als erwachsene Menschen – was nicht immer selbstverständlich ist. Und weil er ein Fußballgenie ist, als Spieler, als Trainer, kann man immens viel von ihm lernen."
Training, Taktik, Systeme?
VON HEESEN: „Was Happel spielen läßt, ist völlig neu in der Bundesliga. Kein Gegner kommt damit zurecht: mit den drei Systemen, die er uns so einprägt, daß wir sie automatisch spielen können: Pressing, Forechecking, auf Konter – und dann versucht er, ganz schnell auf der Seite nach vorn zu spie-

len. Er weiß mehr als jeder andere. Er liebt die Offensive. Und damals sind alle HSV-Spieler so veranlagt, daß wir fast nur angreifen."
Sein Cotrainer Aleksandar Ristic bestätigt mir: „Happel hat soviel Phantasie für die Trainings, daß die Jungs immer mehr motiviert sind. Lieber mit fünf, sechs Offensiven als mit drei Verteidigern. Viele sind am Anfang ungeduldig, aber ich weiß: Wenn der Ernst überall soviel Erfolg hat, kann nix schiefgehen."
Also verrät mir von Heesen ein paar Happel-Tricks aus dem HSV-Training: „Ein Spiel mit zehn Hütchen, verteilt über den ganzen Platz. Auf diese Hütchen setzt er Bälle, die muß man abschießen. Das verbindet Spaß mit Notwendigkeit. Aber da sieht man erst mal, wie schwierig es ist, so einen Ball abzuschießen. Macht viel Spaß, ist aber auch sehr zweckmäßig, weil es die Konzentration fördert."
Und sonst, Thomas?
„Ein Spiel innerhalb des Sechzehners: Drei Mann in die Mitte, müssen versuchen, den Ball zu bekommen – und alle anderen, draußen herum, dürfen nur direkt spielen. Oder: Bei einem langen Paß darfst du den Ball nur einmal aufnehmen. Etwas, das du im Spiel unheimlich gut gebrauchen kannst, weil du dich konzentrieren mußt, auch vorausschauen, wer sich da freigelaufen hat. Solche Spiele machen wir fünf-, sechsmal pro Woche."
Und heute, nach Happel? Profitiert ihr jetzt noch davon?
„Weniger. Die heutigen Trainer kommen aus einer anderen Generation. Sind nicht so frei in ihren Entscheidungen. Haben mehr Angst, offensiv zu spielen. Mehr Defensivtaktik. Ob das dem Fußball zugute kommt, ist eine andere Sache. Nur stehen die Trainer heute auch so unter Druck, daß sie sich das gar nicht erlauben wollen ... oder können. Mit Happel – das waren Riesenjahre. Und es hat immer Spaß gemacht."
Am meisten im Europacupfinale 1983 gegen Juventus in Athen. 70.000 Italiener, den HSV-Spielern fällt das Herz in die Hose. „Manche versuchen, einzupacken. Aber Happel geht mit uns auf einen Golfplatz, greift sich einzelne Spieler heraus, redet mit ihnen, legt somit auch die Taktik fest. Das ist genial von ihm. Und wir fahren ganz locker ins Stadion."
70.000 Tifosi pfeifen den HSV gnadenlos aus. Der HSV jedoch gewinnt 1:0 – Torschütze: Felix Magath.
Happel reagiert wie immer: „Relativ cool, freut sich im stillen mehr, als es nach außen aussieht. Das ist seine große Stärke: daß er nach außen nie verbreitet, was er denkt. Auch nicht als Trainer."
Schlußwort von Ristic: „In Hamburg lebt Happel weiter – im HSV ist immer ein Teil von Happel drin. Er hat soviel für diese Stadt, diesen Verein, diese Spieler getan wie kein anderer Trainer. Er wird immer in den Herzen der Hamburger bleiben."
Am Ende ist Ristic für Happel „fast sein Arzt. Ich schreib ihm auf, was er

essen muß. Und er sagt eines Tages: Ich will später wieder dem österreichischen Fußball helfen – einmal Nationaltrainer sein." Auf dem Umweg über Tirol.

Dreieinhalb Jahre später:
Die Bombe, die Happel – live bei mir im ORF-Studio – im Dezember 1990 zündet, ist echt und scharf: *„Ich will wieder zurück in die deutsche Bundesliga, zum HSV!"* Worauf ganz Fußball-Deutschland verrückt spielt.
An sich hat Happel schon zugesagt. Die Hamburger kommen wie jeden Winter nach Seefeld und bleiben bis 6. Jänner, um die letzten Punkte zu klären. Happel soll den HSV sofort übernehmen, will aber eher erst ab Sommer.
Der HSV nach Happel: Skoblar als sein Trainer-Nachfolger, und die Ära des Präsidenten Klein läuft aus. Skoblar holt einen Fliegenfänger-Tormann aus Spanien. Und Happel hat immer gewarnt: *„Felix Magath ist ein guter Fußballer, aber noch kein Manager – laßt ihm zumindest ein Jahr Zeit, um sich reinzufinden."*
Willi Reimann – von Happel als U-21-Trainer abgelehnt – wird von St. Pauli als Trainer zurückgeholt. Die Präsidenten wechseln: Dr. Klein, Naumann, Hunke. Die Trainer auch: Gerd-Volker Schock, von dem Happel als Jugendtrainer viel gehalten hat, wird abgeschossen. Egon Coordes detto. Es folgt Cotrainer Benno Möhlmann, nach Happels Weggang 1987 von Werder Bremen noch als Spieler zum HSV geholt: Jugendtrainer, Cotrainer, Cheftrainer.
In dieser Phase soll Happel kommen. *„Alles ist zu 95 Prozent entschieden."* Und wenn's nur für ein halbes oder für ein Jahr ist, um den HSV wieder ordentlich nach oben zu pushen.
Am besten über die Personalpolitik beim HSV. Im Dezember 1990 ist Generalversammlung. Wäre Happel gekommen, hätte man den Präsidenten zum Rücktritt gezwungen, weiß Veronika.
In Deutschland steht's bereits groß in den Zeitungen: Baumeister Solterbeck, der große Happel-Freund, holt den Wundertrainer zurück an die Alster.
„Ich wäre auch wirklich gegangen – ohne meine Krankheit. Aber ich kann das keinem Profiklub mehr antun: Therapien, während die Meisterschaft läuft. Da ist jede Woche wichtig, da kann ich nicht alle vier Wochen in die Klinik. Als Teamchef hab ich Pausen."
Der Vergleich: Unter Happel belegt der HSV – von 1982 bis 1987 – die Tabellenplätze 1, 1, 2, 5, 7, 2. Nachfolger Josip Skoblar wird entlassen, Willi Reimann erkämpft die Tabellenplätze 6, 4, 11, Gerd-Volker Schock Platz 5, tritt zurück, dann Egon Coordes Rang 12, tritt zurück – jetzt regiert im Volksparkstadion Benno Möhlmann.
Und, typisch Happel-Erbe: Möhlmann verpflichtet den früheren deutschen Zehnkampf-Meister Rainer Sonnenberg, „um das Konditionstraining individueller zu gestalten. Kommt bei den Profis ganz groß an."

II. Der Stratege

HAPPELS ALL-STARS: "MEINE BESTEN"

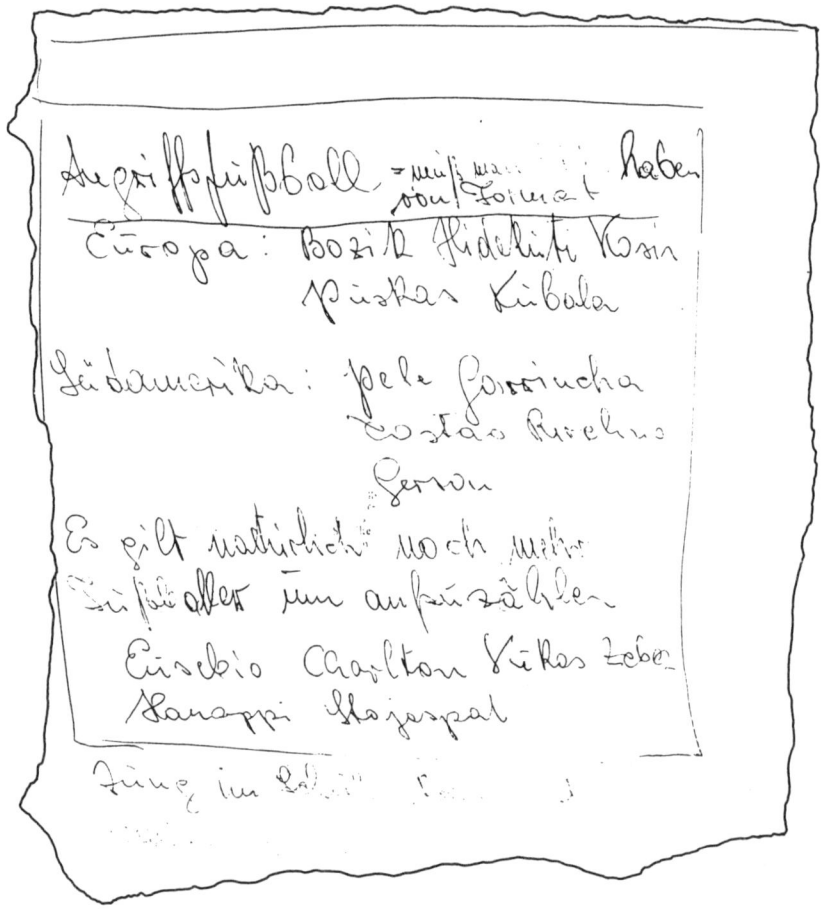

"Um Angriffsfußball spielen zu können, muß ich Spieler von einem bestimmten Format haben!" Happels Giganten aus seiner aktiven Zeit: *"Die Ungarn Bozsik, Hidegkuti, Kocsis und Puskas, dann Kubala, der für drei Nationalteams (CSR, Ungarn, Spanien) spielte. Aus Südamerika: den unerreichten Pele, den krummbeinigen Garrincha, weiters Tostao, den schnurrbärtigen Rivellino, Gerson... Aber es gibt natürlich noch mehr Fußballer, um sie aufzuzählen: Eusebio, Bobby Charlton, die Jugoslawen Vukas und Zebec, von uns Hanappi und Stojaspal."*

ALS SPION BEI ANDEREN TRAINERN

Dokumente aus Happels Trainer-Anfangszeit: bei ADO den Haag in Holland. Happel hat sich immer für alles interessiert, für alle anderen Trainer, für sämtliche Trainingsmethoden. Von ihm genau mitgeschrieben, was ihm wichtig ist:

- Beim Zirkeltraining von Sparta-Rotterdam fällt auf: Hauptaugenmerk auf Sprungkraft.
- Bei Rapid (Robert Körner): Techniktraining mit dem üblichen Flanken und Schießen, aber dann ein hartes Training im sogenannten „Weisweiler-Viereck", von den normalen 25 Metern auf 50 Meter verdoppelt. Jede Gruppe läuft abwechselnd eine Länge in 14 bzw. 7 Sekunden. Dazu Medizinbälle plus Hanteln.
- Die typische Fartlek-Methode: Lauf mit unterschiedlichen Geschwindigkeiten – heute noch überall angewandt, von Happel schon vor über 30 Jahren praktiziert. Dazu verschiedene Übungen wie Sprinten über Betonstufen mit Medizinbällen, über Hürden – alles einbezogen in seine Trainings.
- Vom ungarischen Training: zwei Beweglichkeitsübungen.
- Dazu einfache Tormann-Trainerübungen von Poldl Gernhardt, der ja längere Zeit in der österreichischen Trainerausbildung tätig war.
- Das Feyenoord-Training (unter Höfling) umfaßt verschiedene Reaktions- und Kraftübungen, die man heute zum Teil nur noch in der Vorbereitung sieht – etwa mit Medizinbällen.

SPARTA: NON-STOP-TRAINING

1. Medizinball
2. Schnurspringen
3. Hürden
4. Galgen (Kopf und Fuß) springen – ein, zwei Beine
5. Slalom
6. Kreis springen mit Hantel
7. Bank springen
8. Hocke springen
9. Hantel 30 kg (Bank liegen)
10. Schlußwand (hochziehen)
    Vier Mann ein Keeper – seitwärts
    Vier Mann ein Keeper – vorne

KÖRNER – RAPID

Vier Bälle. Schießen aufs Tor.
Vom Flügel zum Keeper (Tormann) – Start.
Am Boden liegen, Ball zwischen die Füße und ganze Drehungen.
Hartes Training!
Intervall im Viereck auf 50 Meter langsam 14 Sekunden, schnell 7 Sekunden, 20mal; 40 Minuten in Bewegung.
Intervall-Laufen mit zwei, drei Medizinbällen.
Gymnastik mit Hanteln.
1. Englisches Non-stop-Training – Sparta.
2. Winterbottom in Zeist.
Nummer laufen. Eins bis zehn auf zwei Bänken vis-à-vis.

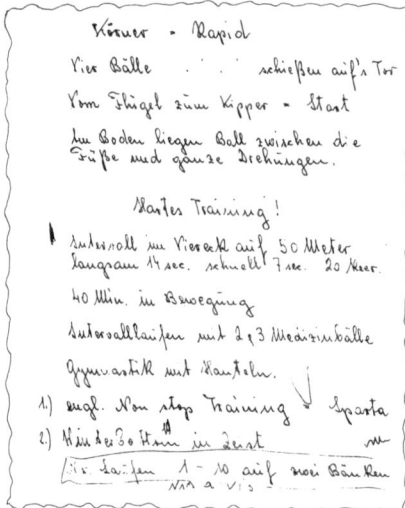
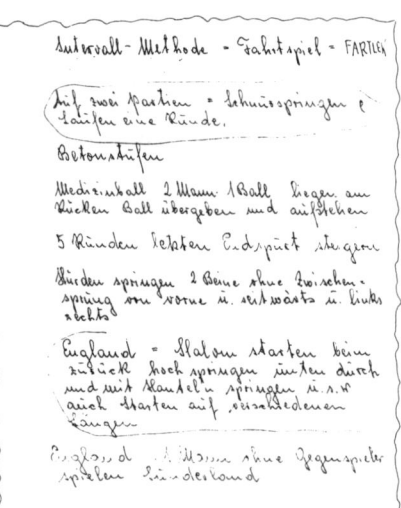

INTERVALL-METHODE – Fahrtspiel = FARTLEK

Auf zwei Partien – Schnurspringen und Laufen eine Runde.
Betonstufen
Medizinball – zwei Mann, ein Ball. Liegen am Rücken, Ball übergeben und aufstehen
Fünf Runden, letzten Endspurt steigern
Hürdenspringen, mit beiden Beinen ohne Zwischensprung von vorne und seitwärts und links, rechts
England = Slalom starten beim Zurücklaufen hochspringen, unten durch und mit Hanteln springen usw. Auch starten auf verschiedenen Längen.
England – elf Mann ohne Gegenspieler spielen Sunderland

UNGARISCHES TRAINING

Zwei Mann sitzen Rücken an Rücken, Hände reichen über den Kopf, nach links und rechts beugen bis zum Boden.
Zwei Mann liegen mit ausgestreckten Händen am Boden, reichen sich über den Kopf beide Hände. Zur gleichen Zeit Anheben der beiden Füße, einer in der Grätsche, der andere geschlossen – abwechselnd.

TORMANN-TRAINING GERNHARDT

Ein Tor bilden, Tormann in einer Ecke, mit dem Rücken liegend zum Trainer. Trainer rollt den Ball in die andere Ecke.
Tormann wirft den Ball zum Trainer. Trainer sofort zurück auf den Boden, bei einmal am Boden muß der Keeper den Ball packen.

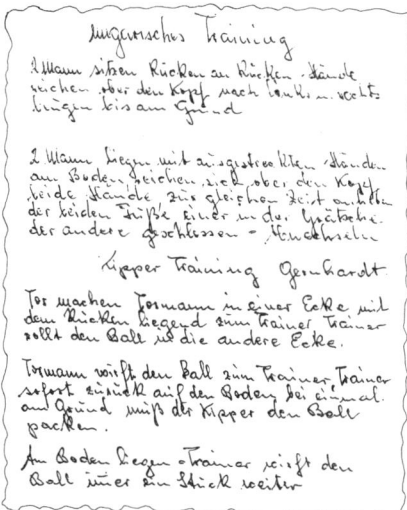

HÖFLING – FEYENOORD

In zwei Reihen Slalom zurück
Starten mit Aufheben der Beine
In zwei Reihen und Positionswechsel, einfach und retour
Einserreihen im Gehen und Aufsitzen zurücklaufen
Vier Medizinbälle = zwei Reihen im Gehen
Bälle nach hinten geben, über den Kopf und mit Ball vorlaufen
Vier Medizinbälle = zwei Reihen im Gehen Bälle zurückstoßen auf die Brust, mit Ball vorlaufen
Zwei Reihen vis-à-vis Outeinwurf andere Seiten laufen. Vier Medizinbälle
Intervalle mit Hantel vor übergeben, Hürde springen

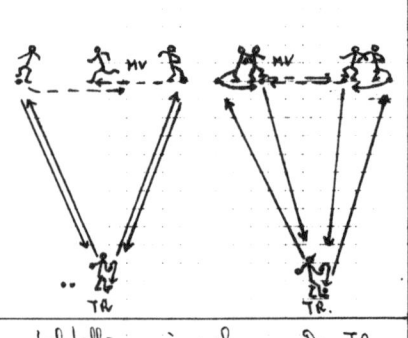

Der Trainer nimmt mit den Bällen in der Hand an der Mittellinie Aufstellung. Der MV (Mittelverteidiger) steht an der Strafraumgrenze. Der Trainer stößt die Bälle in kurzen Abständen flach zur Strafraumgrenze hin, jeweils etwa 10 Meter links und rechts vom Spieler. Der MV (Mittelverteidiger) sprintet nach diesen Bällen und spielt sie halbhoch aus der Drehung heraus zum Trainer zurück.

Aufstellung wie nebenan. Der Trainer spielt die Bälle auch genauer zu. Der Mittelverteidiger nimmt aber den Ball erst kurz an, wendet schnell und spielt ihn dann zum Trainer zurück.

Der Trainer nimmt mit drei Bällen in der Hand an der Mittellinie Aufstellung. Der MV (Mittelverteidiger) steht an der Strafraumgrenze. Der Trainer stößt die Bälle in kurzen Abständen mit dem Fuß hoch zur Strafraumgrenze hin, jeweils 10 Meter links und rechts neben den Spieler. Der MV (Mittelverteidiger) sprintet nach den Bällen und schlägt sie nach dem ersten Aufschlag aus der Luft halbhoch zum Trainer zurück.

Die Verteidiger an den Spielfeldecken haben mindest je zwei Bälle vor sich liegen. Der LV (Linke Verteidiger) flankt halbhoch zum MV (Mittelverteidiger), der dem Ball entgegenläuft, ihn mit der Brust mitnimmt, einige Schritte läuft, führt und halbhoch mit dem linken Fuß zum LL (Linker Läufer) spielt. Sofort flankt der RV (Rechte Verteidiger). Der MV (Mittelverteidiger) läuft dem Ball entgegen, nimmt ihn mit der Brust mit und spielt halbhoch mit dem Fuß zum RL (Rechten Läufer). Die Läufer spielen die Bälle wieder zum Verteidiger.

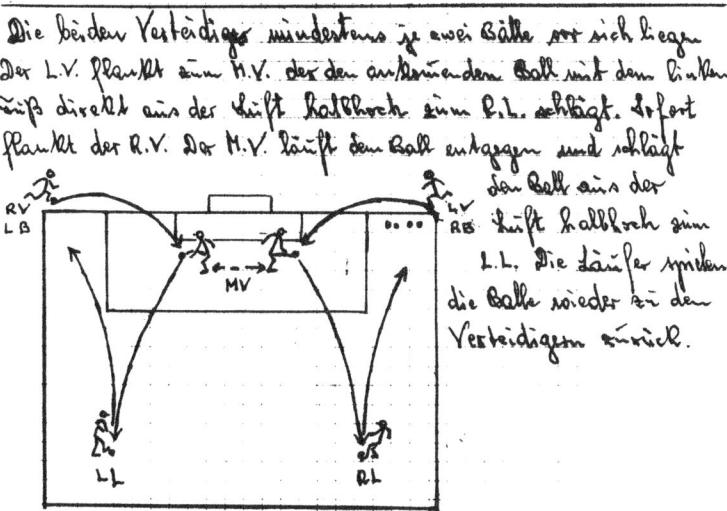

Die beiden Verteidiger haben mindestens je zwei Bälle vor sich liegen. Der LV (Linke Verteidiger) flankt zum MV (Mittelverteidiger), der den ankommenden Ball mit dem linken Fuß direkt aus der Luft halbhoch zum RL schlägt. Sofort flankt der RV (Rechte Verteidiger). Der MV (Mittelverteidiger) läuft dem Ball entgegen und schlägt den Ball aus der Luft halbhoch zum LL (Linken Läufer). Die Läufer spielen die Bälle wieder zu den Verteidigern zurück.

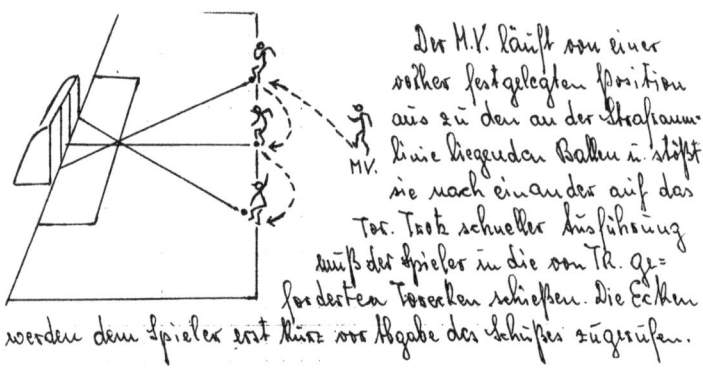

Der MV (Mittelverteidiger) läuft von einer vorher festgelegten Position aus zu den an der Strafraumlinie liegenden Bällen und stößt sie nacheinander auf das Tor. Trotz schneller Ausführung muß der Spieler in die vom TR (Trainer) geforderten Torecken schießen. Die Ecken werden dem Spieler erst kurz vor Abgabe des Schusses zugerufen.

Der TR (Trainer) steht mit den Bällen an der Seite des Torraums. Er wirft den Ball hoch auf die entgegengesetzte Seite des Torraums. Von seiner Ausgangsstellung, etwa der Strafraumlinie, läuft der RA (Rechte Außenspieler) diesem hochaufkommenden Ball entgegen und köpfelt ihn im Sprung aufs Tor. Sofort läuft er wieder in seine Ausgangsposition zurück. Der Trainer wirft, sobald der Spieler diese Ausgangsposition wieder erreicht hat, den nächsten Ball wieder zu. Durch Zuruf wird dem Spieler im letzten Augenblick mitgeteilt, ob in die linke oder rechte Ecke des Tores geköpfelt werden soll.

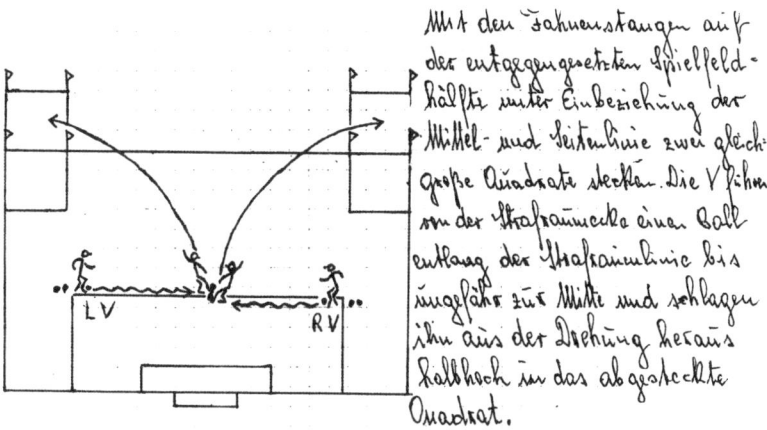

Mit den Fahnenstangen auf der entgegengesetzten Spielfeldhälfte unter Einbeziehung der Mittel- und Seitenlinie zwei gleichgroße Quadrate stecken. Die V (Verteidiger) führen von der Strafraumecke einen Ball entlang der Strafraumlinie bis ungefähr zur Mitte und schlagen ihn aus der Drehung heraus halbhoch in das abgesteckte Quadrat.

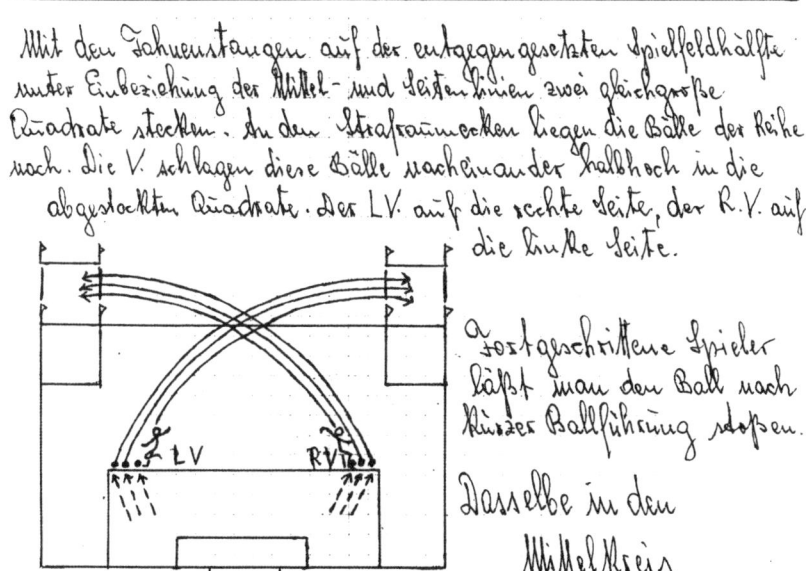

Mit den Fahnenstangen auf der entgegengesetzten Spielfeldhälfte unter Einbeziehung der Mittel- und Seitenlinien zwei gleichgroße Quadrate stecken. An den Strafraumecken liegen die Bälle der Reihe nach. Die V (Verteidiger) schlagen diese Bälle nacheinander halbhoch in die abgesteckten Quadrate. Der LV (Linke Verteidiger) auf die rechte Seite, der RV (Rechte Verteidiger) auf die linke Seite. Fortgeschrittene Spieler läßt man den Ball nach kurzer Ballführung stoßen.
Dasselbe in den Mittelkreis.

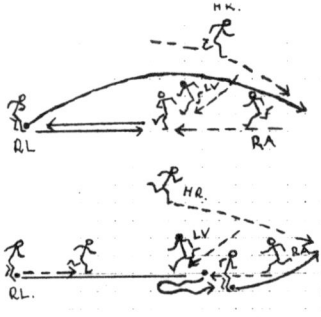

Der RL (Rechte Läufer) gibt einen Steilpaß zu dem entgegenlaufenden RA (Rechten Außenspieler). Dieser läßt, da er vom LV (Linken Verteidiger) angegriffen wird, den Ball zum RL zurückprallen. Sofort bietet sich der HR (Halbrechte) zum Steilpaß an. Der RL spielt den Ball hoch über den RA und den LV dem HR tempiert in den Lauf. Wieder läuft der RA dem RL entgegen und bietet sich an. Der Paß kommt auch zum RA. Der täuscht aber nur noch ein Rückspiel vor und nimmt den Ball in entgegengesetzter Richtung mit.

Die AST (Außenstürmer) stehen mit den Bällen links und rechts an den Strafraumecken. Sie führen abwechselnd einen Ball entlang der Strafraumlinie bis nahe zur Grundlinie und flanken den Ball halbhoch zum Elfmeterpunkt. Der IST (Innenstürmer) läuft von einem vorher bestimmten Punkt aus (etwa 20 Meter vom Tor entfernt) dem Flankenball entgegen und schießt direkt aus der Luft aufs Tor. Nach erfolgtem Torschuß läuft der IST sofort in seine Ausgangsposition zurück, um umgehend wieder dem nächsten Flankenball entgegenzulaufen.

Trainingsübungen direkt aus Happels Notizbuch

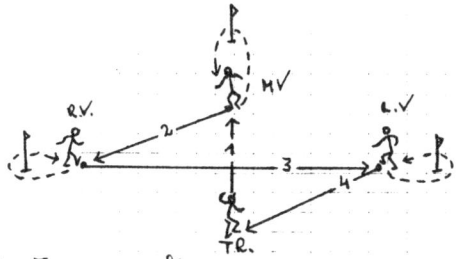

Der Trainer spielt den Ball zum MV (Mittelverteidiger), der ihn direkt an den RV (Rechten Verteidiger) weiterleitet. Dieser gibt einen weiten Paß zum LV (Linken Verteidiger), der zum Trainer zurückspielt. Der Ball wird dann vom TR (Trainer) erneut zum MV (Mittelverteidiger) gespielt. Alle Spieler müssen nach dem Abspiel zu ihren Fahnenstangen zurück und von dort aus dem zugespielten Ball entgegenlaufen.

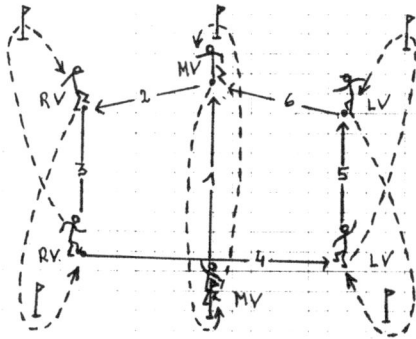

Der zweite MV (Mittelverteidiger) spielt den Ball zum ersten MV. Dieser spielt sofort weiter zum ersten RV (Rechten Verteidiger). So wandert der Ball reihum. Die V (Verteidiger) müssen nach dem Abspiel die vorgeschriebene Laufstrecke sprinten. Das bedeutet, daß die beiden MV (Mittelverteidiger), die beiden RV (Rechten Verteidiger) und die beiden LV (Linken Verteidiger) jeweils ihre Plätze tauschen.

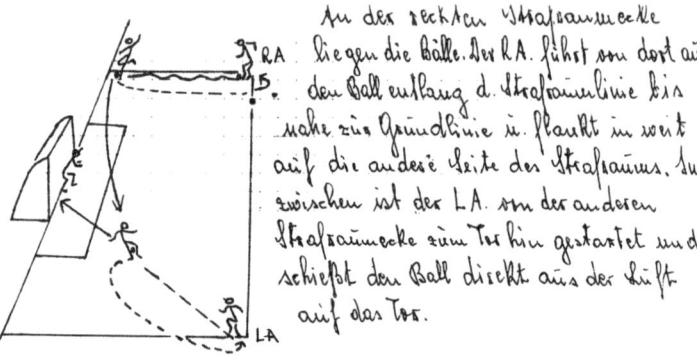

An der rechten Strafraumecke liegen die Bälle. Der RA (Rechter Außenspieler) führt von dort aus den Ball entlang der Strafraumlinie bis nahe zur Grundlinie und flankt ihn weit auf die andere Seite des Strafraumes. Inzwischen ist der LA (Linker Außenspieler) von der anderen Strafraumecke zum Tor hin gestartet und schießt den Ball direkt aus der Luft aufs Tor.

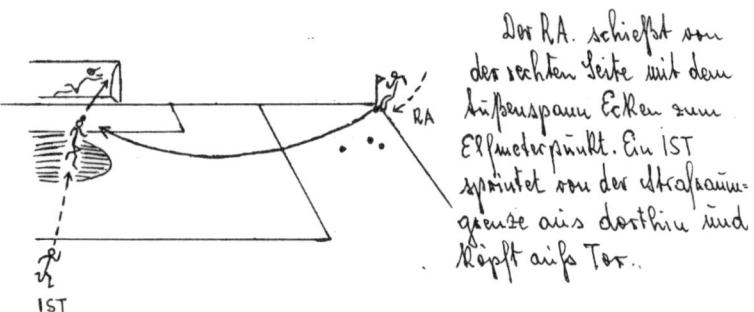

Der RA (Rechter Außenspieler) schießt von der rechten Seite mit dem Außenspann Ecken zum Elfmeterpunkt. Ein IST (Innenstürmer) sprintet von der Strafraumgrenze aus dorthin und köpfelt aufs Tor.

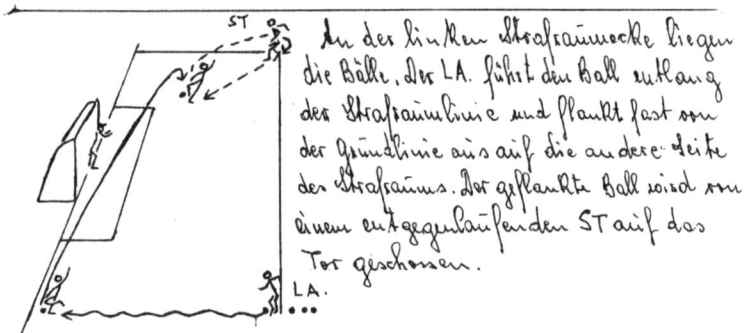

An der linken Strafraumecke liegen die Bälle. Der LA (Linker Außenspieler) führt den Ball entlang der Strafraumlinie und flankt fast von der Grundlinie aus auf die andere Seite des Strafraums. Der geflankte Ball wird von einem entgegenlaufenden ST (Stürmer) aufs Tor geschossen.

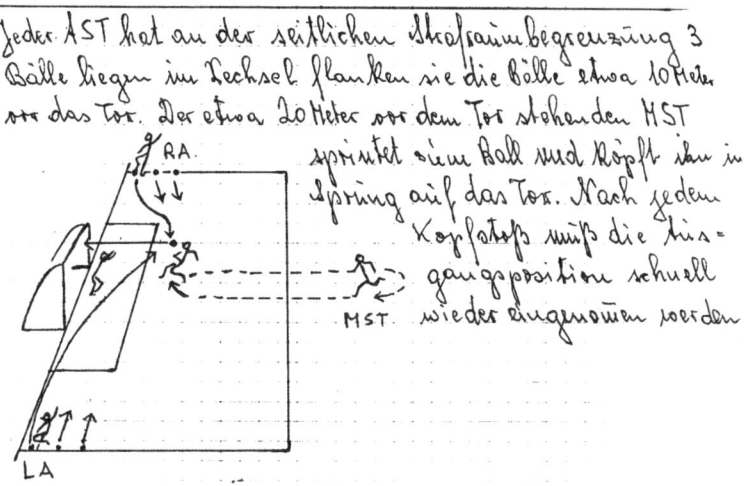

Der Spieler A flankt den Ball weit auf die andere Seite des Strafraums. Der dort stehende Spieler B köpfelt diesen Ball zum Elfmeterpunkt, wo sich C bereits für das Zuspiel angeboten hat. Spieler C schießt direkt aufs Tor. Spieler B läuft sofort zur Gruppe C. Der den Torschuß ausführende Spieler C läuft in die B-Position.

Jeder AST (Außenstürmer) hat an der seitlichen Strafraumbegrenzung drei Bälle liegen. Im Wechsel flanken sie die Bälle etwa 10 Meter vors Tor. Der etwa 20 Meter vor dem Tor stehende MST (Mittelstürmer) sprintet zum Ball und köpfelt ihn im Sprung auf Tor. Nach jedem Kopfstoß muß die Ausgangsposition schnell wieder eingenommen werden.

KONDITIONSTRAINING

Happels Programm für ein scharfes Konditionstraining: 3000 Meter in 12 Minuten, Reaktionszeit („Reaktiezeit"), Bewegungs-Schnelligkeit, 10 Sekunden Arbeit, 5 Sekunden Pause, 600 Meter auf Stehvermögen gelaufen. 5 Minuten Steptest: Fünfmal 30. Power = Kraft, Zeit = Schnellarbeit. Wendigkeit auf 10 Meter.

appels bitterste Niederlage als Fußballer: 1:6 gegen Deutschland bei der WM 1954 — und böse Verdächtigungen, die ihn ins Ausland trieben. Walter Zeman (16) hatte genauso einen rabenschwarzen Tag wie Happel (links).

1954 war eine WM voller Dramen: Sonnenstich von Kurt Schmied in der Hitzeschlacht von Lausanne (links oben), Happel spielte zweiter Tormann, weil Austausch verboten war. Unten: Barschandt, Happel, Koller, Ocwi & Co. schlugen die Schweiz 7:5. Dann aber das 1:6 gegen Deutschland. Oben rechts: Elfertor von Fritz Walter.

Kostbares Souvenir für Happel-Fans: sein Spielerausweis von der WM 1954 — zweisprachig ausgeführt, mit FIFA-Stempel und der Unterschrift des Generalsekretärs. Platz 3 ist noch immer Österreichs größter Erfolg bei einer WM. Weniger gut ging es 1958 in Schweden, freilich in der stärksten Gruppe. Aus Österreich—Brasilien (0:3): Mazola, der sich später in Italien Altafini nannte, schießt von Happel bedrängt gegen Szanwald das 1:0.

Aus einem klassischen Länderspiel Österreich–Ungarn: Hanappi, Hidegkuti, Kocsis (am Ball) und Happel beim 1:0-Sieg der Ungarn 1954 in Wien. Unten: 2:0 gegen Wales im gleichen Jahr, Happel und Sturmtank Trevor For-

Bilderbuch aus Happels 51 Länderspielen: Oben als Spitzentänzer beim 3:3 gegen Jugoslawien 1957, unten bei der 2:4-Niederlage gegen unser südliches Nachbarland 1952.

Vom genial-schlampigen Kicker zum beinhart-kompromißlosen Trainer. Happels jenseits der Outlinien: Oben m Schmied und Pelikan auf der Bank, unten beim Training mit dem FC Swarovski Wacker.

r kann's jahrzehntelang: Happel als Ballkünstler neben Pepi Hickersberger beim Trainerlehrgang in Lindabrunn.
ein Zufall, daß er Coladosen von der Querlatte herunterschoß, im „Aktuellen Sportstudio" des ZDF vier von
nf Bällen ins Loch traf. Und auch beim Modelltraining mit der U-18 von Admira in der Südstadt imponierte.

„Er war für den Fußball genauso genial wie Karajan fürs Dirigieren oder Mozart fürs Komponieren" — sagt sog Max Merkel.

ANGRIFFSÜBUNGEN

Typische Angriffsübungen aus Happels holländischer und belgischer Zeit. Offensichtlich ist bei allen neun Übungen, daß die Spieler immer von hinten kommen, sich mittels Sprint und Wechselspiel in den Angriff einschalten. Bei vielen Übungen ist ganz klar ersichtlich, daß sogenannte Defensivspieler bis zum Abschluß kommen – Happels berühmte Trainingsspiele, in denen nur Abwehrspieler die Tore schießen dürfen. Ein aufsehenerregendes Experiment, mit dem Feyenoord den Europa- und Weltcup gewonnen hat: Die Mannschaft, bei der alle Spieler Torschützen sind.
Ganz typisch für Happel: Daß es bei allen neun Happel-Zeichnungen nur einen einzigen Paß nach hinten gibt, daß immer nur Richtung gegnerisches Tor gespielt wird – daß also alle Kombinationsübungen keinen einzigen Rückpaß beinhalten.

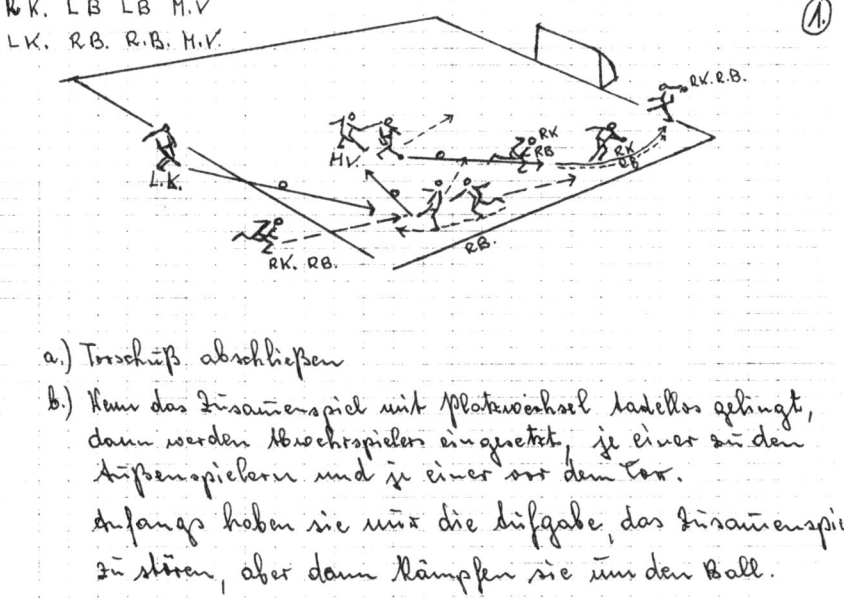

a.) Torschuß abschließen
b.) Wenn das Zusammenspiel mit Platzwechsel tadellos gelingt, dann werden Abwehrspieler eingesetzt, je einer zu den Außenspielern und je einer vor dem Tor.
Anfangs haben sie nur die Aufgabe, das Zusammenspiel zu stören, aber dann kämpfen sie um den Ball.

66 Sprint und Wechselspiel: Wenn Verteidiger zu Stürmern werden

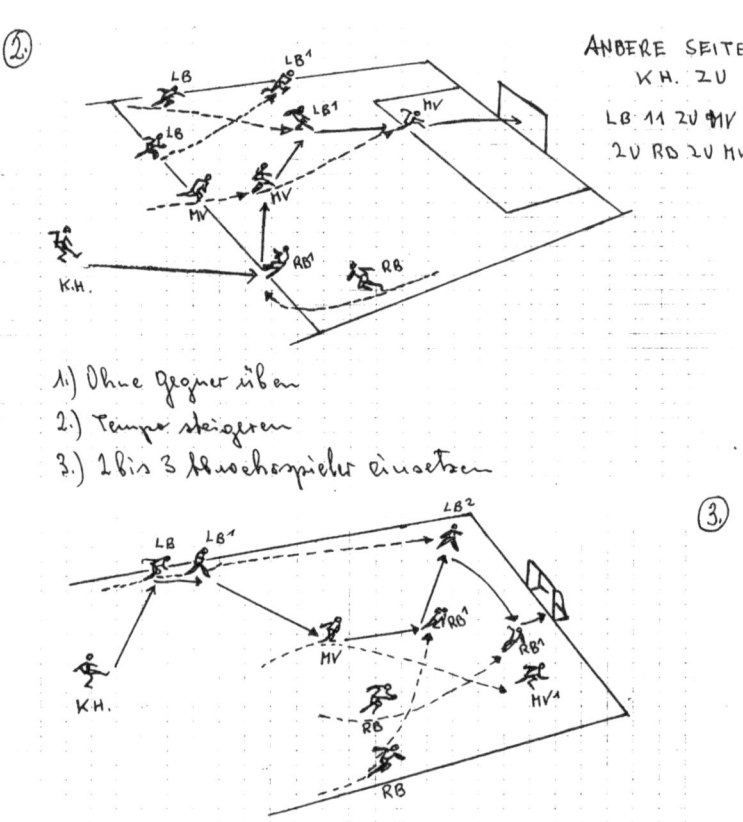

ANDERE SEITE
KH. ZU
LB 1 ZU MV
ZU RD ZU HV

1.) Ohne Gegner üben
2.) Tempo steigern
3.) 2 bis 3 Wechselspieler einsetzen

KH. ZU RB ZU MV ZU LB ZU RB

Durch Stellungswechsel u. Überlaufen halten sich die anderen Stürmer für die kommende Flanke u. Torschuß bereit

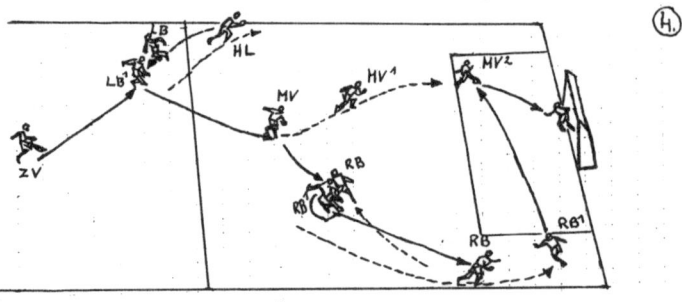

VORSTOSS AUS DER TIEFE

VON LINKS DURCH DIE MITTE ÜBER RECHTS UND LINKS ABSCHLIESSEN.   PASS LAUF ANBIETEN

Kombinationsübungen, ohne Spiel zurück

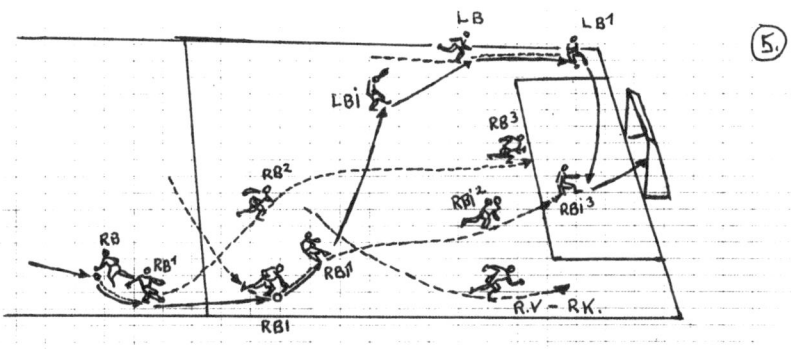

AUFBAU VOM TORMANN
ÜBER DIE FLÜGEL DURCH DIE MITTE AUF DIE ANDERE KANT

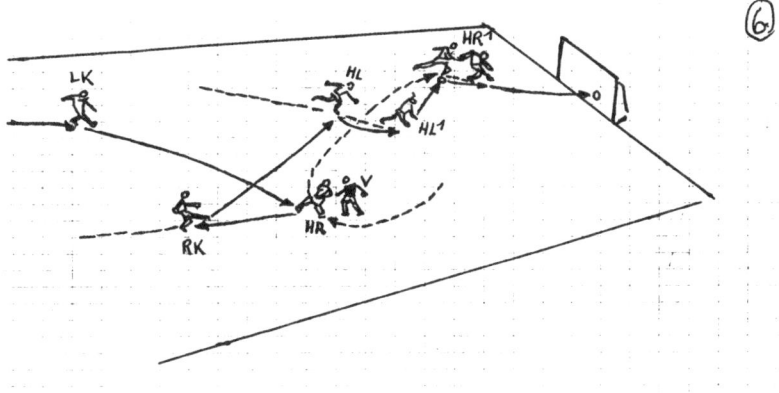

DIE HALBSTÜRMER WECHSELN IHRE PLÄTZE

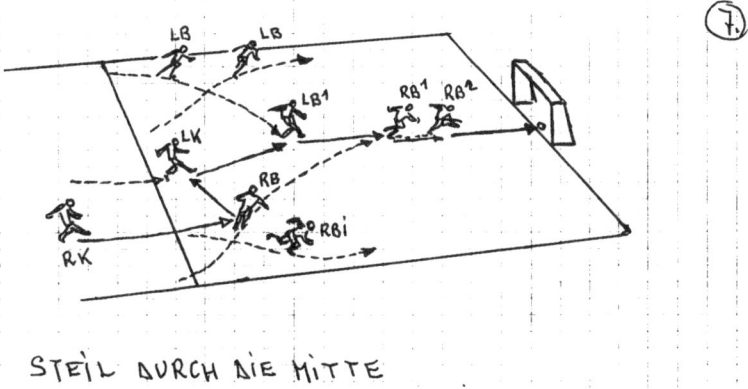

STEIL DURCH DIE MITTE

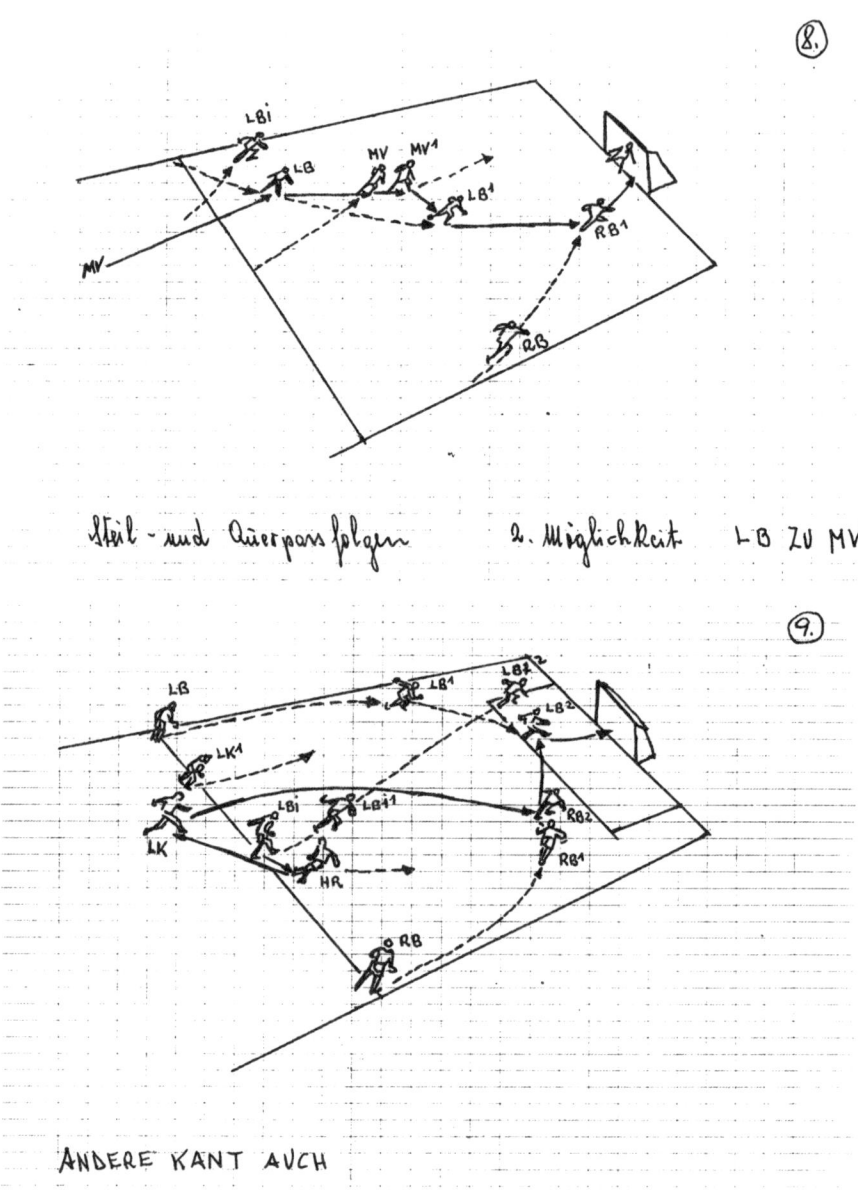

Diese bereits mehr als 20 Jahre (!) alten Schußübungen dokumentieren Happels offensive Fußball-Philosophie, mit der er von Triumph zu Triumph jagt.

Happels damalige Bezeichnungen für Spielpositionen: Der RK ist der rechte Seitenspieler (Kant = Seite), der LK der linke Außenspieler, RB und LB steht für rechten und linken Back (Verteidiger), MV für Mittelverteidiger. Und „auf die andere Kant" heißt natürlich Flügelwechsel auf die andere Seite.

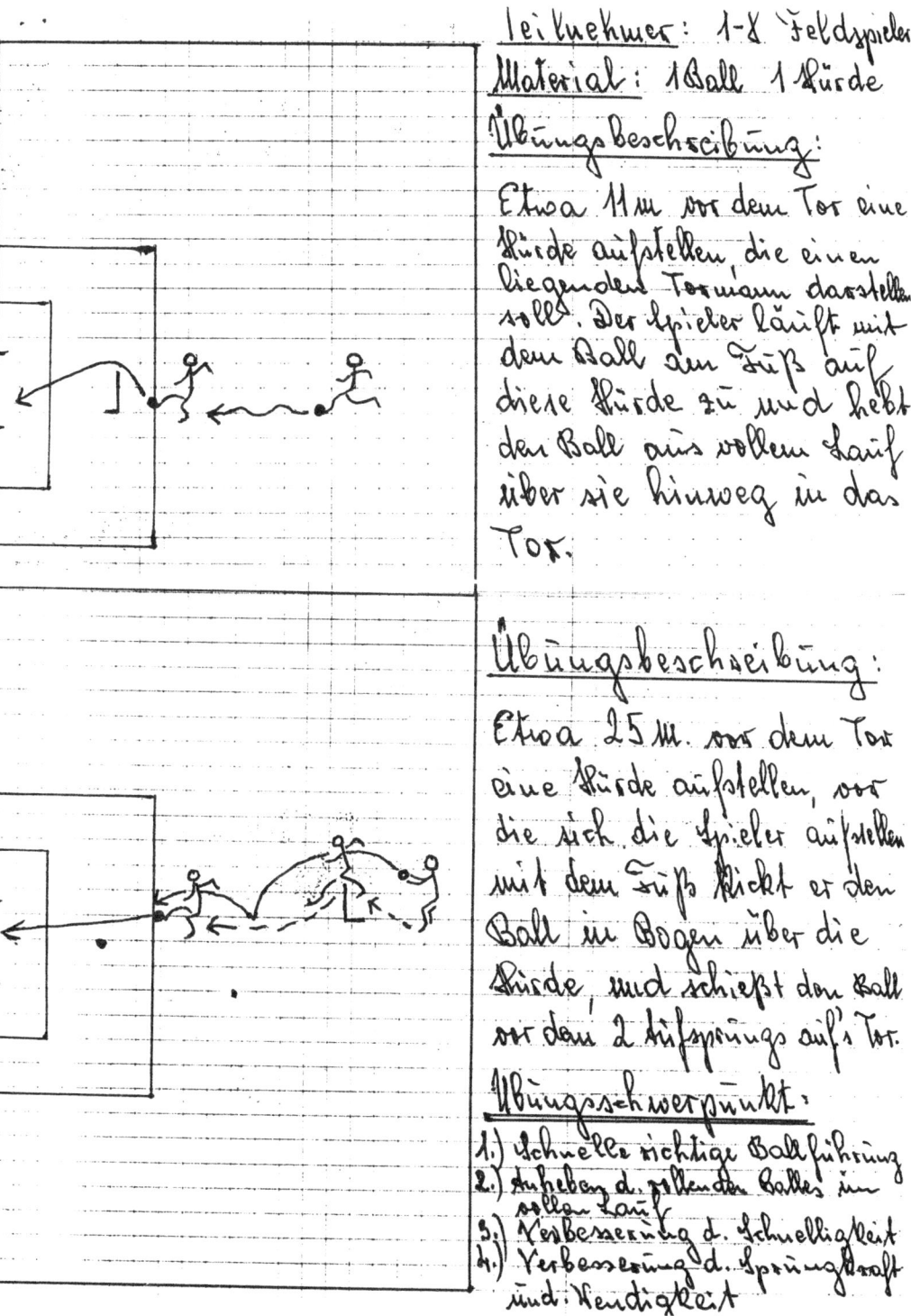

Teilnehmer: 1-8 Feldspieler
Material: 1 Ball, 1 Hürde
Übungsbeschreibung:

Etwa 11m vor dem Tor eine Hürde aufstellen, die einen liegenden Tormann darstellen soll. Der Spieler läuft mit dem Ball am Fuß auf diese Hürde zu und hebt den Ball aus vollem Lauf über sie hinweg in das Tor.

Übungsbeschreibung:

Etwa 25 m. vor dem Tor eine Hürde aufstellen, vor die sich die Spieler aufstellen mit dem Fuß kickt er den Ball im Bogen über die Hürde, und schießt den Ball vor dem 2. Aufsprung auf's Tor.

Übungsschwerpunkt:
1.) Schnelle richtige Ballführung
2.) Aufheben d. rollenden Balles im vollen Lauf
3.) Verbesserung d. Schnelligkeit
4.) Verbesserung d. Sprungkraft und Wendigkeit

◀ HÜRDENTRAINING

Teilnehmer: Ein bis acht Feldspieler
Material: Ein Ball, eine Hürde
Übungsbeschreibung:
Etwa elf Meter vor dem Tor eine Hürde aufstellen, die einen liegenden Tormann darstellen soll. Der Spieler läuft mit dem Ball am Fuß auf diese Hürde zu und hebt den Ball aus vollem Lauf über sie hinweg ins Tor.
Übungsbeschreibung:
Etwa 25 Meter vor dem Tor eine Hürde aufstellen, vor der die Spieler Position einnehmen. Mit dem Fuß kickt der Spieler den Ball im Bogen über die Hürde und schießt den Ball vor dem zweiten Aufsprung aufs Tor.
Übungsschwerpunkt:
1. Schnelle, richtige Ballführung
2. Aufheben des rollenden Balles in vollem Lauf
3. Verbesserung der Schnelligkeit
4. Verbesserung der Sprungkraft und Wendigkeit

ZEITENSPRUNG ÜBER 20 JAHRE ▶

Aus seiner großen Zeit in Holland und Belgien: Aufzeichnungen verschiedenster Abwehr- und Angriffsübungen – aus jeder dieser Skizzen spürt man, wie gewissenhaft sich Happel auf jedes Training vorbereitet, wieviel Zeit er aufgewendet hat – und wieviel Liebe für den Fußball.
Das Unglaubliche an diesem Blatt: Die Happel-Zeichnungen liegen – zeitlich – über 20 Jahre auseinander! Fünf Torschußübungen im Intervall (mit Männchen) wie seine Zeichnungen aus den siebziger Jahren – und eine Übung (Pfeil) aus seiner letzten Zeit, als man die Spieler nur noch mit Kreuzen markierte (Pfeil). Erkennbar: Jeder, der abgespielt hat, geht mit dem Ball mit. Die durchgezogene Linie markiert den Weg des Balles, die strichlierte Linie den Weg des Spielers.
Der „Zauberer" hat auf alten Zeichenblättern noch einen Platz gefunden... So, als hätte Picasso seiner „blauen Epoche" noch Jahrzehnte später ein „Guernica" beigefügt.

Ein Fußball-Picasso mit vielen Epochen

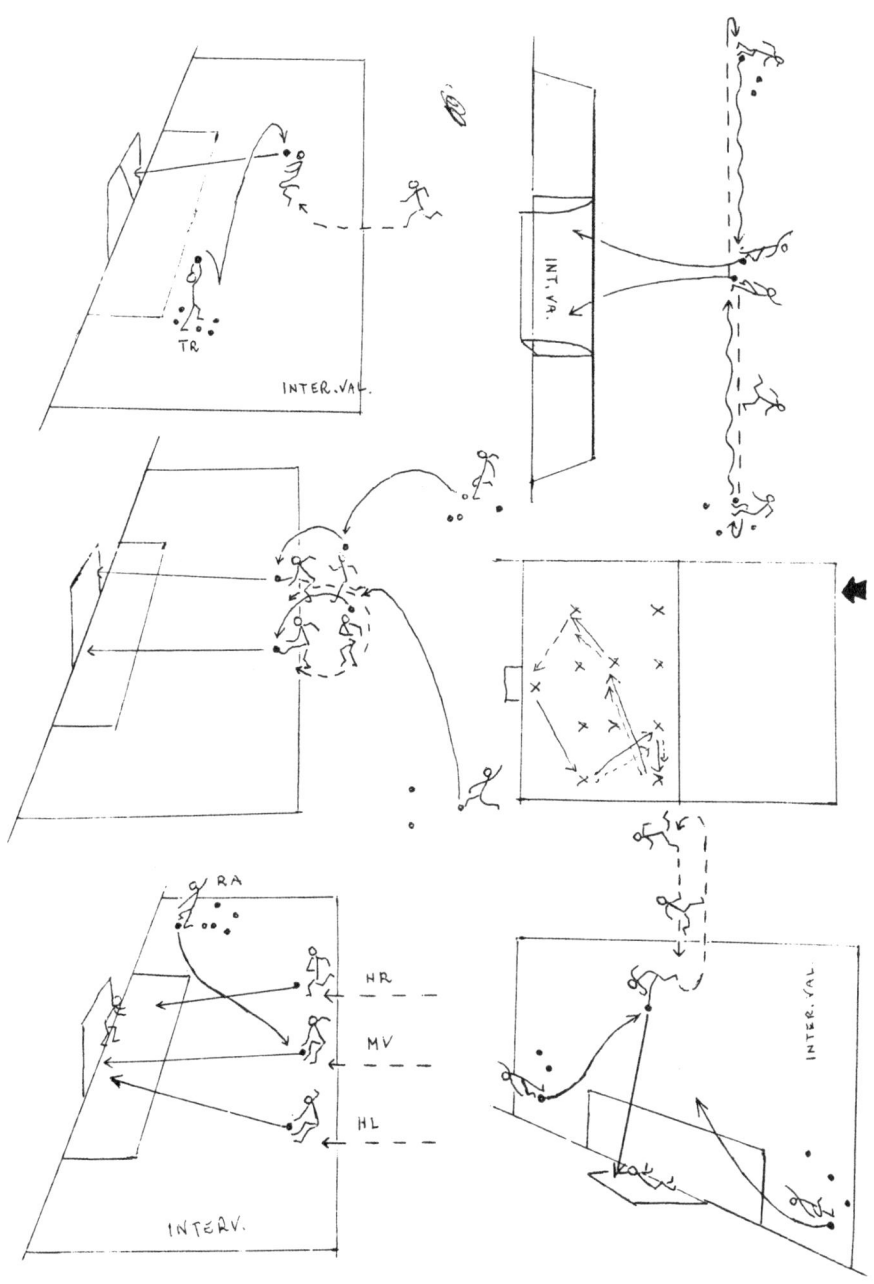

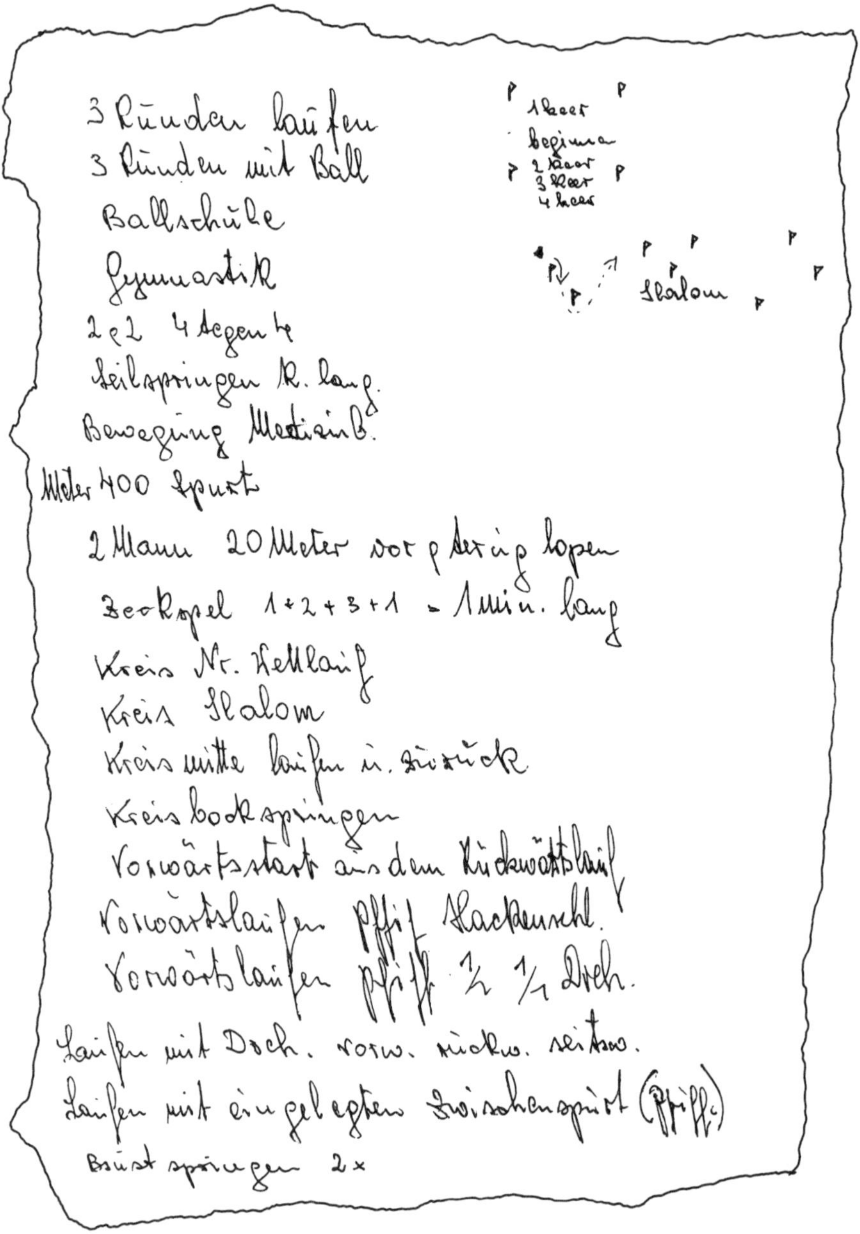

3 Runden laufen
3 Runden mit Ball
Ballschule
Gymnastik
2 e 2 4 Agenten
Seilspringen R. lang.
Bewegung Medizinb.
Meter 400 Spurt
2 Mann 20 Meter vor p der ü p lopen
3e o Kopel 1+2+3+1 = 1 min. lang
Kreis Nr. Kettlauf
Kreis Slalom
Kreis mitte laufen u. zurück
Kreis bockspringen
Vorwärtsstart aus dem Rückwärtslauf
Vorwärtslaufen Pfiff Hackenschl.
Vorwärtslaufen Pfiff ½ ¼ Dreh.
Laufen mit Dreh. vorw. rückw. seitw.
Laufen mit eingelegten Zwischenspurt (Pfiffe)
Brustspringen 2x

1 Boot
beginne
2 Boot
3 Boot
4 Boot

Slalom

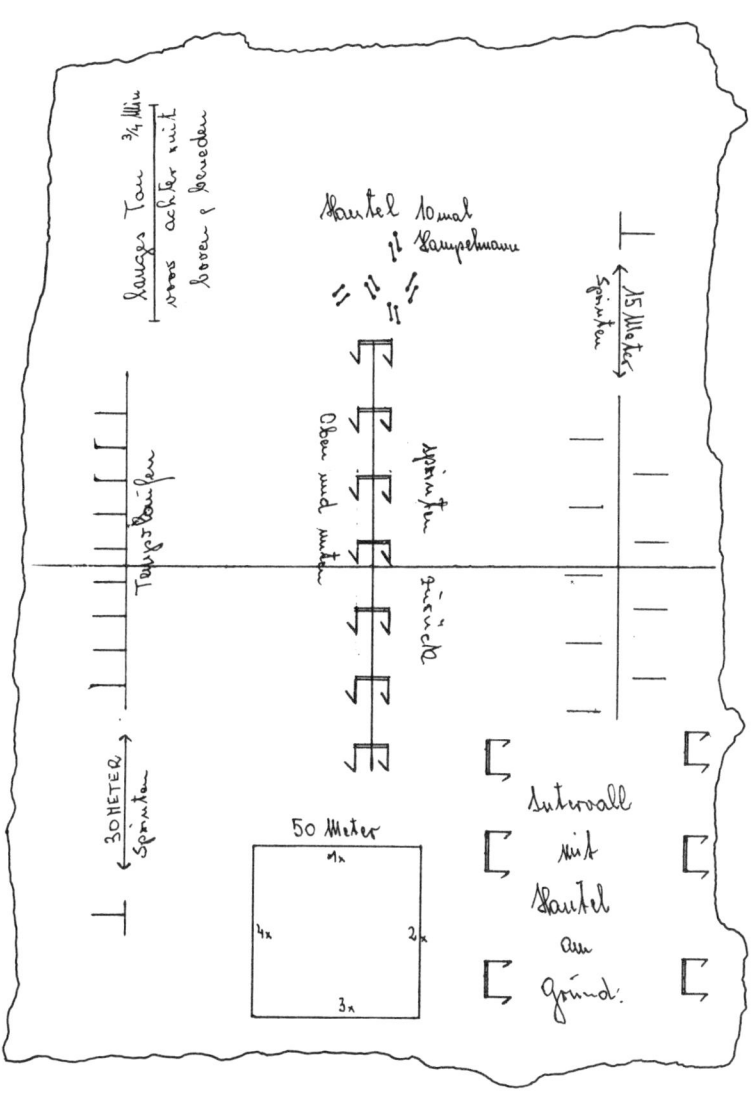

HAPPEL-TRAININGSPROGRAMM AUS HOLLAND UND BELGIEN

Ein Technik- und Lauftraining aus Happels Belgien- und Holland-Zeit mit auffallend vielen verschiedenen Übungen in allen Variationen.
Ausschnitte eines Zirkeltrainings: Sechs verschiedene Übungen. Sprinten, Tempolaufen, Quadratläufe, Hürdenspringen mit Hanteln im Intervall, Hürdensprint abwechselnd drüber-drunter, am Stand Hampelmann, Übung mit Hanteln. Besonders kraftraubendes Programm!

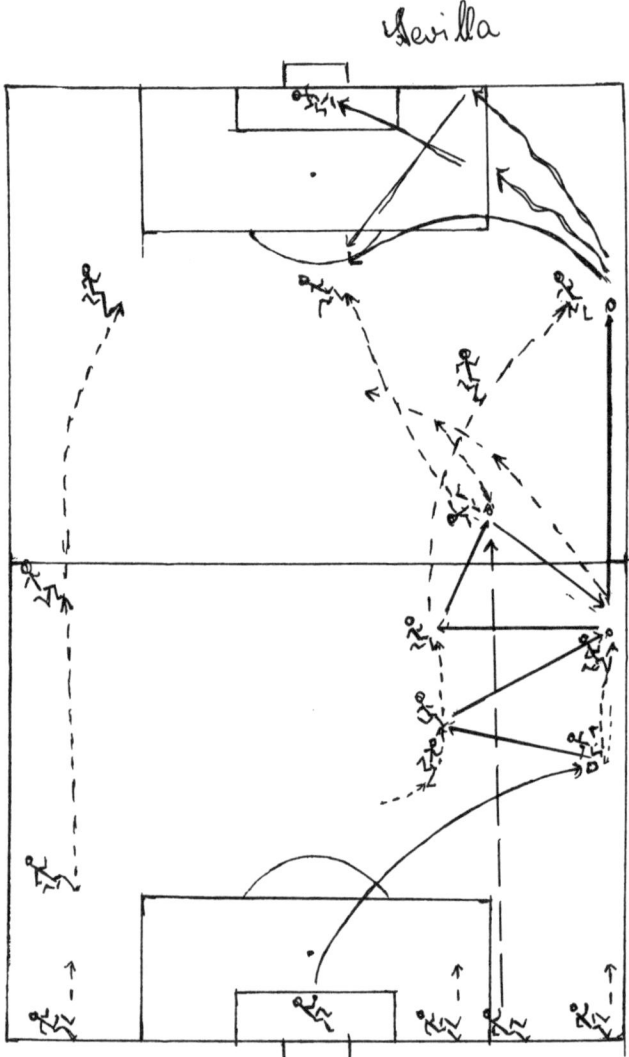

TYPISCHE SPIELZÜGE BEI SEVILLA

Auswurf des Tormanns zum rechten Verteidiger, Doppelpaßspiel auf der rechten Seite zwischen rechtem Verteidiger und Innenverteidiger, Stürmer bietet sich an, bekommt den Ball, spielt zurück zum rechten Verteidiger, der spielt die Linie entlang zu dem auf die rechte Seite sprintenden Innenspieler, dem drei Möglichkeiten überlassen sind: Flanke zum 16er, Ballführen Richtung kurzes Eck und Abschluß oder Ballführen bis zur Toroutlinie und Paß zurück zu dem in die Spitze kommenden Stürmer.

Bemerkenswert: Der links vorstürmende Spieler greift nicht ins Geschehen ein, soll offenbar nur die gegnerische Abwehr irritieren.

Ob man beim FC Sevilla immer alles so verstanden hat, wie es Happel meinte? Nach sieben Monaten hieß es 1975 adios. Happels einziger Mißerfolg als Trainer!

DAS MITTELFELD

Happels Herzstück ist immer das Mittelfeld: zuständig für die Angriffs- sowie Abwehrleistung jeder Mannschaft – und darum hat er auch seine Mannschaften immer ums Mittelfeld herum formiert. Typischer Happel-Satz: *„Es kann nicht passieren, daß die Abwehr schlecht ist und das Mittelfeld gut – es ist immer alles abhängig vom Spiel des Mittelfelds. Erstens, weil sich dort die meister Spieler befinden, zweitens, weil das Mittelfeld verantwortlich ist für die Offensiv- und Defensivphase jedes Spiels."*

Gegen eine ebenbürtige Mannschaft findet Happel immer mit zwei offensiven Mittelfeldspielern zur Unterstützung der Sturmspitzen das Auslangen – z. B. Stöger/Herzog. Gegen übermächtige Gegner (die es für Happel in seiner Fußball-Philosophie sowieso nicht gibt) agiert er doch etwas vorsichtig: mit zwei Puffern in der Mitte.

Hier das Happel-Credo für seine Mittelfeldspieler.

DIE MITTELFELDSPIELER
Im modernen Fußball überall im Mittelfeld

AUFGABENVERTEILUNG
Der offensive, defensive, spielgestaltende Mittelfeldspieler.
Der äußere Mittelfeldspieler.
Der innere Mittelfeldspieler: Er übernimmt, deckt und bekämpft jeden Gegner, der in ihren Verantwortungsbereich eindringt.
Der zentrale Mittelfeldspieler (PUFFER) vor der Abwehr.

ANGRIFFSSPIEL DER MITTELFELDSPIELER
1. Schnelle und zielstrebige Überbrückung des Spielraums aus der Abwehr zu den eigenen Sturmspitzen in den Abwehrraum des Gegners.
2. In der gegnerischen dicht gestaffelten Abwehr Spielraum für das Spiel der eigenen Sturmspitzen schaffen.
3. Einschalten in das Spiel der Sturmspitzen und deren Unterstützung. Torabschluß aus der zweiten Reihe suchen.

ABWEHR DER MITTELFELDSPIELER
Heutiges System 3-5-2 wird von allen Spielern in der Raumdeckung gespielt, mit Varianten.
Wichtig: gestaffelt verbleiben, hinter dem Ball kommen, in den freien Raum nicht hineinfliegen.
Offensive Mittelfeldspieler bei Ballverlust nachsetzen.
Spielverlagerung – das Spielgeschehen zählt zu den wesentlichen taktischen Angriffspunkten.
Zwei wichtige Punkte:
Diagonalpässe anwenden: Warum? Weil der Stürmer in der Bewegung in halber Richtung in Richtung Tor ist.
Raumdeckung
Kombinierten Übersicht
Manndeckung (Übernahme)

M.F.SP.

Im modernen Fußball überall im Mittelfeld
Aufgabenverteilung
der offensive, defensive spielgestaltende M.F.SP.
der äußere Mittelfeldspieler
der innere M.F.SP. es übernimmt deckt und bekämpft jeden Gegner der in Verantwortungs- bereich eindringt.
der zentrale M.F.SP. (PUTZER) vor der Abwehr

Angriffsspiel der M.F.SP.

1.) Schnelles u. zielstrebiges Überbrücken des Spielraumes aus der Abwehr zu den eigenen Sturmspitzen in den Abwehrraum der Gegner

2.) In der gegnerischen dicht gestaffelten Abwehr Spielraum für das Spiel der eigenen Sturmspitzen schaffen

3.) Einschalten in das Spiel der Sturmspitzen und deren Unterstützung / suchen des Torabschlusses aus der 2 Reihe

3-5-2-System und die wichtigsten Diagonalpässe

Das Abwehrspiel der M.-F.-S.-P.
heutigen System 3-5-2 wird von
allen Spielern in der Raumdeckung
gespielt mit Varianten

Richtig gestaffelt stehbleiben,
hinter dem Ball kommen in den freien Raum
nicht hineinlaufen
Offensive M.-F.-S.-P. bei Ballverlust sofortiges
Spielfeldräumung des Spielgeschehens
zählt zu den wesentlichen taktischen
Begriffspunkten

2 Wichtige P.K.T

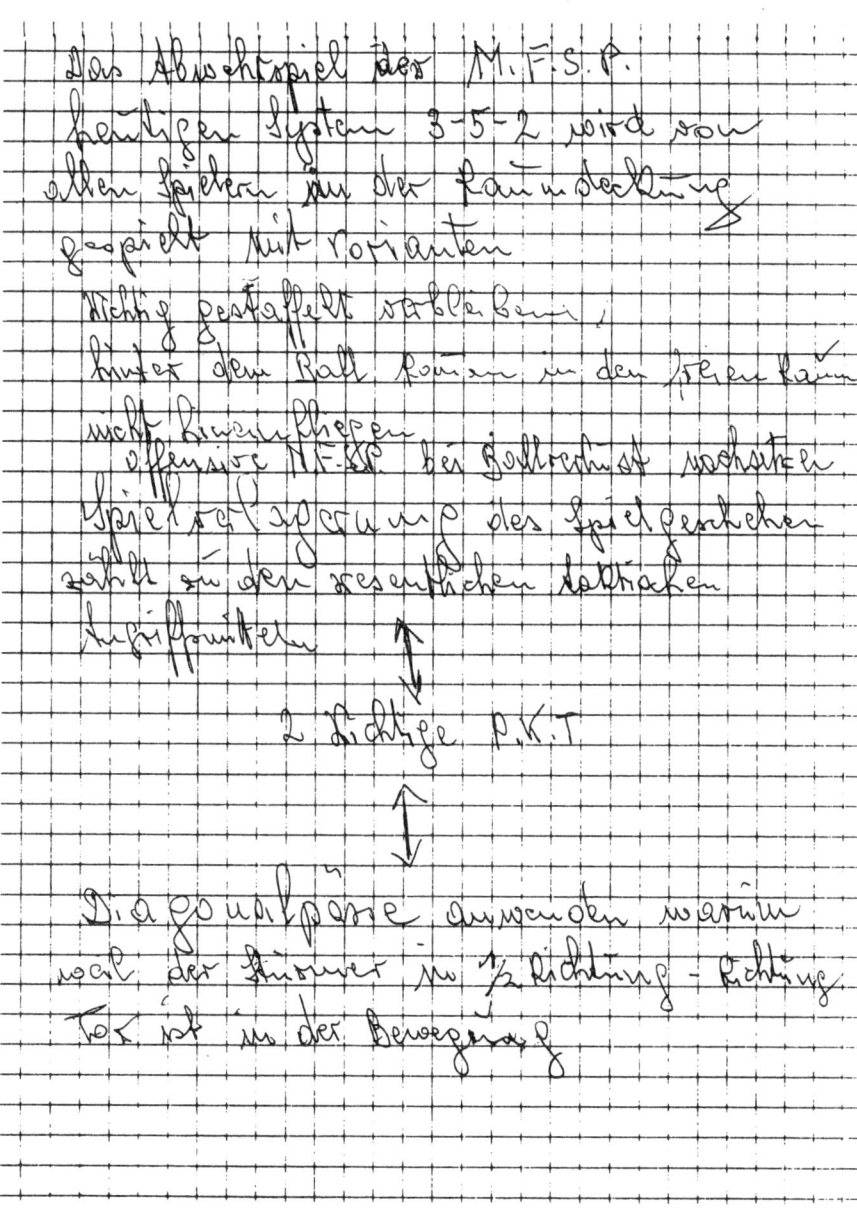

Diagonalpässe anwenden warum
weil der Gegner in ½ Richtung - Richtung
Tor ist in der Bewegung

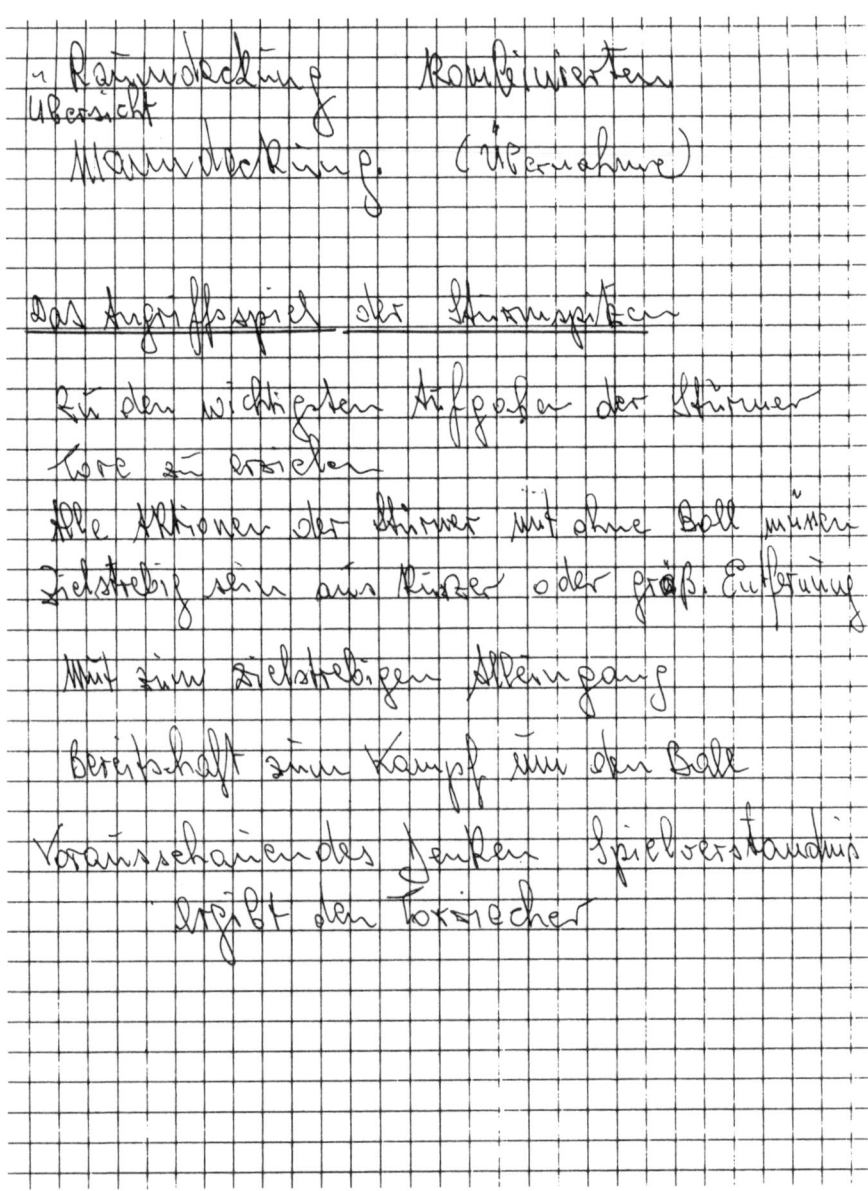

ANGRIFFSSPIEL DER STURMSPITZEN

Zu den wichtigsten Aufgaben der Stürmer zählt es, Tore zu erzielen.
Alle Aktionen der Stürmer mit oder ohne Ball müssen zielstrebig sein, aus kurzer oder größerer Entfernung.
Mut zum zielstrebigen Alleingang.
Bereitschaft zum Kampf um den Ball.
Vorausschauendes Denken und Spielverständnis ergibt den Torriecher.

ANGRIFF MIT MITTELFELDSPIELERN

Kombinationen 2 Linien mit 2-3 Mittelfeldspiel.

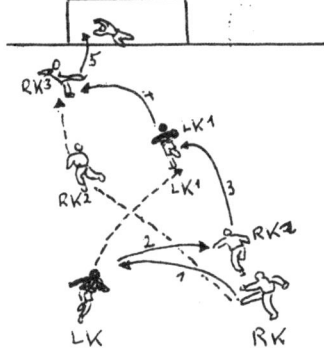

① Der L.K. R.K. spielen aus dem Mittelfeld mit Platzwechsel

Kombinationen aus dem Mittelfeld

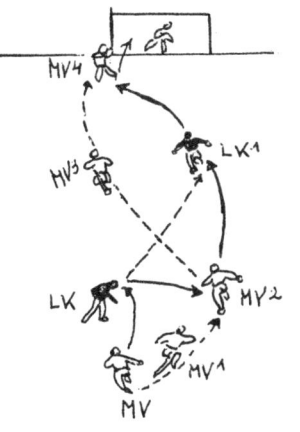

② Der MV Spieler steht hinter den L.K. Blick zueinander. M.V. paß zum L.K. der spielt oder kopfelt links oder rechts M.V. sprint erläuft den Ball und spielt ihm steil zu den sich anbietenden nach vorne sprintenten L.K. M.V läuft diagonal.

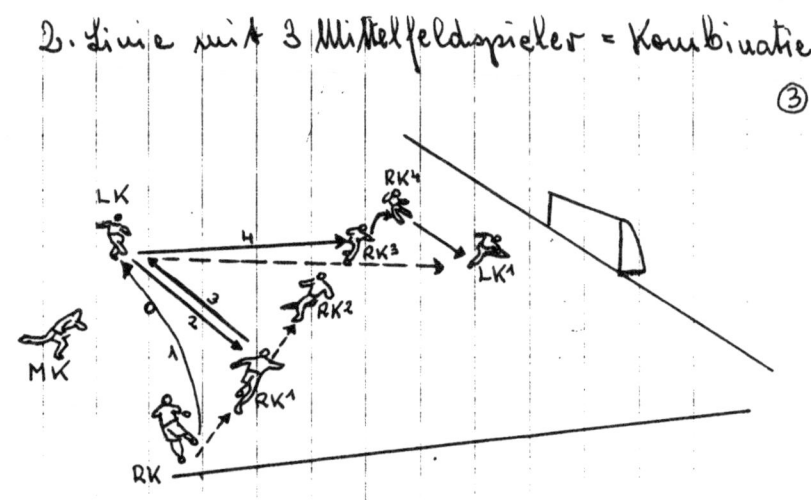

Angriffsspiele mit zwei oder drei Mittelfeldspielern verdeutlichen Happels Theorie, daß ein rechter Seitenspieler nicht nur auf seiner rechten Seite verharren soll bzw. der linke nicht nur links. Dazu drei Parade-Zeichnungen von Happel:
1. Zweimaliger Doppelpaß des rechten Seitenspielers (RK) mit dem linken Seitenspieler (LK), wobei während der Aktion der rechte auf links wechselt und der linke in die Mitte zieht bzw. auf halbrechts und abschließt.
2. Ähnliche Angriffsformation mit zwei bis drei Mittelfeldspielern, wobei der rechte auf der halblinken Seite abschließt.
3. Ähnliche Übung, wobei der linke Seitenspieler und der Mittelverteidiger involviert sind. Typisches Hinterkreuzen, also Hinterlaufen des Mitspielers.

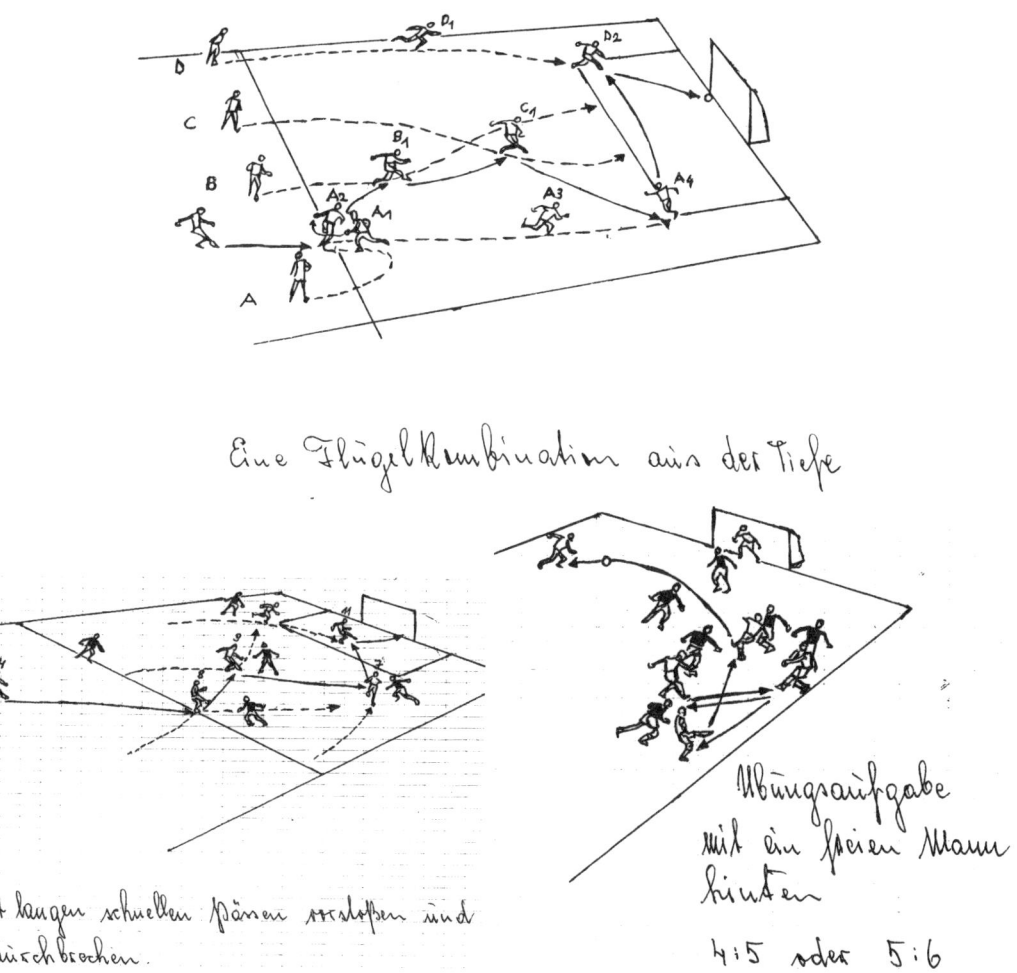

ANGRIFFS-VARIATIONEN

FLÜGELKOMBINATION aus der Tiefe mit vier Mann: A bietet sich dem Anspieler (kann auch der Trainer sein) an, spielt zu B, der gibt zum sich anbietenden C, weiter zu A, der inzwischen rechtsaußen vorgesprintet ist, letzter Paß zum links kommenden D, der jetzt zum erstenmal in die Übung eingreift und zugleich abschließt. Augenscheinlich: Daß sich jeder Spieler hinter dem Ball einschaltet.

Mit langen, schnellen Pässen vorstoßen und DURCHBRECHEN – noch aus der Zeit der drei Sturmspitzen, wie aus den Nummern ersichtlich ist. Linker Verteidiger (4) zum Halbrechten (8), durch schnelles Kombinieren zwischen den drei Stürmern (9), (7) und (11) dann den Torerfolg suchen.

ANGRIFFSSPIEL FÜNF GEGEN SECHS, wobei die verteidigende Partei einen Spieler mehr besitzt (Libero). Offensichtlich an dieser Happel-Zeichnung: Durch Kurzpaßspiel wird der Gegner auf eine Seite gezogen, abschließender Wechselpaß auf die andere Seite zum freien Mann.

TAKTISCHE ÜBUNGEN, um möglichst rasch aus der eigenen Hälfte herauszukommen, über die Mittellinie zu spielen. Typisch für Happel: Die Zeitvorgaben, wann die Aktion abgeschlossen sein muß, und das Spiel über die Flügel, vier gegen vier sowie zwei gegen zwei – jedesmal über die Seite kommend.

Und wenn ihm etwas nicht gepaßt oder gefallen hat, macht sich Happel immer Notizen. Darüber wird dann diskutiert, das wird auch trainiert.

Didi Constantini: „Das ist ein ganz wichtiger Punkt, der Grund für Happels viele Erfolge: Daß er die Fehler nicht nur mit Reden ausmerzen will, sondern alles gleich im Training korrigiert."

Vier gegen vier über die Mittellinie spielen
Neutraler Tormann
a) 1 Minute abschließen
Vier gegen vier über die Flügel angreifen
Abschließen mit Kopfstoß
Neutraler Tormann
Zwei gegen zwei
Einmal diese Seite
a) Torschuß abschließen
b) Wenn das Zusammenspiel mit Platzwechsel tadellos gelingt, dann werden Abwehrspieler eingesetzt, je einer zu den Außenspielern und je einer vor dem Tor.
Anfangs haben sie nur die Aufgabe, das Zusammenspiel zu stören, aber dann kämpfen sie um den Ball.
1. Ohne Gegner üben
2. Tempo steigern
3. Zwei bis drei Abwehrspieler einsetzen
Durch Stellungswechsel und Freilaufen halten sich die anderen Stürmer für die kommende Flanke und Torschuß bereit.

VORNE – HINTEN – FEHLER

1. In der Konsequenz
2. im technischen Bereich
3. im Takt aufstellen
4. in der Flexibilität sowie Beweglichkeit
5. Übersicht im Aufbau von hinten das Spiel gestalten

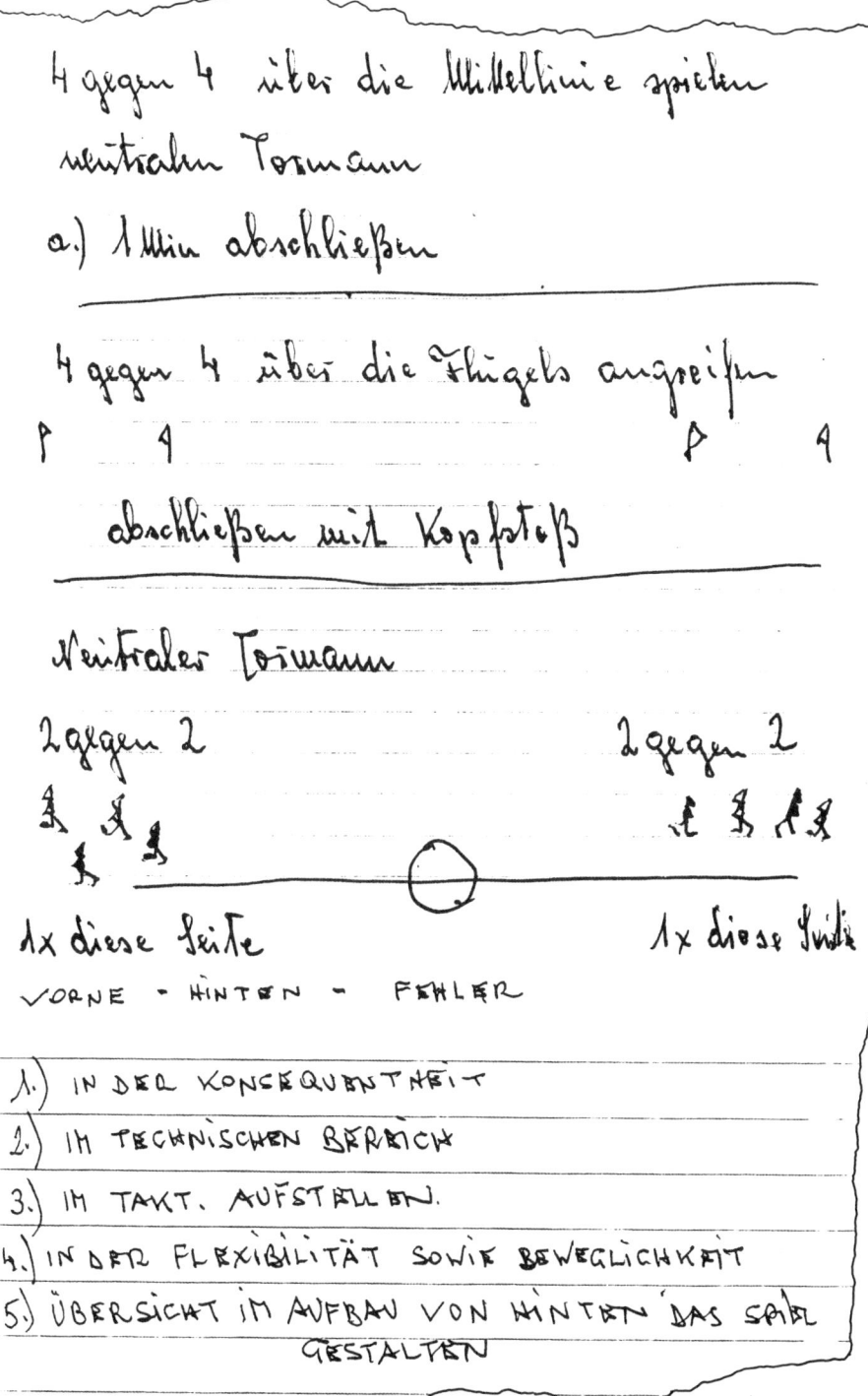

VORNE - HINTEN - FEHLER

1.) IN DER KONSEQUENTHEIT
2.) IM TECHNISCHEN BEREICH
3.) IM TAKT. AUFSTELLEN.
4.) IN DER FLEXIBILITÄT SOWIE BEWEGLICHKEIT
5.) ÜBERSICHT IM AUFBAU VON HINTEN DAS SPIEL GESTALTEN

HAPPELS BESTE IDEEN

Einzelne Übungen aus Happels reichhaltigem und ideenreichem Programm – vielleicht sogar seine besten.

1. Temporeiches Spiel übers ganze Feld, wobei das mittlere Drittel (30 bis 40 Meter) mit direktem Spiel rasch überbrückt wird und freies Spiel bzw. Ballhalten nur im eigenen bzw. gegnerischen Drittel erlaubt ist.

2. Beginn einer Trainingseinheit durch normales Handballspiel, beim Einwurfspiel bewegen sich alle Spieler, doch muß der Spieler im Ballbesitz mit beiden Füßen auf dem Boden den Ball wie bei einem Outeinwurf zum Mitspieler weiterspielen. Großes Kopfballspiel auf zwei Tore in begrenztem Raum, wobei der Ball nur mit dem Kopf weitergespielt werden darf – Ball am Boden bedeutet Ballverlust. Ballbesitz mit zwei Bällen, wieder in begrenztem Raum (meist Spielfeldhälfte): Team A spielt gegen Team B um Ballbesitz, aber nicht mit einem, sondern mit zwei Bällen, was zusätzliche Aufmerksamkeit erfordert.

3. Verschiedene gymnastische Übungen für Reaktion und Beweglichkeit: Rolle vorwärts, Hineinrutschen, Rolle rückwärts, Absitzen, Kopfsprung, Bauchlage, Bocksprung, durch die Füße, Partnergymnastik, Oberkörper – Füße.

4. Gruppen zu je drei Spielern. Eine Gruppe im zügigen Tempo vom 16er zum 16er, bei Ankunft der Gruppe sprintet die nächste Gruppe weg.

5. Kurze Sprints, ein Spieler läuft allein vom 16er zur Torlinie, kommt zurück, ein zweiter Spieler läuft mit ihm mit, dann auch der dritte Spieler – dann baut sich die Pyramide wieder ab: zwei Spieler gemeinsam, nur noch einer, dann wieder zwei usw. Alles wegen der Abwechslung, allein laufen wäre Happel zu monoton. Die andere Version: Sprint von der Torlinie zum 16er, Gehen zur Mittelauflage, Auslaufen, Laufen zum 16er, Wieder Sprint zur Torlinie. Wie oft die Sprints, ist abhängig vom Trainer.

6. Typische Übung zu einem Regenerationstraining nach einem Spiel: Mit Einlaufen wird begonnen, Dreieck: Erste Strecke Einlaufen, zweite Strecke Steigern, Hälfte der dritten Strecke Auslaufen, dann Gehen bis zum Anfangspunkt.

7. Angriffsvariation mit drei Spielern: Querpaß von der Mitte auf links, rechter Spieler bietet sich in der Mitte an, bekommt den Ball von links, nimmt ihn mit, spielt den Ball nach rechts zu dem sich aus der Mitte anbietenden Spieler, der führt den Ball auf der rechten Seite zur Torlinie, Flanke auf die zweite Stange (langes Eck) zum vorgesprinteten linken Spieler, der legt direkt auf für den aus der Mitte kommenden Spieler, der abschließt. Diese Übung muß besonders rasch ablaufen.

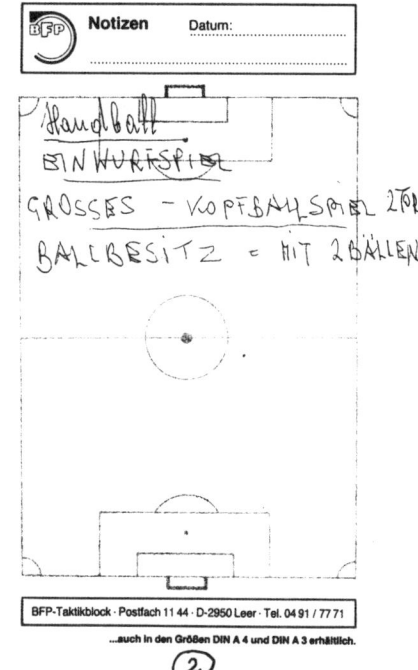

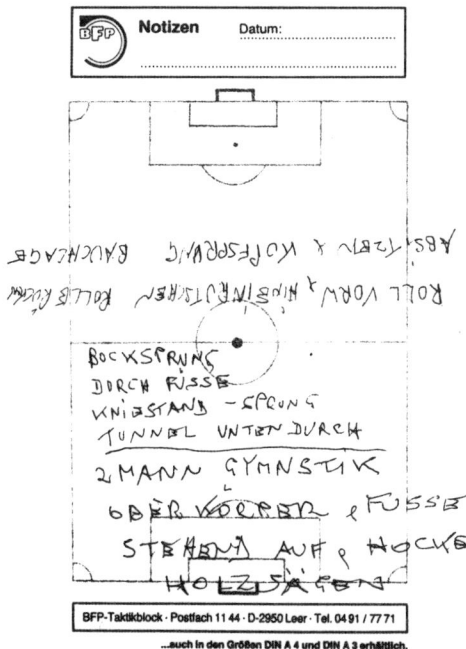

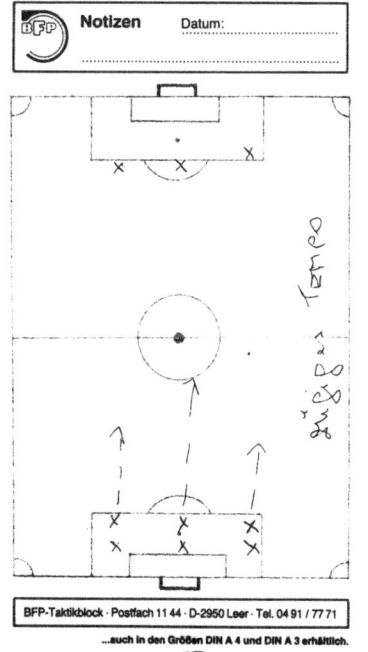

86 *Pyramiden-Sprint, Regenerationstraining, Angriffsvariationen*

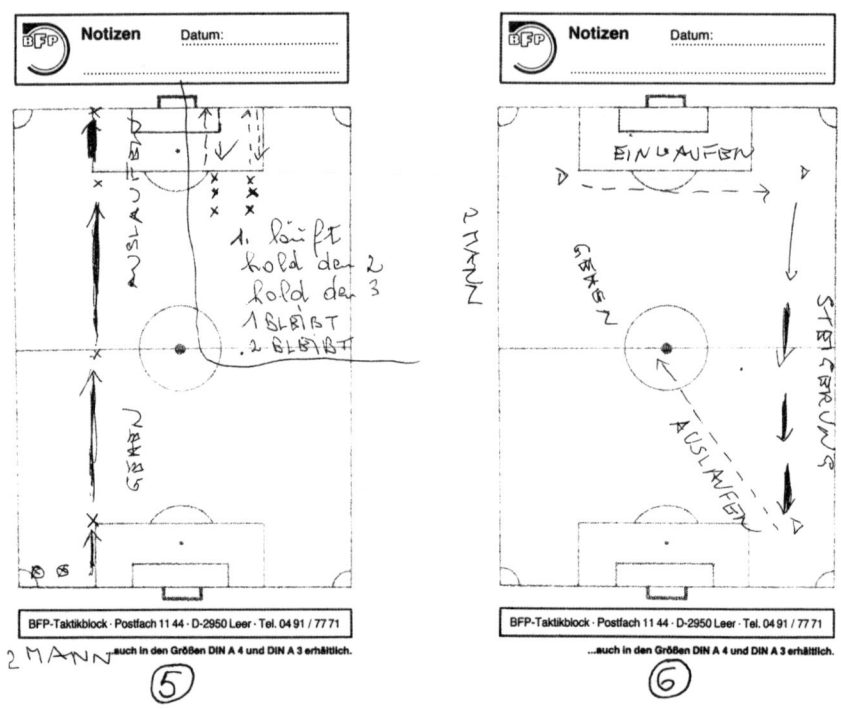

⑤ ⑥

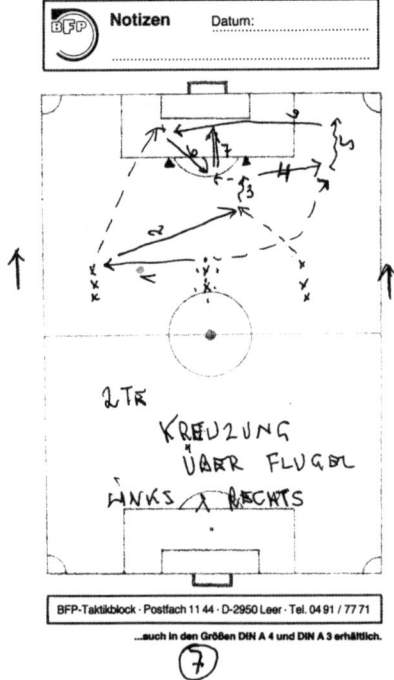

⑦

MODERNE ÜBUNGEN

1. Spiel vier gegen vier oder fünf gegen fünf in einem Quadrat an der Mittellinie, auf Pfiff des Trainers Angriff der ballbesitzenden Mannschaft aufs Tor. Parallel zu den zwei Vierer- oder Fünferteams die gleiche Anzahl von Spielern an der Outlinie – ist z. B. im Quadrat die Mannschaft „Rot" im Ballbesitz, müssen die „roten" Spieler traben – und die „gelben" Spieler sprinten bzw. umgekehrt. Wechsel immer nach einer Minute.

2. Normales Spiel vier gegen vier mit zwei Torleuten in einem begrenzten Raum von der Größe zweier Strafräume. „Verdoppelter Sechzehner", wie es Happel immer bezeichnet. Verschiedene Varianten möglich: z. B. Abschluß innerhalb von 15 Sekunden der ballbesitzenden Mannschaft, oder: jeder Spieler der ballbesitzenden Mannschaft MUSS den Ball berührt haben, ehe ein Tor erzielt werden kann. 3: direktes Spiel, 4: zweimal berühren usw.

3. Eine mögliche Variante für das zuvor angeführte Spiel: Die vier Spieler bleiben in ihrem 16er-Bereich, die Torhüter werfen abwechselnd zur gegnerischen Mannschaft, die mit ein, zwei direkten Berührungen abschließt.

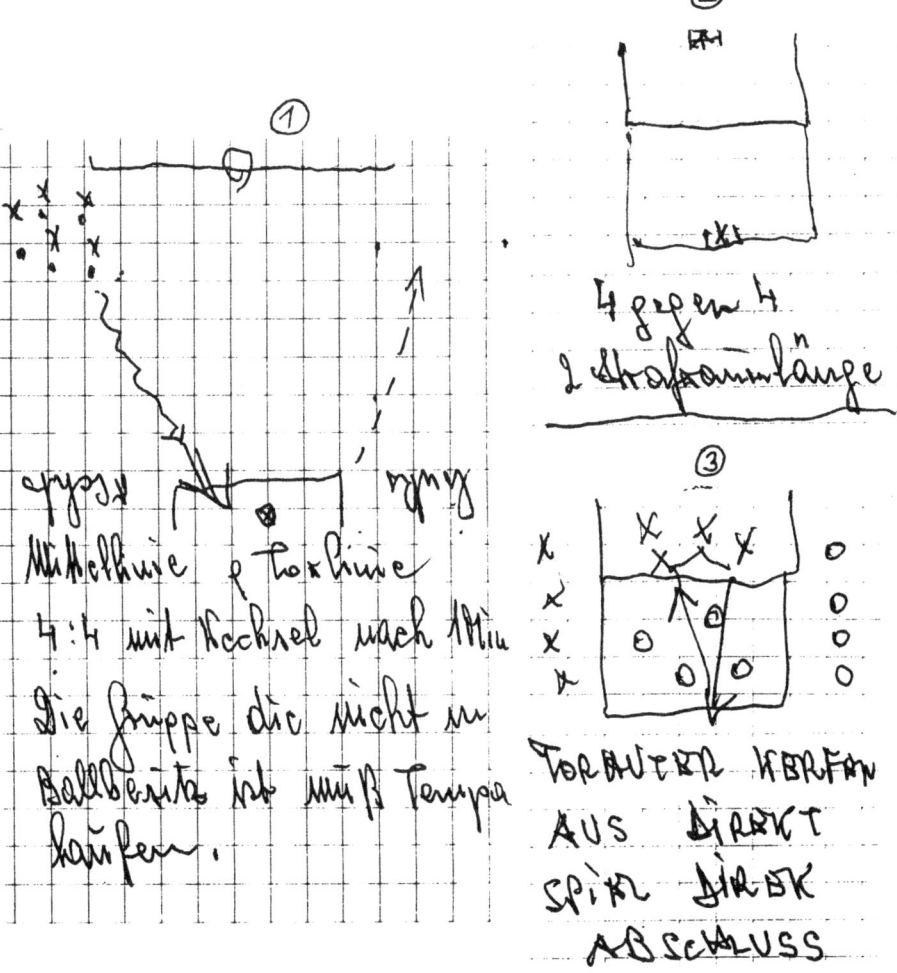

4. Zwei Gruppen, jede in einer Spielhälfte. Eine Gruppe Spiel auf zwei Tore übers halbe Feld, statt mit einem Ball mit zwei Bällen – zweite Gruppe im großen Quadrat (30 bis 40 Meter) spielt drei gegen drei: Alle Ecken sind besetzt durch je einen Spieler, wobei immer zwei „Eckspieler" mit einer Mannschaft in der Mitte durch Direktspiel zusammenspielen.

5. Reine Technikübung. Der Spieler spielt den Ball in die gegenüberliegende Gruppe und läuft erst zügig, dann locker im Dreieck zu dieser Gruppe hin.

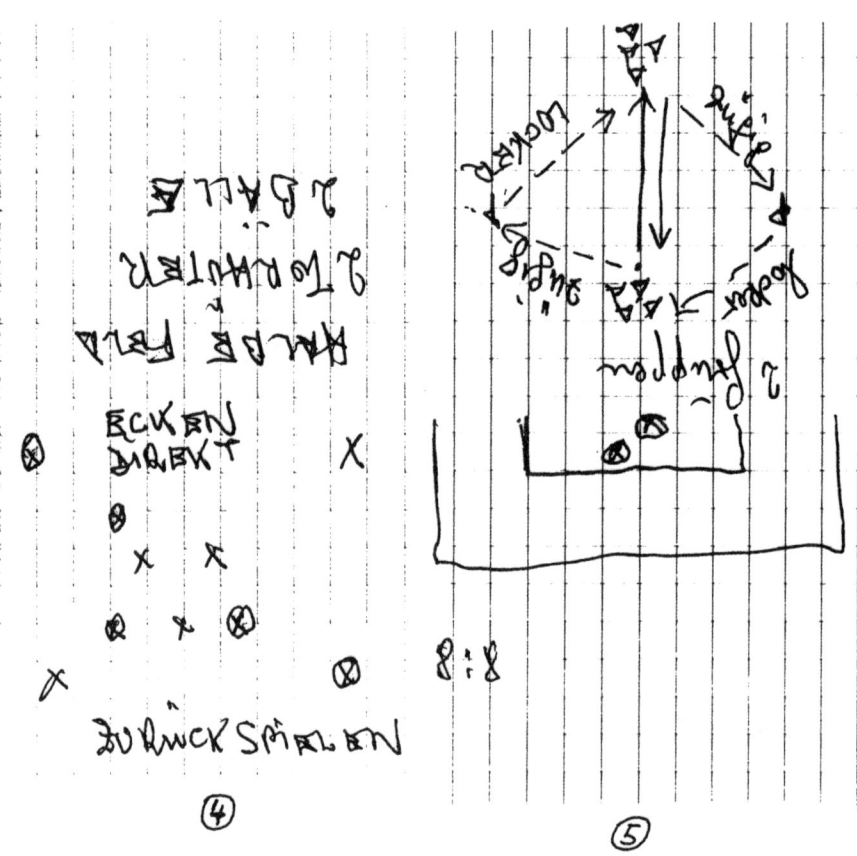

Happels aktuellste Trainingsprogramme

Eine Mannschaft aus der Sicht des Trainers.

Große o. Kleine Mannschaft ③
der Trainer muß doch seinen Stempel aufdrücken
Mannschaft aufbauen u. formen mit einem bestimmten Konzept
das Spielermaterial genau anschauen für was sind diese Spieler
geschickt, was ist notwendig, um die 3 Systeme die ich spiele
hantieren zu können.
Spielordnung muß sein !!! | A. | 2. | 3. |
Totalen Fußball von hinten heraus – oder hin eher
Konterfußball geschlossen aus der eigenen Hälfte in einem
bestimmten Raum mit Vielzahl an Spielern (speziell im Mittelfeld)
Spiel hintern Ball
FORE CHECKING – JAGEN = Ball u. Mann jagen Raum
Spieler am Ball jagen
totalen Fußball – pressing – mit Abseits
totalen Fußball – weg vom eigenen Tor – Raum enger machen
Strafraum räumen
rauslaufen – Durchlaufen – Ballparaden !!! Abseits
Natürlich alles in der Raumdeckung mit Übernahme
2 Strukturen im Deutschen Fußball MANN e RAUMDECKUNG

Im modernen Leistungssport sind folgende Unterteile notwendig
A.) Konditionelle Basis
B.) Technische
C.) Taktische   1958 WM – 4·2+4 System
D.) Disziplin z Spieldisziplin   1966 WM – 4+3+3 System
E.) Charakter u. Mentalitätssache
Persönlichkeiten – Kollektivität | Vorstand
                                    Presse ×
                                    Publikum

MANNSCHAFT AUS DER SICHT DES TRAINERS

Die drei Systeme, von denen Happel immer spricht, die er für jedes Match bereit hält, erklärt sein Teamassistent Didi Constantini so:
1. Totaler Fußball von hinten heraus nach Auswurf des Tormannes, totaler Fußball, an dem sich jeder Spieler beteiligt.
2. Oder Konterfußball nach Abfangen des Gegners ab der Mittellinie – die Spieler stoßen aus der Defensive nach, wodurch man in Ballhöhe immer einen Spieler mehr hat als der Gegner.
3. Pressing bereits am gegnerischen Sechzehner.

Das sind die drei Stufen, die Happel immer wieder trainiert. Und seine drei wichtigsten Sprüche sind immer: *„Bei Ballbesitz weg vom eigenen Tor, so schnell wie möglich, Sprint ins Mittelfeld. Bei Ballbesitz das Spiel in die Breite ziehen und den Abschluß suchen."*

Wobei er aber nie sagt, daß ein Spieler nicht riskieren darf – er hat nie jemanden individuell eingeschränkt. Und eine seiner wichtigsten Forderungen: daß sich immer alle Spieler anbieten, ins Spiel mit einbeziehen, egal ob bei Ballbesitz oder bei Ballverlust – und daß sich keiner versteckt.

Er verlangt von keinem Spieler mehr, als er kann, von jedem aber die Leistung innerhalb seiner Möglichkeiten – im Training genauso wie im Spiel.

Und wichtig ist ihm natürlich: Jeder spielt im Raum: *„Ich brauch keinen Esel, der seinem Gegner stur nachrennt."*

Während seiner HSV-Zeit macht sich Happel folgende Gedanken.

EINE MANNSCHAFT AUS DER SICHT DES TRAINERS

Egal, ob eine große oder kleine Mannschaft, der Trainer muß ihr immer seinen Stempel aufdrücken.

Die Mannschaft aufbauen und formen mit einem bestimmten Konzept, das Spielermaterial genau anschauen, wofür sind diese Spieler geeignet, was ist notwendig, um die drei Systeme, die ich spiele, handhaben zu können. Spielordnung muß sein!
1. Totalen Fußball von hinten heraus (beginnend mit Tormann-Auswurf) oder hin und her.
2. Konterfußball geschlossen aus der eigenen Hälfte in einem bestimmten Raum mit einer Vielzahl an Spielern (speziell im Mittelfeld), Spieler müssen hinter den Ball kommen.

FORECHECKING JAGEN = Ball und Mann jagen
Spieler am Ball jagen

Totaler Fußball – Pressing – mit Abseits
Totaler Fußball – weg vom eigenen Tor – Raum enger machen
Strafraum reinigen – Abseits – Ballpassagen!
Rauslaufen – durchlaufen
Natürlich alles in der Raumdeckung mit Übernahme
Zwei Strukturen im deutschen Fußball – Mann- und Raumdeckung

Im modernen Leistungssport sind folgende Unterteile notwendig:
a) Konditionelle Basis
b) Technische
c) Taktische
d) Disziplin und Spieldisziplin
e) Charakter und Mentalitätssache

PERSÖNLICHKEITEN – Kollektivität   1958 WM – 4+2+4 System
                                                     1966 WM – 4+3+3 System
Vorstand
Presse
Publikum
Und ein typisches Happel-Zeichen bei der Presse

III. Das Happel-Erbe

DAMEN u. HERREN (1.)

ICH BIN EINE 3JAHRES VERBINDUNG EINGEGANGEN MIT SWAROVSKI - F.C. TIROL

NACH 25 AUSLAND HABE ICH GENUG - ALS PATRIOT WILL ICH IN MEIN HEIMATLAND ZURÜCK

MEINE ENKELKINDER SIND GEISTIG AUCH SCHON BEI DER ZEIT...

ICH WILL IN ERSTER LINIE SWAROVSKI-TIROL ZU EINER ÖSTERR. SOWIE EUROPÄISCHEN SPITZENMANNSCHAFT FORMEN UND IN 2TER LINIE DEN ÖSTERR. FUSSBALL HELFEN.

ES WÄRE TRAURIG WENN ICH KEINE ANGEBOTE GEHABT HÄTTE IN DER DEUTSCHEN BUNDESLIGA SOWIE IN GANZ EUROPA UND IN DER 3.WELT ABER ES STAND SCHON LANGE FEST ICH GEHE ZURÜCK IN MEINE HEIMAT

ES STEHT AUCH SCHON LÄNGERE ZEIT FEST DAS ES SWAROVSKI-TIROL IST AUF WORT UND HANDSCHLAG MIT ALS KONTAKTMANN HR. LANGES
EIN WORT UND HANDSCHLAG IST BEI MIR GENAU SOVIEL WIE EINE UNTERSCHRIFT...

MIT MEINER ERFAHRUNG IN DEN 45 JAHREN ALS SPIELER SOWIE ALS TRAINER
MIT MEINER TRAININGSMETHODIK CHARAKTER UND MENTALITÄT EINSTELLUNG IST DURCH FLEISS ARBEIT ICH WILL LEISTUNGEN BRINGEN VIEL ZU ERREICHEN UND ALLES IST MACHBAR NATÜRLICH GEHÖRT GLÜCK DAZU ABER DAS GLÜCK KOMMT NICHT VON ALLEINE MAN MUSS DAFÜR WAS TUN
DAS GLÜCK MUSS MAN ZWINGEN - PROFIMÄSSIG ARBEITEN

Seine Antrittsrede beim FC Swarovski, 1987

ICH WILL HIER NICHT INTENSIV INS TIEFSTE DETAIL VON MEINEM FUSSBALL-GEHEIMNIS GEHEN SONDERN ICH WILL IHNEN EINE MANNSCHAFT AUS DER SICHT DES TRAINER PRESENTIEREN. (2.)

SCHLECHTE - MITTELMÄSSIG ODER SPITZENMANNSCHAFT

DER TRAINER SOLL UND MUSS DOCH SEINEN STEMPEL SETZEN.

MANNSCHAFT FORMEN U. AUFBAUEN FÜR BESTIMMTEN KONZEPTEN ODER VARIANTEN SYSTEMEN ZU SPIELEN UM HANTIEREN ZU KÖNNEN MIT VERSCHIEDENEN SCHWERPUNKTEN

SPIELDISZIPLIN - SPIELORDNUNG MUSS SEIN INNERHALB SOWIE AUSSERHALB DES SPIELFELDES

A.) TOTALEN FUSSBALL
B.) KONTERFUSSBALL   } SCHWERPUNKTE
C.) FUSSBALL AUF HIN , HER

IN DER RAUMDECKUNG - MIT FORE-CHECKING
MIT ABSEITS - WEG VOM TOR - RAUM ENGER MACHEN
STRAFRAUM REINIGEN
RAUSLAUFEN - ZURÜCKLAUFEN ??? MIT PASS-SERIEN
VERBUNDEN MIT
SPIELERPERSÖNLICHKEITEN + KOLLEKTIVITÄT
SPIEL O. BALL - TEMPOSPIEL - LAUFFREUDIGKEIT
HOHE AKTIVITÄT ZEIGEN NOCH MEHR DRUCK MACHEN
ALSO FUSSBALL TOTAL MIT TOTALEN EINSATZ
UM DAS ZU SPIELEN IST NÖTIG

1.) TOPKONDITION MIT KRAFT   } MANNSCHAFTS } SPIELEN
2.) TAKTISCH GUT BEI DER ZEIT   }   DIENLICH
3.) TECHNISCH GUT VERSIERT   } DISZIPLINIERT

DAS IST ALLES MACHTBAR UND KANN MAN SICH ANEIGNEN (3.)
DURCH

20% THEORIE AUF DER TAFEL
80% PRAKTISCH AUF DEM TRAININGSFELD

MAN MUSS DIE SPIELER DAZU STIMULIEREN
ES MUSS NATÜRLICH VON 2 SEITEN KOMMEN

WIE SIE WISSEN HABE ICH IMMER LANGFRISTIGE STATIONEN GEHABT

3x6 JAHRE - 1x4 JAHRE 1x3 JAHRE 1x2 JAHRE 7 MONATE

SCHÖNE ZEITEN MIT VIELEN ERFOLGEN VIELE FREUNDE GEWONNEN
ICH HABE MICH ÜBERALL WOHL GEFÜHLT

ES SOLL AUCH IN TIROL NICHT ANDERS WERDEN

ICH WILL NUR EINES HABEN VIEL ERFOLG MIT DER MANNSCHAFT
ICH WILL DAS TIROLER PUBLIKUM UND SPEZIELL HR. LANGES
NICHT ENTTÄUSCHEN DER ES ZU WEGE GEBRACHT HAT
DAS ICH BEI SWAROVSKI-TIROL GELANDET BIN

BIN EIN TRAINER DER IMMER ALLES GEWINNEN WILL
WENN NICHT DA ZUMINDEST DEN REST

FRAGE VIEL VON EINER MANNSCHAFT
ES WIRD MENSCHLICH HART PROFIMÄSSIG GEARBEITET
FREIE TAGE WIRD ES HERZLICH WENIG GEBEN SPEZIELL
AM BEGINN

ALLES WAS RUND UM MICH IST MÜSSEN PROFI SEIN
DA GEHE ICH MIT GUTEM BEISPIEL VORAN ICH BIN DER
1TE AM TRAININGSPLATZ UND ALS LETZTER GEHE ICH WEG
VOM GELÄNDE ICH WILL ALLES GUT UNTER KONTR. HABEN

ICH HABE NICHT NUR VORNE AUGEN
ICH HABE HINTEN AUCH NOCH 2 AUGEN

SIND WIR FROH DAS BEI UNS EIN BESTIMTER WOHLSTAND
VORHANDEN IST
 DAHER NIE AUF DIE ARBEIT U. AUF DEN BERUF
 VERGESSEN

(4.)

SPEZIELL IM SPORT ZÄHLEN NUR DIE ERFOLGE
VERGANGENHEIT BESTEHT NICHT

ES ZÄHLT NUR DIE GEGENWART U. DIE ZUKUFT
 DEN REST KANN MAN VERGESSEN

NUN BIN ICH SO ZIEMLICH AM ENDE VON MEINEM
REFERAT ICH BEDANKE MICH FUR IHRE AUFMERKSAMKEIT.
ABER WENN VON SEITEN DER MEDIEN NOCH WELCHE
SERIÖSE FRAGEN VORHANDEN SIND WERDE ICH SIE
NATÜRLICH GERNE BEANTWORTEN
 DANKE !!!

Wäre Happel nicht zum FC Swarovski gekommen, hätte er 1987 für 50 Millionen Schilling bei Saddam Hussein im Irak angefangen, statt Johan Cruyff bei Barcelona gearbeitet oder mit Maradona beim FC Napoli.

Bruno Pezzey hat den Kontakt hergestellt. Gernot Langes holt Happel 1986 mit dem Privat-Jet zur Stadion-Neueröffnung nach Wien. Österreich schlägt Deutschland sensationell 4:1, und Pezzey sitzt neben Happel.

Happel sagt ja zu A, *„weil ich nach 26 Jahren im Ausland gern nach Österreich zurückkomm. Und vor allem meine Enkelkinder öfter sehen will."*

Die Siegesfeier beim Cupsieger HSV im Juni 1987 steigt ohne Happel. Er fliegt sofort nach Wien und wird tags darauf beim Heurigen in Sooß bei Baden als neuer FC Swarovski-Trainer präsentiert. *„Die Tiroler werden jetzt die guten Fußballer – und die Wiener dafür die guten Skifahrer."*

Das erste Jahr ist brutal hart. Happel holt den Deutschen Norbert Auste zum Konditionstraining nach Zell. Brütende Hitze, total ungewohnt. Die Spieler fallen um wie die Fliegen.

Was niemand vergessen darf: wie schlimm der Föhn in Innsbruck sein kann. „Zwei Tage vor jedem Föhneinbruch", weiß Michael Streiter, „bin ich immer ganz kaputt." Und nicht nur er. Sogar Pezzey, der volltrainierte Superprofi aus Bremen, liegt nach seiner Rückkehr auf den Tivoli einmal am Boden, „mit ganz verdrehten Augen".

Erstes Heimspiel, erste Kasernierung im Hotel Post in Seefeld. Happel prallt zurück: Da schmaust die ganze große FC Tirol-Familie, Freunde und Verwandte, gut 50 bis 60 Leute, auf Regimentskosten.

„Was ist da? Haben wir Krieg? Hungersnot? Oder kriegt's zu Hause nix zu essen? Nächstes Mal nimmer!" Andere schaffen sich so nur Feinde – Happel wird akzeptiert.

Der bärtige Roscher verkraftet das Happel-Training am schnellsten und besten, spielt irrsinnig gut, verletzt sich aber dann und fällt aus.

Wie viele andere auch. *„Hätten alle gemacht, was ich gesagt hab – keine Probleme. Zum Beispiel: Gradauslaufen bei Adduktorenzerrung, nicht zickzack."* Jeder kann offen seine Meinung sagen. Je offener, um so lieber. Nur trauen sich die wenigsten: Koreimann – der sich von der Mannschaft bevollmächtigt fühlt, aber dann im Stich gelassen wird. Oder Pacult. *„Den siehst 80 Minuten lang nicht, aber dann macht er ein Tor. Der kann soviel, hat Sachen im Kopf, an die ein anderer gar nicht denkt."* Aber dann bringt er's nicht, weil er feig ist.

Happel greift *„immer zuerst die Stars an. Einen jungen Spieler anzupacken, ist keine Kunst".* Denn *„viel Gequassel"* hat er nie mögen. *„Dann lieber gleich ein richtiges Donnerwetter."*

Warum er soviele Spieler beim FC Tirol eliminiert, begründet Happel offiziell nie: *„Ich hab Verständnis für alles. Aber wenn mich einer austricksen will, ist es für alle Zeiten vorbei."*

„Das Trinken kann ich mir abgewöhnen, das Rauchen nimmer": Ernst Happel, der erfolgreichste Fußballtrainer der Welt — wie ihn Millionen Fußballfans in Erinnerung behalten.

„Ich liebe Kinder, besonders meine zwei Enkel": Happel mit Nina und Philipp sowie seinen Freunden Dengg und Moser auf der Tiroler Eng-Alm im Karwendelgebirge. Eislaufen mit Sandra, der Tochter des großen HSV-Gönners und Baumeisters Solterbeck: wie versprochen am Silvestertag 1990 in Seefeld. Zillenfahren war gemütlicher als Rafting mit Bruno Pezzey – bei dem er kenterte. „San die Tschik naß?" Manchmal melancholisch: Zwischen Agnes Dengg und seiner Freundin Veronika 1990 in der Ritterkuchl in Hall. Agnes feiert Geburtstag. Privat viel lustiger und humorvoller, als manche glauben wollten. Keine Spur vom „Grantler": Grillparty 1990 am Innsbrucker Löfflerweg. Die Tiroler Luft tat Happel gut.

Happel ganz privat: Mit FC Swarowski-Manager Gerry Leutgeb, „Stiegl"-Wirt Franz Dengg und Veronika. „Bischt a Tiroler, bischt a Mensch".

„Stieglwirt" Franz Dengg war Happels erste Adresse in Innsbruck, die charmante Veronika Jagersberger nur auf der Betreuerbank im Schatten des großen Zauberers. Sie gab ihm viel Nestwärme.

Da ist einer, der 650.000 Schilling Kredit aufnehmen muß, weil er im Casino soviel Schulden hat – was gerade Happel nicht verborgen bleiben kann. Er verkauft den Spieler, damit der im Ausland Geld verdienen – und seine Schulden zurückjahlen kann. Unmenschlich?
Als der Verteidiger Kurt Russ 150.000 Schilling Monatsgehalt netto verlangt, reißt auch Happel die Geduld. Unmenschlich?
Happel arbeitet beim FC Tirol in neuen Dimensionen: Trainingslager in Südamerika, zweimal auf Madeira, wo der letzte österreichische Kaiser gelebt hat, Malaysien.
In Punte de l'Este (Uruguay) taumeln die Tiroler nach 40stündiger Anreise ins Hotel. Dort ist nur die Hälfte der Zimmer reserviert. Happel droht mit sofortigem Heimflug, läßt alle Koffer wieder raustragen – und plötzlich sind genug Zimmer frei.
Beim Turnier in Bangkok schmeckt ihm das Essen nicht. Thailänder, Chinesen, das Olympiateam – alle in einem großen Speisesaal. Happel verlangt einen separaten Raum fürs Essen. Vergeblich, bis er die Spieler Kofferpacken läßt, mit Abreise droht – plötzlich hat er seinen eigenen Speisesaal.
Dort schnapst er die ganze Nacht mit dem Manager um 200 Bummerln – ein Österreicher, der in Südamerika lebt. *„Er war der beste Schnapser."*
Und zu Hause? Ob zwei Busse für die Erste und U-21 oder gleich ein Charterflugzeug – finanziell kein Unterschied, solang kein Nebel ist. Deswegen flippt Happel einmal fast aus: 20-Uhr-Abflug wegen Nebels in Graz unmöglich, Schlafwagen auch zu knapp – und Happel kommt in Stress. Irgendwann lichtet sich der Nebel. Um zwei Uhr früh landet der Tiroler Flieger in Graz.
Acht Stunden später das Match. FC Tirol schlägt Sturm trotzdem 3:1.
Eine andere Reise. Zwischenstation Mondsee. Happel bestellt *„Pasta asciutta"* für alle. Nur Hansi Müller ordert ein Steak. *„Das muß der Herr Müller dann auch selber zahlen"*, befiehlt Happel.
Er hat nie Extrawürste mögen. *„Zu essen gibt's nur einheitlich, das genügt. Etwas anderes ist nicht notwendig."*
Alles geschieht geplant, wie er es in Holland, Belgien und Deutschland praktiziert hat. *„Vor der Suppe wird nix getrunken."* Und er räumt auch mit der Unart vieler Fußballer auf, die endlos große Gläser Spezi oder Radler bestellen, sie aber halbleer stehenlassen. *„Austrinken, meine Herren."*
Abendessen im Hotel, für punkt 18.30 Uhr bestellt. Aber der Hotelmanager flüstert dem Innsbrucker Reiseleiter: „Wir haben heute abend eine Hochzeitsgesellschaft, könnt ihr nicht schon um 18 Uhr essen?" Meinetwegen. Aber als Happel kurz nach 18 Uhr seine Fußballer vor vollen Schüsseln sieht, befiehlt er: *„Sofort wieder abservieren! Ich hab gesagt: Wir essen um halb sieben!"*
Der Reiseleiter wird abgesetzt, kommt nie mehr wieder.
Oder Garger und die Leberknödelsuppe. Die Kellner haben längst abserviert,

nur Garger schlürft immer noch, was Happels strafendem Blick nicht entgeht: *„Was ist da los? Hast die Suppen so spät gekriegt?"*
Nein, sagt Garger, druckst herum, Co-Trainer Binder versucht zu helfen, aber Happel bleibt unerbittlich: *„Was ist da los?"*
Schon meine zweite Suppe, Trainer, muß Garger zugeben. „Aber mir schmekken die Leberknödeln so guat..." Darauf hat er drei Wochen nicht gespielt.
Vorm Europacup-Auswärtsspiel gegen Omonia Nicosia verschläft Kurt Garger die Umstellung auf die Sommerzeit: Vergessen, die Uhr eine Stunde vorzustellen – obwohl Happel alle gewarnt hat. Prompt kommt er zu spät zum Sonntagstraining. *„Der Mann ist kopfkrank. Den kann ich im Europacup net brauchen."*
So fliegt der FC Tirol ohne Garger nach Zypern.
In Wien, im City Club kaserniert, verlieren die Tiroler ein paar Mal – mit den Übernachtungen in Großram beginnt die große Siegesserie. Darum bleibt Happel in diesem Autobahnhotel, aus Tradition. „Was für ein Unterschied", lobt der Chef oft. „Andere Klubs essen, wann jeder will – aber beim FC Tirol ist immer Zucht und Ordnung."
Nur als die Spieler in Salzburg mit ganz kleinen Augen zum Frühstück kommen, verhängt Happel Fernseh-Verbot.
Auf den FC Swarovski-Mannschaftsfotos sieht man die langen Tiroler immer vorn, die kleineren Spieler hinten – warum? Damit sie sich verstecken können und niemand sieht, wenn sie lachen.
Er hat für die „Begrenzten" genauso Anweisungen wie für die „Unbegrenzten". So befiehlt er einmal Christian Peintinger: *„Dein Radius ist 20 Meter in unserer Hälfte, 20 Meter in der anderen. Attackieren, schnell abspielen, sonst brauchst nix machen."*
Und die Superstars, die so genial Konter spielen?
Hansi Müller kommt aus der „schönsten Liga der Welt". Von Inter, wo ihm Herbert Prohaska Platz machen mußte, verletzt und zu Como abgeschoben. Am Tivoli genial, aber auch viel verletzt. Pech mit seinen Kreuzbändern im Knie. Ungewollt Star in der U-21.
„Manchen Fußballer mußt ung'schaut nehmen, mancher ist ein kalkuliertes Risiko." Wie Vaclav Danek von Banik Ostrau, Nationalstürmer der damaligen CSFR. Ein gewaltiger Kopfballspieler, aber mit verletztem Knie. Happel läßt ihn dreimal beobachten. *„Ich seh, was er kann. Das Risiko geh ich ein."*
Der angeschlagene Danek kommt für 2,4 Millionen nach Tirol, wird von Happel ein halbes Jahr lang aufgebaut, prompt Schützenkönig, dann für vier Millionen an Le Havre verkauft, *„weil ich ihm diese Chance nicht nehmen darf"*. Er wird jedoch später zurückgekauft.
Über Gernot Langes hat Swarovski beste Informationen über den argentinischen Sport. Ein Manager bietet Pipo Gorosito an und schickt gleich Videos mit. Happel sieht sie und ist sofort begeistert: *„Das ist der Mann!"*

Im Frühjahr 1990 kommt ein alter Bekannter als Spion nach Innsbruck: Bilardo, der als Universidad-Spieler im Weltcupfinale gegen Feyenoord 1970 so gewütet hat, ist jetzt argentinischer Teamchef, Nachfolger von Menotti – und will Gorosito beobachten.
Aber Pipo hat Happels Vorstellungen nicht entsprochen, muß in der U-21 tricksen – und Happel läßt sich nicht erweichen, ihn aufzustellen. Weder dem weitgereisten Bilardo zuliebe, noch Gorosito, noch dem FC Swarovski.
„Denn für den Verein wär's auch besser gewesen, hätte Gorosito bei der WM 1980 in Italien gespielt – weil man ihn dann teurer hätte verkaufen können", erinnert sich Manager Gerry Leutgeb. „Aber Happel ist das Wurscht. Man kann in ihn nicht reinschauen, muß ihn werken lassen. Normal kapiert man vieles nicht – aber er hat für alles sein G'spür."
Beim Trainingslager in Südtirol: Plötzlich schwarze Wolken – Blitz und Donner – und schon Gewitter. Happel stülpt die Nylon-Duschhaube aus dem Hotel-Badezimmer über den Kopf – und bleibt so als einziger trocken.
Auch in Wien regnet's in Strömen. Der ideale Boden für die Supertechniker Müller und Gorosito – glauben alle. Aber Happel überrascht den Hansi und den Pipo in der Kabine total: *„Ihr zwei braucht's euch nicht umziehen."*
Wieso, Trainer – kommen wir erst später?
Happel: *„Nein, ihr spielt's überhaupt net. Das ist nicht euer Boden."* Kopfschütteln, alle wundern sich. Aber FC Tirol schlägt die Austria.

Wie trainiert der FC Tirol? Happel gibt Binder alle Übungen, der schreibt alles penibel auf und zieht das Programm durch. Happel schaut zu, ihm entgeht nichts. Plötzlich ein scharfer Pfiff vom Chef – Training abgebrochen. Schluß jetzt, obwohl Binder noch lang nicht durch ist. Aber Happel hat immer seinen Grund.
Als der GAK den Happel-Co engagieren will, rät ihm der Chef nur zu: *„Die Chance mußt nehmen."* Ob Binder seinen Wechsel bereut hat?
Binder versucht beim GAK, Happel nachzumachen, und scheitert – wie schon vor ihm zwei Trainer in Belgien. Horst Hrubesch, sein Nachfolger als Co am Tivoli, macht vielen Spielern Konzessionen, die ihm später auf den Kopf fallen – durch den „Spielerbeirat". Ihm, dem einstigen Kopfballungeheuer, der soviel Respekt vor Happel hat: Der Chef schickt ihm sogar aus der Klinik jeden Morgen einen Zettel, was er trainieren muß.
Happel mag's gern, wenn der Schmäh rennt. Mit einem seiner Co-Trainer, Helmut Zehetner, im Zivilberuf technischer Leiter des Krankenhauses Zell am See, im Hauptberuf aber Happel-Fan und unverzichtbarer Begleiter bei zahllosen Casino-Abenteuern. Mit Mucki Mayerhofer, dem Zeugwart. Mit Hans Neuner, dem Masseur, der Happels totales Vertrauen hat. „Ich jag ihn oft am Berg Isel oder auf der Seefelder Schanze die Treppen rauf, bis er erschöpft ist. Aber ich dosier genau, um dem Trainer zu helfen."

In Tirol blüht Happel richtig auf. *"Für mich der schönste Platz der Welt – und ich war schon überall."* Er kennt bald jedes Tal, jede Alm.
Seine erste Adresse: das „Stiegl-Bräu" von Franz und Agnes Dengg – und Tochter Andrea.
Happel kommt jeden Tag pünktlich um 10 und 17 Uhr, und Dengg fragt ihn jedesmal: „Wir sind keine Wärmestube, was trinkst?"
Worauf auch Happel barsch-tirolerisch tut: *"Wenn ich wo reinkomm, will ich net gefragt werden, was ich will. Das sag ich schon selber."*
Am Stammtisch spielt er oft mit Bierdeckeln, zieht Linien, erklärt: *"Das ist das Feld, das der Spieler, das der Ball – wieso macht der Mann das nicht so, warum anders? Verstehts das?"*
Die FC Tirol-Kicker haben strengstes Stiegl-Verbot. *"Dort will ich meine Ruh."* Das wird respektiert. Nur Peter Pacult schaut einmal mit seiner Frau – die mit Veronika oft einkaufen geht – vorm Kino auf einen Sprung herein. Happel fühlt sich beim Kartenspielen gestört – aber aus der Mannschaft stellt er Pacult deswegen nicht.
Nach dem ersten Meistertitel die Triumphfahrt. Konfetti-Parade auf tirolerisch. Geschlossen fährt die Mannschaft mit Kutschen vorm „Stiegl" vor. Aber nur zwischen 14 und 16 Uhr – wenn der Chef nicht da ist.
Waffenstillstand: Die Fußballer kommen nicht ins „Stiegl", und Happel kommt nicht ins „La Coppa", den Fußballertreff Nr. 1 in der Altstadt. Und wo auch die Dengg-Tochter fleißig am Weg ist.
"Na, wen hast heut nacht dort getroffen?" fragt Happel manchmal, aber Andrea hält dicht. Sagt dafür einmal im „La Coppa" zum Spaß: „Nächstesmal bring ich den Trainer mit." Linzmaier und Co. sind erschrocken: „Bitte, nur das nicht!" Darauf Andrea: „Wieso habt's ihr vom Trainer soviel Angst?"
Eine Idee, die Happel amüsiert: *"Ich mach mir wirklich einmal den Spaß und geh selber rein!"* Aber er hält sich ans stille Abkommen.
Die Tiroler sind bekanntlich direkt, gradlinig, ehrlich, ein bißl schroff – genau das paßt ihm. Der Happel in Tirol ist einer, den nur die allerwenigsten kennen.
Da sind seine Ausflüge nach Schwaz, in ein altes, denkmalgeschütztes Fuggerhaus, das zwei ältere Damen bewohnen. Gerry Leutgeb hat sie bei einer Bauverhandlung kennengelernt, Happel einmal mitgenommen – und seither schwärmt der Trainer von der dortigen Hausmannskost. Die beiden Damen kochen aber auch jedesmal richtig auf: Scheiterhaufen mit Marillen, *"wie bei der Oma"*, Zillertaler Krapfen, Kirchtagskrapfen, Umschütter-Griesmus, Erdbeeren mit Schal usw. „Gut zehnmal sitzt Happel in der Küche – und ist jedesmal selig."
Wenn Happel manchmal lächelt: *"Meine Fans sind jetzt die älteren Damen"* – dann meint er die beiden Ladies aus Schwaz. Die ihm auch noch Brot und Marmelade einpacken, bevor er geht.

Oder die Törggelen-Party, Südtiroler Brauch, hoch über Innsbruck, im Haus von Gerhard Moser. Weißbärtiger Aussteiger, der zwei Fabriken besessen, eine verkauft, eine verschenkt hat. Und der Happel nicht mag. Ohne ihn aber zu kennen. „So ein versoffener, seniler Wiener Fußballtrainer." Ein paar Freunde nehmen Happel mit hinauf, oben Vorstellung, alle flach auf dem Bauch, nur Moser nicht: „Herr Happel? Nie gehört, kenn i net, wer soll das sein? Ich geh bergsteigen, wandern, langlaufen, interessier mich überhaupt nicht für Fußball."
„Eh g'scheiter so", klopft ihm Happel auf die Schulter. *„Endlich einer, der mich nicht kennt. Und endlich kein Arschkriecher."* Die sind ihm sowieso zutiefst verhaßt.
Happel-Blitzlichter aus fünfeinhalb Jahren Tirol:
In der Badehose oben am Gletscher: *„Da werde ich am schnellsten braun."*
Oder mit dem Mountain-Bike auf dem Radweg von Innsbruck nach Wattens, wie üblich mit dem Polster in der Sporthose. Autofahrer und Fußgänger bleiben stehen, als sehen sie eine Fata Morgana — Verkehrschaos und Riesenauflauf. Darauf bleibt Happel in Wattens, spielt seelenruhig Karten — und fährt bequem mit dem Auto zurück nach Hause.
Sein Freund Dengg, der „Stiegl"-Wirt, bricht sich an der Tankstelle beim Selbertanken ein Bein, als ihn ein Auto niederstößt — und liegt mit Gips zu Hause. Happel bringt ihm täglich die Zeitung. Und begleitet ihn auch beim ersten Spaziergang danach, langsam und mühsam.
„Na, ihr zwei: Ist das ein Invaliden-Ausflug?" fragt Tochter Andrea, was die Fußgänger empört: „Um Gottes willen, wissen Sie denn nicht, wer das ist? Happel, der berühmte Happel!" Kenn ich nicht, sagt das Mädel, wie heißt der? Nie gehört.
Solche Stories belustigen Happel immer.
Einmal, am Gletscher, bei einer Almhütte, steht plötzlich ein Holländer vor ihm. Aufgerissene Augen, als sehe er einen Geist.
„Herr Happel, ich bin Ihnen um die ganze Welt nachgereist, mit Feyenoord, mit dem Nationalteam — und jetzt stehen Sie da vor mir, wahrhaftig und echt. Wie aus den Wolken herabgeschwebt."
Für die Holländer und Deutschen, sagt Veronika, ist er sowieso der liebe Gott.
Im „Stiegl" keppelt ein deutscher Gast. Nichts paßt ihm. Dann sieht er, wie Agnes, die Chefin, von Happel herzlich begrüßt wird. „Was, Sie kennen ihn?" Fortan ist er der höflichste Gast.
Zwei Spieler, die Happel oft besuchen, zur Mittenwalder Runde gehören: Manfred Kastl, und Beiersdorf. Kastl, von Fürth von einem Amateurverein um 40.000 DM geholt, für 2,42 Millionen an Leverkusen weiterverkauft, hat sich wieder reamateurisieren lassen. Eines jener labilen Talente, die einen Tritt ins Kreuz brauchen. Und Beiersdorf, über Fürth zum HSV gekommen, hat für Happel das 1:1 im deutschen Cupfinale 1987 in Berlin geschossen.

Es dauert zwei Jahre, bis Happel am Tivoli Meister wird. *„Aber national zählt für mich immer am wenigsten. Ist sicher schön, aber interessant ist nur international. Ich hab mehr Europacupfinale verloren als gewonnen. Aber die Einstellung ist eine andere."*
Zweite Meisterfeier 1990, Empfang im Innsbrucker Landhaus. Alle Spieler adrett im Klubsakko, mit Krawatte, nur einer mit offenem Hemdkragen. Ein Blick von Happel, kurze wegstampernde Handbewegung – schon flitzt der Sünder die Stiegen runter und kommt mit Krawatte zurück.
Wer's ist, verrät der Innsbrucker Bürgermeister nicht: „Aber der Pacult war ein schwieriger Spieler."
2:0 gegen die Admira, 5:2 gegen die Austria, die drei Jahre lang gegen Happels FC Tirol nichts gewinnt, 6:1 gegen Rapid, 4:0 gegen die Vienna, 5:2 gegen Austria Salzburg: Die Tiroler Torlawine überrollt 1989/90 alle. *„Aber ich will, wenn man konditionell in Ordnung ist, nicht einmal alle drei Monate solchen Tempofußball sehen, sondern zwei-, dreimal im Monat, über die volle Distanz."*
Alle spüren: FC Swarovski hat schon zu lange dominiert – die Wiener Szene schreit nach einem neuen Fußballmeister. Jemandem, der die Happel-Elf vom Thron stürzt. Nur so sind viele umstrittene Schiedsrichter- und STRUMA-Urteile zu verstehen – auch wenn Joschi Walter Happels Freund ist.
Pausenlos sind Innsbrucker Stammspieler verletzt oder gesperrt. Aber als Ivanauskas den Schiedsrichter mit „schwarze Sau" beschimpft, kommt er ohne Strafe davon, weil „Jekisau" in Litauischer Sprache angeblich heißt: Was ist los?
Kein Zufall, daß Happel öfter denn je von der Betreuerbank aufspringt, oft genug auch die Schiedsrichter anbrüllt: *„Wenn ihr Auftrag von oben habts, uns zu benachteiligen, dann sagt's mir das gleich!"*
Irgendwann, in seinem Ferienhaus in Kirchberg, sagt Walter ganz vertraulich zu Happel:
„Reden wir nicht drüber. Aber weißt du, es stimmt: Das alles von Beginn dieser Meisterschaft für die Austria gelaufen ist. Daß wir, wenn's nicht ganz blöd läuft und die Austria total abstürzt, Meister werden müssen – wie das Amen im Gebet." Happel nickt still und denkt sich: Der STRUMA, die Schiedsrichter.
Letzte Runde: FC Tirol in Salzburg, die Austria gegen die Admira.
Wenn die Happel-Elf gewinnt, braucht die Austria unbedingt ein Unentschieden für den Titel. Die Tiroler gewinnen 3:1 und jubeln, als sie im Radio hören: Austria liegt 1:2 zurück, aber das Spiel geht noch 12, 13 Minuten. Unfair, weil Entscheidungsspiele zur gleichen Zeit beginnen und enden sollen. Ein gesunder Happel wäre unter Protest angetreten. Ein kranker Happel hört im Radio: Prosenik-Bombe zum 2:2, Austria Meister, alle Tiroler tief deprimiert.

Happel später zu Walter: „*Die zwölf Minuten, das war auch schon Wurscht. Der Schiedsrichter hätte fünf Minuten nachspielen lassen oder euch einen Elfer geschenkt – was weiß ich.*" Joschi Walter lacht drüber immer nur – und dann lacht auch Happel.
Großes Häkerl, nie bös aufeinander – aber es wäre der 19. Titel gewesen.
Vorm Europacupschlager gegen Real schickt Happel seinen Assistenten Hrubesch zum Spionieren nach Madrid. „Ein Match nach dem anderen verloren. Schwache Mannschaft. Nichts mehr los mit dem weißen Ballett. Wir müssen offensiv spielen", berichtet Hrubesch. „Denn wenn wir uns hinten reinstellen, gehen wir unter."
Happel vertraut ihm und taumelt in ein Debakel.
Happels Analyse des 1:9 gegen Real-Madrid, seiner schmerzlichsten Niederlage, ist KEINE erbarmungslose Abrechnung mit seinen Spielern. Nur eine Zurechtweisung und Erinnerung an die Grundregeln, Aufforderung zum Weiterarbeiten. Er verlangt Unterordnen aller Spieler, auch seiner Spielgestalter, ins Kollektiv seiner Mannschaft. Mit dem in Madrid ausgeschlossenen „Kopa" ist natürlich nicht der seinerzeitige Real-Star gemeint – eher das Fußballer-Café „La Coppa" in der Innsbrucker Altstadt?
Mit der Raumdeckung ist Happel unzufrieden. Und am Ende geht Happel aufs taktische Fehlverhalten einzelner Spieler ein: Peischl, Baur, Streiter gegen Sanchez und Butragueno – sowie Linzmaier und Hörtnagl gegen Hagi und Michel.
Bitte umblättern, liebe Fußballfans! Ab der nächsten Seite der Originaltext, was er seinen Spielern nach dem 1:9 gegen Real zu sagen hat.

Auf die Zeitungsberichte komme ich noch zurück.
Unsere Situation – Arbeit auf Sicht. Ab sofort, was möglich ist.
Spielauffassung
1. Ob ich einen eigenen Erfolg erreichen will?
2. Ob ein gegnerischer Erfolg verhindert werden soll?
Ich bin für einen offensiven, angriffsorientierten Fußball (jede Mannschaft will gewinnen).
Aber auch dafür, daß ein gegnerischer Erfolg verhindert werden soll.
Das beinhaltet
1. Konditionell in Ordnung sein, auf Forechecking sowohl offensiv als auch defensiv, aggressiven Fußball mit Druck und Biß spielen, auch auf Konter ausgerichtet, aus dem Rechteck heraus gestaffelt.

DER KÄMPFERISCHE EINSATZ:

Er soll das Spiel fördern.
Er soll das Spiel zerstören.
Das ergibt einen technisch – taktisch – kämpferisch – athletischen – disziplinierten Fußball.

ZEITUNGS + BERICHTE KOMMT

SITUATION = ARBEIT AUF SICHT –
AB SOFORT WAS MÖGLICH IST.
=====//=====

SPIELAUFFASSUNG

1.) EINEN EIGENEN ERFOLG ERREICHEN
2.) OB EIN GEGNERISCHER ERFOLG VERHINDERT WERDEN SOLL

ICH BIN FÜR EINEN OFFENSIVEN ANGRIFFSORIENTIERTEN
FUSSBALL (JEDER MANNSCHAFT GEDANN)

ABER AUCH DAS EIN GEGNERISCHER ERFOLG VERHINDERT
WERDEN SOLL
=====//=====

DAS BEINHALTET

1.) KONDITIONELL IN ORDNUNG SEIN
AUF FORECHECKING OFFENSIV ALS DEFENSIV
AGGRESIVEN FUSSBALL MIT DRUCK UND BISS
AUCH AUF KONTER AUSGERICHTET
AUS DEM RECHTECK HERAUS GESTAFFELT

DER KÄMPFERISCHE EINSATZ

ER SOLL DAS SPIEL FÖRDERN
ER SOLL DAS SPIEL ZERSTÖREN

DAS ERGIBT EINEN DISZIPLINIERTEN
TECHNISCH – TAKTISCH – KÄMPFERISCH – ATHLETISCH   FUSSBALL

FÜR DIE WEITER ENTWICKLUNG

KEIN SPIELER IST PERFEKT

DAHER ARBEITEN ARBEITEN

DURCH INTENSIVE ARBEIT IST VIELES MACHTBAR

DAS MUSS IN EUREN KÖPFEN REIN ???

SPIELGESTALTENE SPIELER IN EINER KOLLEKTIVEN
MANNSCHAFT SIND IMMENS WICHTIG

ABER NICHT ZU VIELE

ZUSAMMENSTELLUNG = ABSTIMMUNG
MUSS PASSEN

SPIELGESTALTENE SPIELER SIND NUR DANN
WERTVOLL WENN SIE IM DIENSTE VON DER
MANNSCHAFT SPIELEN UND DIE LEISTUNGSBEREITSCHAFT
BRINGEN

VERSTÄNDLICH MEINE HERREN

TRAINER

1.) STARKER MANN MIT EINER STRAFFEN HAND
2.) ANERKANNTER FACHMANN
3.) SOLL EIN KONDITIONSGEBER SEIN.

114 Happels bitterste Analyse – das 1:9 gegen Real

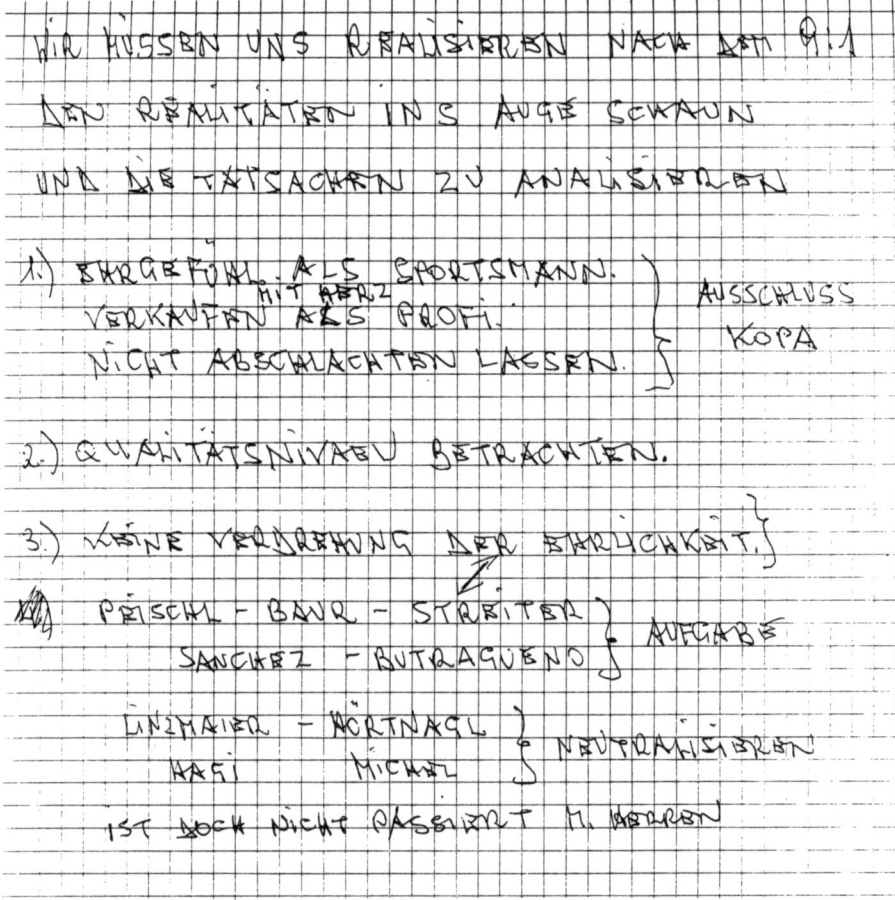

FÜR DIE WEITERENTWICKLUNG:

Kein Spieler ist perfekt.
Daher: arbeiten, arbeiten!
Durch intensive Arbeit ist vieles machbar.
Das muß in eure Köpfe rein!!!
Spielgestaltende Spieler in einer kollektiven Mannschaft sind immens wichtig.
Aber nicht zu viele.
Zusammenstellung – Abstimmung muß passen.
Spielgestaltende Spieler sind nur dann wertvoll, wenn sie im Dienst der Mannschaft spielen und die Leistungsbereitschaft bringen.
Verständlich, meine Herren?

Trainer
1. Starker Mann mit einer straffen Hand
2. Anerkannter Fachmann
3. Soll ein Konditionsgeber sein

Wir müssen uns realisieren nach dem 9:1, den Realitäten ins Auge schauen und die Tatsachen analysieren.
Ausschluß Kopa
1. Ehrgefühl als Sportsmann
   Verkaufen mit Herz als Profi
   Nicht abschlachten lassen
2. Qualitätsniveau betrachten
3. Keine Verdrehung der Ehrlichkeit
   Peischl – Baur – Streiter
   Sanchez – Butragueno
Aufgabe
   Linzmaier – Hörtnagl
   Hagi – Michel
Neutralisieren
Ist doch nicht passiert, meine Herren!

Später sagt Toni Polster kopfschüttelnd zu Michi Streiter: „So offensiv, wie ihr, darf man gegen Real-Madrid einfach nicht spielen!" Paar Tage später geht Tonis FC Sevilla gegen Real mit 0:7 unter...

Ohne Happel bleibt auch Gorosito nicht in Tirol, macht einen Blödsinn, reist vorzeitig ab, flüchtet zu Weihnachten zurück nach Argentinien. Langes bringt alles in geregelte Bahnen: Gorosito soll die Saison fertigspielen und nach dem Hallenturnier in Madeira normal heimfliegen.
Aber seine Wohnung an der Hungerburg bleibt leer, und Gorosito zu Hause in Argentinien – wo er mit San Lorenzo eine gute Saison hat. Pipo spielt wieder mit viel Biß. Obwohl seine Innsbrucker Zahnarztrechnung (140.000 Schilling) immer noch offen ist.
Hansi Müller, geborener Stuttgarter, lebt längst in München, wo er ein Sportmarketingbüro betreibt. Clever und fleißig wie immer.
Und der FC Tirol heute, Michi Streiter? Happel in der Erinnerung? Harter Hund, Peitschenknaller, der Mann, der Angst gemacht hat? „Nichts von dem. Nur das Gefühl von ganz großer Dankbarkeit."

HAPPEL SUPERSTAR

Und Gerry Leutgeb bestätigt: „Egal, ob in Südamerika oder Thailand, in Holland oder Italien: Mit Happel auf der Straße zu gehen ist unmöglich. Die Leute werden verrückt... Nur in Österreich hat lang niemand begriffen, was er für einen Namen hat."
Er schreibt, wenn man ihn drum bittet, auch auf der entlegensten Alm Autogramme, posiert für Fotos. *„Nur zwingen laß ich mich nicht. Wenn wer sagt, du mußt – das ist schon schlecht."*

Im Dunstkreis berühmter Fußballtrainer findet man immer die köstlichsten Typen. Max Merkel tarnt sich für einen Freund, einen Münchner Galeriebesitzer, oft als spanischer Grande oder amerikanischer Millionär – je nachdem. Sein „very nice!", wenn Geldsäcke da sind, jagt jedesmal die Preise hoch.

Ein Mensch, der Happel über Jahrzehnte begleitet, ist der gebürtige polnische Freiherr Carl von Jaxa-Bobowski, von allen Freunden nur „Graf Bobby" tituliert. Kriegskamerad von Happel, sein Gefährte auf der Flucht nach Wien.

In der Nachkriegszeit handelt er mit Lebensmitteln, Erdäpfeln, Sacharin. Später mit Fußballern. Graf Bobby hat beste Beziehungen zum Eintracht-Frankfurt-Präsidenten, vermittelt nicht nur ihm zwei polnische Fußballer, sondern auch Happels polnische Legionäre – wie Okonski, den der HSV 1985/86 an Athen weiterverkauft.

Als Graf Bobby in Spanien in Schwierigkeiten gerät und von „XY" gesucht wird, klärt sein Freund Merkel den Irrtum rasch auf.

In den sechziger Jahren übersiedelt „Graf Bobby" aus seinem Palais bei der Coburg-Bastei in Wien nach Frankfurt, wo er 1986 stirbt, als Happel gerade in Innsbruck ist. Seine Witwe Hermine lebt in Frankfurt.

Auch die Bundesliga-Pressekonferenzen Happel – Merkel sind Geschichte: Kein Blick für-, grußlos auseinander.

Als MM 1988 seinen 70. Geburtstag mit einem rauschenden Fest feiert, schickt er neben Beckenbauer und Netzer auch Happel eine persönliche Einladung. Aber sein liebster Feind muß absagen, aus der Ferne gratulieren: *„Bin gerade mit der Mannschaft unterwegs."*

Merkel kommt 1992 nicht zum Begräbnis. Haben sich die beiden nie ausgesöhnt? Vielleicht doch, 1989 in Hamburg. *„Alles geklärt, alles Schnee von gestern."* Happel hat mit fast allen Frieden geschlossen.

Grund aller Feindseligkeiten? Intime Enthüllungen von Max Merkel über Happel in einem seiner Bücher, charmante Giftspritzer.

So ein herrliches Sprachen-Kauderwelsch werden wir von keinem Teamchef mehr hören. In Innsbruck muß Happel auf die „medische Abteilung", bei Rapid fragt er Gustl Starek um seine Vollmachten: *„Hast du Competizi?"* Und beim Schußtraining befiehlt er seinen „Spielers" oft: *„Zwitschen!"* Das sind Flankenwechsel (switchen) *„auf die andere Kant"*.

Happel und Niki Lauda sind die pünktlichsten Menschen, die ich je gekannt habe. Sein Motto: *„Zwei Stunden kannst zu spät kommen – weil immer etwas passieren kann. Aber eine Minute zu spät: unverzeihbar. Wer sich so schlecht vorbereitet, daß er so knapp zum Training kommt, ohne Viertelstunde zum Bandagieren etc., der nimmt seinen Beruf nicht ernst."*

Egal, ob der Präsident oder der letzte Ersatzspieler: *„Wer nicht pünktlich ist – ab die Post."* Bustür zu und weg.

Und Ernst Happels Damen heute?

Elfriede Happel ist keine Operettenwitwe wie Vera Kalman oder Einzi Stolz,

die den Ruhm ihres Mannes voll glühender Leidenschaft verteidigt – auch wenn sie im Haus am Schafberg alle Relikte sammelt. Heute bemüht sie sich um alle Arbeitsbestätigungen von Racing Paris, aus Holland, aus Innsbruck. „Für die Pension." Frau Happel hat früher aktiv Tischtennis gespielt, bei Trude Pritzi in der Langen Gasse. Jetzt interessiert sie Theater. „Ich bin viel weg."
Veronika Jagersberger ist keine „Dame in Weiß" wie die legendäre Geliebte des Rad-Campionissimo Fausto Coppi, die jetzt, 70jährig, nach einem Autounfall verstarb. Da beide anderweitig verheiratet und Scheidungen 1950 in Italien unmöglich waren, mußte die Signora kurzfristig nach Argentinien übersiedeln, damit ihr gemeinsamer Sohn Faustino (jetzt 40) Coppi heißen durfte.
Aus Angst, seine geliebten Enkelkinder nimmer sehen zu dürfen, hat sich Happel nie scheiden lassen. Am Krankenbett sagt er zu Veronika: *„Wir hätten's doch probieren sollen."* Und sie: „Er hat mich nie belogen."
Happel und die Frauen – dieses Thema hat die Illustrierten-Phantasie schon immer beflügelt. Meist beginnen und enden seine Romanzen und Amouren mit einem neuen Trainerjob – also Wechsel in eine andere Stadt.
Miez, die Holländerin, lebt mit Happel in Rotterdam, begleitet ihn 1975 nach Sevilla, auch noch zurück nach Belgien. Sie hat ein Kind, will wieder eine Familie gründen – bis ihr klar wird, daß sich Happel nie scheiden lassen wird. Miez ist heute längst verheiratet, der herzliche Kontakt zu Happel aber nie abgerissen.
Kaum ist Miez weg, tritt in Brügge Annemarie van der Wale in Happels Leben – eher zufällig und irrtümlich, denn eigentlich verehrt Ernst nur deren Schwester. Sie hat in Brügge ein Kaffeehaus, Happels Stammcafé zum Kartenspielen. Aber die Schwester ist vergeben, hat auch gar kein Interesse am berühmten Fußballtrainer und läßt ihn abblitzen – auch das passiert Happel.
Aber Annemarie ist ihrer Schwester ähnlich, arbeitet bei Philips, gibt jedoch ihren Job bald auf und bleibt lang an Happels Seite – bis zum HSV. Dann kümmern sich ihre Eltern um das schöne Haus in Ostkamp, 10 Kilometer außerhalb von Brügge, am Meer.
Als sich Happel wegen Veronika von Annemarie trennt, überläßt er ihr das Haus – was sich aber als kompliziert herausstellt. Die Sache nervt Happel lang, und er erzählt mir oft davon. Laut belgischem Gesetz muß Happels (gesetzmäßige) Ehefrau schriftlich zustimmen, daß Happel das Haus verkauft, verschenkt oder was immer – und er muß dafür Steuern zahlen. Das auch noch.
Die Affäre hält Happel, die belgische Boulevardpresse und die Behörden lang in Atem. Was für Schikanen: Happel muß sich jedesmal, wenn er in Belgien ist, am Flugplatz oder auf der Polizeiwache melden. *„Das reicht mir. Seit 1985 fahr ich nicht mehr in mein Haus nach Ostkamp."*

Trotzdem flattern sogar nach Innsbruck noch lästige Telefonrechnungen aus Belgien, die Happel nicht mehr interessieren: *"Das Haus gehört mir nicht mehr."*
Frau Happel und Frau van der Wale müssen sich irgendwie zusammenreden, bis 1988/89 endgültig geklärt ist: das Haus wird mit allen Rechten an Annemarie übergeben.
Seine letzte große Liebe ist Veronika Jagersberger. Sie beginnt, kein Zufall, beim Heurigen in Wien, bleibt aber über Hamburg, Innsbruck und erneut Wien lebendig. *"Wir können über alles reden."*
Oft schaut Veronika mit Ernst bis zwei Uhr früh Kabel-TV oder Fußball-Videos. Das muß echte Liebe sein. Aber wenn Agnes Dengg, die Frau Stieglwirt, zum Spaß sagt: "Die Veronika versteht ja vom Fußball schon mehr als du", tut Happel entrüstet. So weit geht's auch wieder nicht.

In Belgien trinkt er gern Metaxa, in Hamburg Kaffee mit Schnaps – an der Waterkant ist das Klima halt oft rauh.
Sein Leitspruch beim Essen ist immer: *"Na, es geht."* Wenn besorgte Chefs, Ober oder Köche nachfragen: "Schmeckt's, Herr Happel?", stürzt sie Happels "Es geht" in Gewissensqualen. Erschrocken fragen sie, was nicht stimmt. Es geht.
In Salzburg jagt er den Ober zum Teufel, weil der Mann rot-weiß-grüne Nudeln auftischt. *"Was bist du für ein Patriot? Ro-weiß-rot müssen die Nudeln sein!"* Der Ober schluckt, rennt, kommt mit den richtigen Nudeln zurück. *"Siehst, so gehört sich's, du Zauberer!"*
Am Morgen nach dem Liverpool-Match, um halb acht, klingelt's bei seinen Linzer Freunden Reisinger in Linz an der Wohnungstür: 50 Rosen für Frau Reisinger, die Apothekerin, zum 50. Geburtstag – und schöne Grüße von Herrn Happel.
"Ich mach mir Sorgen, wie die Welt im Jahr 2000 ausschaut. Die Umwelt, die vielen Kriege. Ich leb dann nimmer, aber was wird mit meinen Enkelkindern in fünf, zehn Jahren?"
Er hat Kinder immer sehr gern mögen, auch junge Fußballer. Und wann immer er Zeit hat, schaut er sich sogar Spiele von Knaben- und Schülermannschaften an.
Was immer er einem Kind versprochen hat, Happel hält sein Wort. *"Nächsten Silvester"*, verspricht er zum Jahreswechsel 1988 der kleinen Sandra, Tochter des Kieler Bauunternehmers und großen HSV-Gönners Solterbeck mit der schönen Wohnung in Seefeld, *"geh ich mit dir eislaufen!"* Am 31. Dezember 1989 borgt sich Happel wirklich Schlittschuhe aus, und die kleine Sandra ist selig und stolz. Denn natürlich haben auch ihre Freunde mitbekommen, wer da mit ihr eisläuft – der berühmte Happel.
Happel hat sich immer seine Ersatzsöhne gesucht. Und seine Ersatzenkel, mit

denen der 66jährige wie ein Lausbub die wildesten Schneeballschlachten macht. Vielleicht sehen seine Nachkommen erst jetzt, was sie alles versäumt haben? Ernst Happel junior, nach der Seelenmesse in Innsbruck: „Ich hab ihn ja kaum gekannt. Aber ich bin stolz auf ihn."
Viele haben ihn unterschätzt. Er wußte immer genau, daß Gauguin kein französischer Legionär ist, Brueghel kein Tormann, van Gogh kein Schützenkönig und Rembrandt keine Namens-Verballhornung seines Teamverteidigers Ernie Brandts.
Er weiß alles über Maler, Kunst und Bilder, weil er sich im Lauf der Jahre sehr viel angeeignet hat. Wenn jemand Bilder langatmig erklären will, nickt er nur: *„Ich weiß, ich kenn das Bild und sag dir, von wem."* Besonders mag er die alten holländischen Meister.
Außerdem ist er Nestroy-Fan, weiß alle seine Stücke. Wenn Veronika mit dem Textbuch kommt, winkt er ab: *„Ich weiß."* Er schaut viel Theater im Fernsehen, und wenn er kurz gestört wird, ist er bös. Am meisten fasziniert ihn Klaus Maria Brandauer: in der Burgtheater-Übertragung „Wer hat Angst vor Virginia Woolf?", als Oberst Redl in der Szabo-Verfilmung.
Tragische Schicksalsverkettung: Brandauers Frau Karin stirbt am gleichen Tag wie Happel — wenige Stunden vor ihm — an der gleichen Krankheit.

Fußball spielt er, seit er gehen kann, Billard, seit er 13 ist — gelernt in einem Café in der Hütteldorfer Straße. Und sonst? Happel war nie einer jener Trainer, die nur den Fußball „als König aller Sportarten" sehen, „weil du laufen, sprinten, springen, kämpfen und schießen mußt". Er schaut sich fast alle Sportübertragungen an — mit anderen Augen.
Alles mögliche interessiert ihn. „Beim Basketball und Handball ist auch sehr viel Taktik und Bewegung. Im Endeffekt kommt das gleiche raus."
Beim Basketball faszinieren ihn die Spielzüge und, gar keine Frage, das Pressing.
Bei der Leichtathletik der Damen-Hochsprung, die Technik beim Stabhochsprung und die Langstreckenrennen — aber nicht der Marathon. *„Der Schweizer Markus Ryffel, der so lang mit Dietmar Millonig gelaufen ist, imponiert mir besonders."* Und an den weißhaarigen Dolfi Gruber kann er sich lang erinnern. Der ist bei Zieleinläufen in der Stadion-Halbzeitpause immer nach der Ziellinie spektakulär zusammengebrochen, hat aber Kondition genug, um als 70jähriger eine junge Slowakin zu heiraten.
Tennis hat Happel, wie fast alle Fußballer, auch gespielt.
Happel selber hat *„vor 20, 25 Jahren selber begonnen mit Tennis. Ich beherrsch das schnell, bleib aber dann ein Jahr stehen auf dem Niveau, auf dem ich begonnen hab, und sag mir: Das dauert mir zu lang, ich gib's auf."*
„Aber wenn er nach einem Jahr Pause wieder anfängt, schmeißt der Gegner sein Rackett weg. So ein Bewegungstalent ist er", staunt Veronika.

Happel ist ein Fan der Steffi Graf. Bei den Herren imponiert ihm Ivan Lendl. *"Schau dir seine Figur an: wie austrainiert und durchtrainiert."* Er beobachtet bei Ivan jeden Muskelstrang. *"Und auch von der Ästhetik her gefällt er mir sehr gut."*
Am meisten bewundert er Ivan Lendl bei dessen Marathonmatch gegen John McEnroe. Beim US-Open im Herbst 1992 denkt nicht einmal der schwerkranke und müde Happel ans Schlafengehen. *"Soweit wie Lendl mußt du deinen Körper als Sportler kriegen: kein einziges Gramm Fett!"*
Eishockey ist Veronikas zweite große Liebe – darum geht auch Happel oft mit ins Innsbrucker Olympiastadion. Aber, genau wie beim Fußball, 15 Minuten vor Schluß, weg.
Da hat beim Eishockey erst das letzte Drittel begonnen. Als Andrea Dengg einmal stichelt: "IEV–KAC ist ja viel spannender und rassiger als Fußball", protestiert Happel: *"Ja Mädel, glaubst wegen dir werden wir die Fußballfelder verkleinern?"*
Beim FC Tirol erfüllt sich perfekt, was Happel will: Sport auch während der fußballosen Zeit. *"Da bilden sich Gruppen, die miteinander langlaufen gehen oder schwimmen oder Radfahren oder ins Fitneßstudio. Und im Winter spielen sie Eishockey – natürlich mit meiner Erlaubnis."*
Formel 1 schaut er immer gern. *"Wenn du dich aus Japan oder Australien meldest, steh ich auch um vier Uhr früh auf."* Gerhard Berger überlegt lang, Happel zu bitten: "Könnten Sie mein Privattrainer sein? Ich brauch jemanden, der mich richtig tritt!" – traut sich aber nie. Statt Happel macht ihm Dick Troy, der Coach des 100-Meter-Olympiasiegers Lynford Christie, ein hartes Konditionsprogramm – und bringt auch die Eiskönigin Katarina Witt zum Training in die Tiroler Alpen. "Das schönste Gesicht des Kommunismus", auch wenn die Witt immer abstreitet: "Olympiasiegerin wirst du nicht, weil du mit Erich Honecker Kaffeetrinken gehst, sondern weil du trainierst, bis die Füße bluten." Könnte von Happel sein, dem Kapitalisten.

FUSSBALLTRAINER: KOLLEGEN ODER INTRIGANTEN?

Er hat etwas gegen die *"Büchltrainer"*, weil er den totalen Instinkt, den Blick für Spieler hat – aber er bereitet sich auf jedes Training speziell vor. Als Franz Prak, sein Rapid- und Kriegskamerad, eine Serie von acht Heften "Aus der Praxis, für die Praxis" herausbringt, sagt Happel: *"Du hast a Büchl geschrieben. Kann ich eins haben?"*
Wo immer er ist: Zuerst greift er die Stars an. *"Die Unbegrenzten"*, wie er sie nennt. *"Denn einen jungen Spieler anzupacken, ist keine Kunst."*
Seine "liebsten Feinde"? Bei Feyenoord gibt ihm Wim van Hanegem heute noch nachträglich recht. Beim HSV läßt er den hochdotierten Wuttke uner-

bittlich Runden laufen, bis er blau wird. Und „Bild" fotografiert die Happel-Marter aus dem Hubschrauber, der überm Volksparkstadion kreist – denn drin hat der „Bild"-Reporter Hausverbot.
Daß er oft schockiert, ist Teil seiner Trainer-Philosophie. Es geht um totale Disziplin, und jeder muß sich unterordnen.
Was er immer am meisten verabscheut: sich über die gegnerische Mannschaft lustig zu machen, zu spotten oder gar einen anderen Trainer zu kritisieren – würde ihm nie im Traum einfallen. Darum mag er Otto Baric nicht. Darum ist ihm auch der Rapid-Trainerstreit Krankl-Starek zutiefst zuwider. Als der gerade neuengagierte Starek vor seiner Bandscheibenoperation – aber noch ohne Narkose – sagt: „Wenn ich nur das gleiche erreiche wie mein Vorgänger, betrachte ich mich als gescheitert." Oder noch mehr Öl ins Feuer gießt: „Aus Krankl kann einmal ein guter Trainer werden."
Die schärfste Kritik, zu der sich Happel einmal hinreißen kann, betrifft Max Merkel: *„Es ist nicht gesagt, daß ein guter Trainer auch ein guter Fußballer gewesen sein muß. Es kann auch ein schlechter Fußballer ein guter Trainer werden."*
Über Otto Rehhagel sagt Happel immer: *„Einer der wenigen wirklich seriösen Arbeiter in der deutschen Bundesliga!"* Gleiches gilt für Erich Ribbeck.
Über andere Trainer schimpft er nie – nur über Berti Vogts regt er sich auf, als der deutsche Teamchef die GUS aufwertet: „Wir haben ja nicht gegen die Türkei oder Österreich gespielt, sondern gegen einen starken Gegner." Happel: „Ja, hat er vergessen, was er für ein Fußballer war?"
„In Deutschland gibt's nur wenige Vereine, die für mich wirklich interessant sind – HSV, Leverkusen, die Bayern, der 1. FC Köln." Aber Bayern-Trainer ist damals Jupp Heynckes, und Happel würde nie, nie, nie der Grund sein, einen anderen Trainer abzuschießen. Heynckes nennt man „Osram", weil er, wenn er sich aufregt, immer leuchtet wie eine Glühbirne. *„Aber ich schätz ihn als Trainer und auch privat. Weil er sich nie scheut, auch ältere Kollegen um Rat zu fragen."* Ralph Schafstall mag er auch. *„Es gibt ein paar, für die hab ich immer meine Augen, weiß immer, was bei ihnen los ist."* Wie bei Heynckes zuletzt in Bilbao.
Aus dem ersten Happel-Buch ein Foto: Shakehands Happel-Zebec, die zwei Teamkapitäne, vorm Länderspiel Österreich – Jugoslawien 1958. Später wird Zebec HSV-Trainer, also Happels Vorgänger – immer im Kampf gegen den Alkohol. Seine Frau bringt ihn sicherheitshalber zum Training, holt ihn ab – und wundert sich, warum ihr Branko immer im Dusel ist. Sie durchsucht alles und findet nichts. Erst jetzt lüftet sich das Geheimnis: HSV-Platzwart Maier hat die Schnapsflaschen für Zebec an Orten versteckt, wo sie kein Mensch suchen würde.
Zebec endet tragisch: Er verschluckt sich beim Essen und erstickt – wie seine Witwe Franz Beckenbauer erzählt hat.

Happel redet selten über andere Trainer, Weder über Branko Zebec noch über Udo Lattek, der schon einmal vom Barhocker fällt, wenn er sich mit Fußballreportern verbrüdert.

Schon gar nicht über Otto Baric, der andere Trainer kritisiert, über Berufskollegen schlecht redet. Und dessen Einkaufspolitik seinen Vereinen oft viel Geld kostet.

In Steyr gehen Happel und Baric – schon Brust an Brust – fast aufeinander los, so sehr erhitzt sie der Schiedsrichter. Vorwärts – FC Tirol endet 3:3.

„Schani" Skocik ist ein Trainer im Happel-Stil: sehr hart, aber auch sehr menschlich. Er war mit Didi Constantini als Co in Jeddah. Als Skocik nach Innsbruck kommt, ist Happel dabei und gibt ihm gute Ratschläge. Jetzt, nach Prof. Elsners Rücktritt, ist er Cheftrainer am Tivoli.

Und seine eigenen Assistenten? Ristic geht später zu Fortuna Düsseldorf (vor Hickersberger), hat mit Schalke 04 relativ Erfolg und ist heute, wieder nach Düsseldorf zurückgekehrt, Tabellenletzter der zweiten Bundesliga.

Was hat Aleksandar Ristic, sechs Jahre unter Happel beim HSV, vom großen Zauberer profitiert? „Ich hab bei Happel gelernt, was man in keinem Buch lernen kann. Das ist etwas Direktes."

Hrubesch, der Uwe-Seeler-Nachfolger in Hamburg, hat viele entscheidende Goals geschossen: Für Deutschland das EM-Siegestor gegen Belgien 1990 nach Eckball von Rummenigge (2:1), das 1:0 gegen Österreich in Gijon (1992). Aber als ein Happel-Assistent einmal eine Happel-Empfehlung für einen deutschen Bundesligaklub braucht, deswegen sogar extra nach Wien fliegt – da sagt Happel unerbittlich nein. Er weiß schon, warum. Der Transfer platzt.

Auch Mitspieler hat er nie kritisiert, höchstens den Merkel: *„Reinhauen ist das einzige, was du kannst."* Darauf der lange Max: „Nur weil ich dir vorn alle Bälle und Gegner wegräum, kannst du hinten im Liegestuhl Fußball spielen."

Zu Hause bei Happel: Das Telefon läutet aufdringlich, der Meister hebt grantig ab. *„Was ist?"*

Ein „Beauftragter vom Chinesischen Fußballverband" meldet sich und tut ganz mysteriös: „Es muß noch streng geheim bleiben, aber China will Sie als Teamchef, Herr Happel. Treffen wir uns in Kitzbühel, wo uns keiner sieht, aber wo?"

Happel kapiert sofort: *„Dort kenn ich einen, aber in dessen Haus geh ich net – das ist der Walter von der Austria. Überall woanders, nur nicht bei ihm. Den Walter mag i net, weil er mich immer einladen will. So ein lästiger, zudringlicher Mensch!"*

„Blöder Hund", sagt Walter durchs Telefon.

„Ich hab dich eh gleich erkannt", freut sich Happel.

Ihre gegenseitigen Abseitsfallen, aber zwei dicke Freunde. Spielen oft nächte-

lang Karten im Walter-Haus in Kirchberg. Einmal bei totalem Stromausfall, geisterhaft bei Kerzenlicht: Walter, Happel, der spätere Austria-Vize Hubert Dostal – und unser Freund Branko Milanovic.
Happel und seine verhinderten Transfers: Iran, Barcelona, sogar AC Milan – und die halbe deutsche Bundesliga.
Herbst 1987. Happels berühmter Spruch zu Gernot Langes: *„Sie haben ein wunderschönes Panorama, aber mir fallen die Berge auf den Kopf. Gleichen wir uns aus. Wie ich nach einem halben Jahr seh, ist da nix zu machen. Am besten, Sie verkaufen die ganze Mannschaft."*
Aber Langes befiehlt: weitermachen! Und Happel fährt auf Weihnachtsurlaub nach Wien.
Aber irgendwas ist durchgesickert. Bayer Leverkusen hat schon in Innsbruck im Büro nachgefragt – Happel aber nicht reagiert.
Leverkusen hat sich von seinem Trainer getrennt, der Co-Trainer leitet die Übergangsphase, und der Vorstand will Happel um jeden Preis.
Die Fäden laufen über Manager Tichy, dessen deutschen Partner Willy Konrad, den Happel seit ewig kennt – und der mit der ganzen Leverkusener Vereinsspitze in Wien auftaucht. Treffpunkt Flugplatz, kurz und schmerzlos. *„Für mich kein Thema"*, sagt Happel ab. *„Herr Langes hat gesagt, es geht mit Swarovski weiter, also geht's weiter. Guten Heimflug, meine Herren."*
Als Happel schon wieder im Café Ritter Karten spielt, schneit noch jemand bei der Tür rein – aber den läßt er rausschmeißen.
Ganz Fußballeuropa weiß: Sommer 1990, dann Sommer 1992 läuft Happels Swarovski-Vertrag aus. Wer den Weltrekordtrainer mit den meisten Titelgewinnen will, muß also rechtzeitig anklopfen.
Es kommen Briefe, Faxe, teils offiziell von den Vereinen, teils indirekt, über Dritte. Wie die Kugel im Weltfußball so rollt: Fliegt ein Transfergerücht auf, läuft etwas schief, kann sich der Verein immer noch distanzieren.
Happel kommt öfter ins Büro, wo er immer wieder Angebote sondiert – und zurückweist: *„Auskaufen und so, das geht alles nur über Herrn Langes. Muß alles mit dem Chef besprochen werden. Ich will meine Ruh, gar nix davon wissen."*
Aber: *„Ich hab überhaupt kein Problem, ich kann im nächsten halben Jahr anfangen in aller Herren Länder."* Sogar in solchen, *„wo ich nicht gerechnet hab, daß sie sich an mich wenden. Zum Beispiel Portugal!"*
Oder, sensationell, der AC Milan, die beste Klubmannschaft der Welt. Arrigo Sacchi, der kleine Zauberer, hat seinerzeit beim HSV zusammen mit zwanzig italienischen Trainern zwei Wochen lang bei Happel spionieren dürfen.
Später übernimmt Sacchi die „Squadra Azzurra", wird Nationaltrainer, und Medien-Mogul Silvio Berlusconi sucht einen neuen Trainer für seine Supertruppe. Wenn schon fast alle Trainer Happel kopieren – warum nicht gleich das Original?

Happel liebt Ialien: Fußball wie eine dramatische Oper, San Siro wie die Mailänder Scala. Er liebt das italienische Essen, das Meer – und ist in diesem klassischen Fußballand leider immer nur Gast. Zuerst die „Auslandsklausel" des ÖFB: Freigabe erst ab dem 28. Lebensjahr, was schon die italienischen Traumkarrieren von Gerhard Hanappi und Erich Hof verhindert hat. Dann seine Korrektheit als Trainer: *„Mit FC Napoli ist alles fix, aber der HSV gibt mich nicht frei."*

Milan will Happel schon oft aus seinen Verträgen auskaufen, *„aber italienisch zu lernen, ist für mich mühsam"*. Worauf ihm Milan sofort einen Dolmetsch bereitstellt: einen gebürtigen Italiener, den Happel aus der „Osteria" in Hamburg kennt.

Happel als Milan-Trainer – leider ein ewig unerfüllter Traum des Weltfußballs. Was wäre das für ein „Fußball total" geworden: Happel mit Gullit, Rijkaard, van Basten, Papin! Die „Rosso-Nero" aus San Siro, die endgültige Antwort auf das verhaßte „Catenaccio" des Defensivkünstlers und „Sklaventreibers" Heleno Herrera. Der Mief dieser Defensivtaktik steckt beim Stadtrivalen immer noch drin: Auch wenn Inter jetzt für 180 Millionen den Holländer Bergkamp kauft.

Von Milan angefangen, hätte er alle großen Klubs der Welt haben können, auch Juventus. *„Ich les', ich sitz verkleidet und getrennt auf der Ehrentribüne bei Juventus – dabei bin ich bei Sadam Husseins Sohn in Bagdad."*

Feyenoord will ihn zurück, Anderlecht oder Antwerpen aus Belgien. Sie alle sind völlig überrumpelt, vor den Kopf gestoßen, als sie hören: Happel Teamchef. „Er ist", sagt Veronika, „von seinem Amt selber überrascht..."

FRÜHER 7,5 MILLIONEN TEAMCHEFS, JETZT NUR EINER

Bundeskanzler Franz Vranitzky hat an Happel richtig appelliert: „Großer Patriot, mit Leib und Seele Österreicher – auch Wiener. Wenn jemand etwas bewegen kann, dann nur er."

Geheimverhandlungen im Stadion: mit Beppo Mauhart, dem Happel gern attestiert: *„Soviel ein Fußballpräsident vom Fußball verstehen muß, soviel versteht er."* Und mit ÖFB-Generalsekretär Alfred Ludwig, den alle Gigi nennen, weil er sich 1971 als Hobbykicker in der „Expreß"-Mannschaft den Fuß gebrochen hat – am gleichen Tag wie der berühmte Gigi Riva beim Ländermatch im Stadion.

Mauhart hat eine lange Liste. Sogar Johan Cruyff steht drauf. Aber außer mit Happel redet er nur mit einem einzigen ein zweitesmal – mit Hans Krankl. Doch der „Goleador" hat kein Konzept, sagt der ÖFB – daran scheitert's.

Also letztes Gespräch mit Happel, letzte Chance. 20. Dezember 1991, 17 Uhr. „Was wären die Punkte, die der ÖFB einem Teamchef Happel erfüllen müß-

te?" Happel zählt auf. Für Mauhart sind „alle Punkte in Ordnung bis auf einen: Warum ein so langes Trainingslager im Frühjahr in Salzburg?" Zehn Tage – noch nie dagewesen. Aber Mauhart denkt logisch: „Das hätte kein Mensch verstanden: Wenn nur deswegen die Happel-Sensation platzen würde. Also gut, ist garantiert."
Happels Augen leuchten. *„Dann machen wir Revolution..., wenn der Herr Langes zustimmt. Sonst brauchen wir gar nicht weiterreden."*
Jetzt wird Veronika beigezogen – weil sie die geheimsten Telefonnummern des Swarovski-Bosses hat.
Langes besitzt zwei Skihütten. Eine im Karwendel, also Nordkette, in Richtung Telfs, eine in der Steiermark. Langes ist mit dem argentinischen Staatspräsidenten Carlos Menem – der direkt vom Staatsbesuch in Wien mit dem Swarovski-Jet nach Tirol weitergeflogen ist – im Karwendel.
Happel weiß *„seit November, daß Swarovski im Sommer 1992 beim FC Tirol aussteigt"*. Außer, Happel bleibt noch ein, zwei Jahre länger.
Es ist 23.30 Uhr, als Happel am Funktelefon den Swarovski-Boß erreicht. Mauhart und Ludwig atmen auf.
Langes reagiert super: „Okay, Herr Happel, alles liegt bei Ihnen. Sie haben mein Einverständnis. Sie können sofort aufhören. Teilen Sie mir nur mit, wie Sie sich entschieden haben."
„Da hätte ich noch eine letzte Bitte", sagt Happel. *„Ich will, aus Dankbarkeit, bis zum Sommer Swarovski auf meinem Trainingsanzug haben."*
Gigi Ludwig ist fassungslos: Der große Happel, dem von Feyenoord bis zu Milan, von Napoli bis Barcelona alle Superclubs nachrennen, der seine Milliongage selber auf die Schecks schreiben könnte, äußert eine Bitte. „Wir hätten ihm alles genehmigt. Bis zum Coca Cola."
Zwei Tage lang sucht der ÖFB einen Sponsor, der das Happel-Gehalt übernimmt. „Funkberater"-Chef Weiß greift freudig zu: „Etwas Besseres kann uns gar nicht passieren."
Happel unterschreibt einen Vertrag bis Ende 1993, der automatisch weiterläuft, falls sich Österreich für die WM-Endrunde in den USA qualifiziert. Dagegen Didi Constantini: unbefristeter Vertrag, mit drei Monaten Kündigungszeit, und nicht an Happel gekettet.
Und sein Stab? *„Bis zum ersten Match in Ungarn bleibt alles gleich, vom Co-Trainer bis zum Zeugwart. Ich muß mir zuerst alles anschauen."* Für die U-21 hat Happel das Duo Hitzel/Gludovatz. *„Ab Sommer denk ich an Tommy Parits, aber der hat Tankstellen gebaut und keine Zeit."* Später wird ihm Herbert Prohaska in den Schoß fallen. Und für die U-18 will Happel Bruno Pezzey, aber Pezzey will nicht – sagt der ÖFB.
Österreich hatte schon immer 7,5 Millionen Teamchefs, von vorgestern bis übermorgen, nur bei Happel nicht. Das Denkmal, an dem keiner zu kratzen wagt.

ALLE TEAMCHEFS SEIT 1945

Edi Bauer	1945–1948	11	4	0	7	26:28
Putzendopler/Kolisch/ Frühwirth	1948	5	3	0	2	9:9
Walter Nausch	1948–1954	47	21	10	16	119:87
Josef Molzer	1955	3	1	1	1	6:8
Hans Kaulich	1955	1	0	0	1	2:3
Karl Geyer	1955–1956	5	2	0	3	8:14
Josef Argauer/Josef Molzer	1956–1958	18	7	6	5	37:27
Frey/Putzendopler/ Selzer/Molzer	1958	2	0	0	2	4:6
Karl Decker	1958–1964	36	16	3	17	60:67
Joschi Walter/Bela Gutman	1964	5	3	1	1	6:5
Edi Frühwirth	1964–1967	15	4	3	8	12:23
Erwin Alge/Hans Pesser	1967–1968	10	3	2	5	18:19
Leopold Stastny	1968–1975	48	15	16	17	57:59
Branko Elsner	1975	2	1	0	1	6:3
Helmut Senekowitsch	1976–1978	26	14	4	8	40:26
Karl Stotz	1878–1981	24	13	6	5	43:25
Georg Schmidt/Felix Latzke	1982	8	5	1	2	11:8
Erich Hof	1982–1984	15	6	3	6	22:20
Branko Elsner	1985–1987	18	5	5	8	20:28
Josef Hickersberger	1988–1990	29	10	7	12	36:39
Alfred Riedl	1990–1991	8	1	3	4	6:16
Dietmar Constantini	1991	2	0	0	2	1:4
Ernst Happel	1992	9	2	3	4	18:17
Dietmar Constantini	1992	1	0	1	0	0:0
Herbert Prohaska	1993					

Unser erfolgreichstes Teamchef-Duo: Joschi Walter/Bela Gutmann 1964. Am längsten im Amt: Leopold Stastny. Immer das gleiche Sakko, leider auch immer die gleiche Taktik.
Nach dem 0:7 gegen England in Wembley knurrt Stastny: „Ich würde ein zweites Match genau in der gleichen Aufstellung, genau mit der gleichen Taktik spielen." Prompt verliert er vier Tage später in Hannover 0:4.
Am liebsten ißt er Mohnnudeln – die ich ihm einmal sogar nach Kanada nachbring, wo er bei seinem Sohn lebt. Als er als „Meisterkoch" in einer TV-Sendung sagt: „Butter kann durch nichts ersetzt werden", schreit der Regisseur gequält: „Aus! Aus! Alles noch einmal. Weil Margarine unsere Sendung sponsert."
Nach einem 0:0-Ländermatch gefragt, ob das Ergebnis gerecht sei, sagt Stastny: „Hätte genauso umgekehrt ausgehen können."
Stolz ist er auf seine 40 Jahre alten Sandalen, die er täglich trägt. Darum spottet der Salzburger Horvath, als das Team einmal in einem relativ schäbigen Hotel absteigt: „Endlich ein Hotel, das zu Ihren Sandalen paßt." Stastny selbst wohnt in Wien immer im „Fürstenhof" – mit Maxl Horak als Nachtportier.
Oder Pepi Hickersberger, der Ehrliche, Intelligente. Analysiert jeden Gegner haarscharf, kann über jeden einzelnen Spieler stundenlang referieren, unterschätzt nur ein einziges Mal einen Gegner, läßt ihn unbeobachtet: die Färöer Inseln. Die Feuerinseln, wie Happel sagt.
Jetzt, im Sommer 1993, spielt „Hicke" wieder gegen die Färöer mit dem Zipfelmützentormann – in der österreichischen Journalistenmannschaft.
Über Alfred Riedl spottet Max Merkel: „Der sieht aus wie unser Katechet in der Schule." Während Happels Brügge-Ära macht auch Riedl in Belgien Schlagzeilen: Torschützenkönig bei St. Truiden, „brozener Schuh" für den drittbesten Torschützen Europas.
Als Ex-Teamchef macht Riedl den FavAC zum Sensationsteam, schlägt im Stadthallenfinale sogar den Abonnement-Hallenkönig Austria.
Der junge Constantini hat – bis 18 – im österreichischen Eishockey-Jugendteam gespielt, sich erst danach ganz für den Fußball entschieden.

HAPPEL UND DIE WM: HEUE HOFFNUNG

Happel wußte immer, *„daß im Fußball alles in Wellen verläuft: In Österreich im 20-Jahre-Rhythmus: Alle 20 Jahre eine gute Nationalmannschaft. In den dreißiger Jahren das Wunderteam, 1954 WM-Dritte, 1978 Argentinien. Hoffentlich werden auch die neunziger Jahre so gut!"* Die Basis hat er gelegt: *„Da wird was draus!"* Blicken wir also zurück.
„Vom berühmten Wunderteam waren nur noch ganz wenige übriggeblieben", erinnerte sich der legendäre Rapidler Pepi Smistik an die WM 1934 in Italien.

„Die Standardmannschaft hieß: Platzer; Cisar, Sesta; Braun, Smistik, Urbanek; Zischek, Bican, Sindelar, Schall, Viertl. Und dazu wurde noch der berühmte Sindelar verletzt – der Italiener Monti hat ihn, das schwör ich noch heute, zusammengeschlagen.
Viel Glück hatten wir bei dieser WM wirklich nicht, höchstens im ersten Match: 3:2 gegen Frankreich. Nächster Gegner: Ungarn. Hart, ruppig, hat uns dauernd abgeklopft – aber wir konterten mit gepflegtem Kurzpaßspiel und gewannen 2:1.
Der Rest war bitter. Semifinale gegen Italien: Schiedsrichter Eklund, ein Schwede, hat uns schwer benachteiligt. Platzer hatte einen Ball schon gefangen, saß auf dem Boden, wurde aber von Rechtsaußen Gualta mit beiden Händen über die Linie gestoßen, und Meazza trat den Ball ins Netz. 0:1 – trotz unserer Proteste.
Auch der 3. Platz ging noch verloren: 2:3 gegen Deutschland, unglücklich für uns. Die Deutschen waren in Hochform, uns gelang überhaupt nichts, die Stürmerreihe war hoffnungslos zugedeckt – da kam Karl Sesta nach vorn und schoß als Verteidiger ein Tor." Soweit der berühmte Pepi Smistik – bis wenige Jahre vor seinem Tod ist der Wunderteam-Mittelläufer noch ständig hinter dem Leder hergejagt: jeden Mittwoch, beim Match der „Alten Herren".
1954, in der Schweiz, wird Österreich WM-Dritter: Immer noch der größte Erfolg. Aber Happel redet von der „größten Enttäuschung meiner Laufbahn", als er bei der Heimkehr am Westbahnhof lesen muß: „Zeman, Happel, danke für das 1:6!" Im „Bilderbuch von der Weltmeisterschaft" gesteht Happel:
Einmal ist man oben, einmal unten – aber eine solche Enttäuschung und Erniedrigung wie anläßlich der Weltmeisterschaft habe ich in meiner ganzen Sportlerlaufbahn nicht erlebt. Kein Fußballer kann seine eigene Leistung wirklich objektiv beurteilen. Ebensowenig, wie ein Sänger oder ein Schauspieler nach der Vorstellung genau sagen kann, ob es besser oder schlechter war, als am Tag vorher. Aber ob man das letzte an Kraft und Herz gegeben hat, das kann man beurteilen! Und ich kann ruhig behaupten, daß ich in der Schweiz mein Bestes gegeben habe.
Da war es dann für mich natürlich eine schwere Erschütterung, wie ich in den österreichischen Zeitungen lesen mußte, daß ich die Niederlage gegen Deutschland durch sträflichen Leichtsinn verschuldet haben soll. Man hat sogar gesagt, daß ich schuld war, daß Österreich nicht Weltmeister geworden ist. Diese gehässigen Kritiken haben dann noch beim Publikum ihren Niederschlag gefunden und solche Zwischenfälle, wie die mit dem Transparent bei der Heimkehr in Hütteldorf, haben mir endgültig den Rest gegeben. Man hat ganz einfach mit einem Schlag alles vergessen, was ich in den vielen Jahren, von der Jugendmannschaft auf, für den österreichischen Fußball geleistet hatte. Der „Weltmeister" – ich habe mir diese Bezeichnung wirklich nicht selbst zugelegt – war über Nacht zum „Hausmasta" geworden.

Happel schreibt über 1954: „Meine bitterste Enttäuschung"

Wenn ich schon vorher oft Kritiken hinnehmen mußte, die nicht ganz gerecht waren, konnte ich mir noch denken, daß die Ansichten eben verschieden sind. Die Verunglimpfung meiner Sportlerehre anläßlich der Weltmeisterschaft aber war etwas anderes. Sie hat mich zu dem schwerwiegenden Entschluß gebracht, Österreich zu verlassen. Zuerst wollte ich überhaupt nicht mehr antreten, habe aber dann doch aus Anhänglichkeit an meine geliebten grünweißen Farben noch bis zu meiner Abreise nach Frankreich einige Meisterschaftsspiele für Rapid bestritten.
Heute habe ich schon wieder Distanz zu den Ereignissen während und nach der Weltmeisterschaft gewonnen. Ich spiele jetzt im Ausland und es erfüllt mich mit Genugtuung, daß ich als Fußballer auch in fremder Umgebung und unter neuen Kameraden als vollwertig gelte und dazu beitragen kann, meinen Pariser Klub zu Erfolgen zu führen. Die gehässige Kritik daheim hatte mich ja schon abschreiben wollen! Ich bin nicht nachträgerisch, aber ich glaube, das werde ich meinen Landsleuten nicht so bald vergessen können!
Soweit Happel 1954. 1958 in Schweden der Krach mit Pepi Argauer. Seine nächste WM ist erst 1978 – und die hätte er fast gewonnen.
In jedem anderen Land wäre Happel mit Holland Weltmeister geworden – in Argentinien unmöglich. „So ist der Fußball", sagt er, überhaupt nicht erzürnt. Auch nach dem 5:1 gegen Österreich: keine Spur von Überheblichkeit, kein Hauch von Hochmut bei Happel. Er analysiert nüchtern und sachlich.
Krankl nach dem 3:2-Sieg über Deutschland um so leidenschaftlicher:
„Meine Erinnerungen an die WM 1978", schwärmt „Goleador" Hans Krankl, „sind sehr gut, die kann mir keiner wegnehmen – mein ganzes Leben lang. Der wichtigste Sieg war der erste: 2:1 gegen die Spanier, die ja fast ‚Hausherren' waren. Schachner schoß ein Bombentor, ich das andere: Jara hatte Migueli (der später mit mir in Barcelona spielte) den Ball zwischen den Beinen durchgeschoben, und ich staubte ab. Gegen die athletischen Schweden spielten wir sehr gut, hätten viel höher gewinnen können als 1:0, ein Elfersieg, ich verwandelte selber. Gegen Brasilien waren wir schon etwas müde, für die Brasilos ging's um alles oder nichts, wir waren ja schon Fixaufsteiger – 0:1. Das 1:5 gegen Holland war ein schrecklicher Umfaller. Schon nach 15 Minuten hieß es 0:2. Wir glaubten, wir können mit Happels ‚Oranjes' mitrennen, rannten ihnen aber nur ins offene Messer: Fast jeder Konter war ein Tor. Dann das dumme Tor beim 0:1 gegen Italien: Strasser sah den mitgelaufenen Rossi nicht, Koncilia zögerte – und aus war der Traum vom kleinen Finale. Aber dann kam ja noch Cordoba. Uns gab man (wie gegen Spanien) keine Chance, die Deutschen mußten gewinnen, um das kleine Finale zu retten, aber wir triumphierten 3:2, und ich schoß zwei Tore."
Eine Heldentat, die kein echter Fußballfan dem Hans Krankl je vergessen wird. Darum hat man ihm jahrelang einen Fehlpaß oder Fehlschuß viel eher verziehen als jedem anderen. Das „Fußballwunder von Cordoba": eineinhalb

Jahrzehnte danach für Krankl immer noch lebendig. „Wir haben den großen Nachbarn geschlagen. Ich war dafür ausschlaggebend. Ein erhebendes Gefühl. Beide Tore gehören sicher zu den zehn schönsten meiner ganzen Karriere. Wenn ich ehrlich bin: die zwei schönsten überhaupt."
Das 2:2: den Ball mit der Brust gestoppt, abtropfen lassen, halfvolley eingeschossen.
Das 3:2: „Da war zuerst der Herr Rüssmann, stocksteif wie ein Stückl Holz, der ist nach rechts umgefallen, ich bin links vorbeigegangen. Dann der Herr Kaltz, dem hab' ich die Gurkn gegeben – zwischen den Beinen durchgespielt. Und dann den Sepp Maier bezwungen."
„Alle Fußballfans sehen die Szenen vor sich. Aber warum hast du damals im Zurückrennen pausenlos triumphierend auf den deutschen Tormann gezeigt?", frage ich.
„Weil sich Sepp Maier damals in der Bild-Zeitung über Österreich sehr lustig gemacht hat: ‚Die kriegen von uns fünf Stückl. Den Krankl deckt der Rüssmann – da hab' ich überhaupt nichts mehr zu tun.' Rüssmann war gerade einer der besten deutschen Spieler. Nachher hat er geweint. Er hat versagt, weil ich aufgetrumpft hab'... Darum meine Gesten für Maier: Siehst, jetzt hast es."
Maier war für Krankl dennoch schon immer „ein Kamerad, ein Superhaberer". Den blonden Rüssmann hat er später, mit Barcelona in Gelsenkirchen, kennengelernt: „Ein klasser Bursch, da gibt's nix." Aber da waren die deutschen Wunden schon vernarbt.
Wie oft hast du deine Traumtore gegen die Deutschen im Video gesehen?
„Anfangs sicher sehr oft. Aber in letzter Zeit eigentlich nicht mehr. Ich bin nicht so gierig drauf."
Die 78er-Mannschaft: Ihr Erfolgsgeheimnis?
„Die größte Anzahl von Spielerpersönlichkeiten, die Österreich je in einer Mannschaft hatte", analysiert Krankl. „Klassespieler gerade im Zenit ihres Könnens, kurz davor oder kurz danach. Nimm Kreuz, Hickersberger, Krieger, Sara: eine Generation von Topleuten, gerade im sanften Absteigen, aber nicht negativ. Dann die Jungen: Prohaska, Pezzey und ich, die gerade zur Himmelstür wollten – darum haben wir gekämpft. Koncilia: gerade dazwischen. Alle zusammen waren wir Klassespieler oder auf dem Weg zur Weltklasse – da hat alles zusammengepaßt. Spielerpersönlichkeiten, wie es sie heute nimmer gibt. International weniger bekannt waren höchstens Breitenberger, Strasser, vielleicht Sara."
Kitschig, aber wahr: Das Lied der Nationalmannschaft waren damals die „Capri-Fischer". Die größte Schnulze, aber Krankl und Prohaska ließen sich beim Heurigen pausenlos damit anstrudeln – bis sie die letzten Gäste vertrieben. Aber Udo Jürgens sang damals für unser Team: „Buenos dias, Argentina!"

Ich frage: Hätte sich Österreich auch ohne Happel im WM-Komitee für die WM-Endrunde 1990 in Italien qualifiziert? Als Trainer, als Funktionär ist Happel genauso schlitzohrig wie als Spieler.
Die Situation damals: Teamchef Josef Hickersberger plant ein Riesenprogramm mit zehn Vorbereitungsspielen. Aber soviele sind kaum durchzuboxen, weil die Vereinsvertreter dagegen Sturm laufen.
Also muß Happel helfen, schließlich sitzt er ja im WM-Komitee.
Mit Hickersberger und Joschi Walter ist alles abgekartet. Happel setzt sich hin, kramt umständlich seine Lesebrille hervor, liest laut im Hickersberger-Konzept: *"Ein Wahnsinn! Ein Skandal! Zehn Länderspiele will der Hickersberger vor der WM!"*
Alle Klubtrainer nicken und frohlocken. Holzbach (Rapid), Kürschner (GAK) und Co. reiben sich schon die Hände.
"Zehn Spiele sind wirklich ein Wahnsinn!" donnert Happel los. *"Mindestens vierzehn müssen es sein!"* So bringt er die zehn mühelos durch. Wenn's der Happel sagt ...
Mit Happel in Italien, ist der ÖFB überzeugt, kann überhaupt nichts schiefgehen. Auch wenn er ablehnt, als ihn „Hicke" die Mannschaft übergeben will: *"Nein, weil du dich qualifiziert hast, nicht ich. Du hast das sehr gut gemacht."*
Prohaska als WM-Attaché ist fürs Kulturelle, die Bürgermeister usw. zuständig. Happel beschwört Hickersberger: *"Du kannst mich jederzeit anrufen!"*
Aber im Südtiroler Trainingslager muß „irgendwas passiert sein" – und die Anrufe hören auf.
0:1 gegen Italien, 0:1 gegen die CSFR, 2:1 gegen die USA: arrivederci, Italia. Happel fährt nicht zur Mannschaft, weil er nicht einmal richtig akkreditiert ist. Das besorgt FIFA-Generalsekretär Sepp Blatter; und Günter Netzer kümmert sich um die VIP-Ausweise. *"Das Finale seh ich in Jesolo im Fernsehen."*

Aber nach der Freudenbotschaft „Happel Teamchef" der große Schock: Die Kontrolluntersuchung in Innsbruck – kurz nach Weihnachten, während des Stadthallenturniers – ist niederschmetternd: schon wieder Metastasen, Happel muß für ein Monat in die Klinik.
Als ich ihn besuche, beschafft er sich gerade alle Hickersberger-Teamkader. Keine Frage, der ÖFB muß vorsorgen. So geistert durchs Präsidentenbüro folgende Idee: Mauhart will einen möglichst genauso berühmten, kompetenten Trainer integrieren, der im Notfall sofort Feuerwehr für Happel spielt – und fragt Veronika um ihre Meinung. Happels Freundin ist entsetzt: „Der Ernst würde sich sofort Gedanken machen: Wieso geistert dieser oder jener plötzlich herum? Nur zuschauen? Der muß ja auch bezahlt werden."
Beckenbauer reagiert wie erwartet: „Mich installieren lassen, immer in Erwartung, daß dem Ernst etwas passiert? Nie im Leben mach ich sowas."
Ob er sich wenigstens um einen anderen kompetenten deutschen oder aus-

ländischen Trainer kümmern könnte? wird Beckenbauer ersucht. Etwa Erich
Ribbeck? Aber der spielt da auch nicht mit. Ob ihn Beckenbauer schon vorher
aufgeklärt hat?
Endlich ist Happel wieder einsatzbereit.
Teamtraining vor Happel... Einmal, vor einem Ungarn-Match in Linz,
schaut er sich zufällig mit dem HSV-Vizepräsidenten das Teamtraining an.
Nach ein paar Minuten setzt sich Heri Weber ins Gras und zieht die Knie rauf
– Ende. Was sagst du dazu, wird Happel gefragt. *„Red mich nicht an!"*
knurrt er bös zurück. Und analysiert später: *„Die haben ja keine Ahnung von
Dehnübungen, alle sind angezogen, wie sie wollen – die einzigen, die in voller
Montur laufen, sind meine Innsbrucker."*
Ob gesund oder krank, Happel hat das totale Auge: Sieht alles, was falsch ist
in der Bewegung. Der HSV-Vize gratuliert ihm zu seinen „Innsbrucker Buben", aber nicht zum „Rest des Haufens". Happel hat nach 30 Minuten genug: *„Jetzt wundert mich überhaupt nichts mehr."* Dreht sich um und fährt
weg. *„Danz gut, daß ich mir das einmal angeschaut hab."*
Jetzt macht er Revolution. Weil er sie vor den Reportern abschirmt, nimmt
Happel den Druck von den Spielern. Sie haben anfangs fast Angst, dann sehr
viel Respekt – aber eigentlich rennt auch im Trainingslager der Schmäh.
„Aber das Wichtigste", sagt Toni Polster: „Daß er uns Spielern wieder das
Selbstvertrauen zurückgibt – denn das ist am Nullpunkt."
In Wiener Neudorf fliegt ein Ball hoch übers Tor auf den Parkplatz. Und weil
der Masseur hinterm Tor steht, brüllt Happel rüber zu Constantini: *„Glaubt
er, er ist auf Urlaub da?"*
Um halb acht das kleine Frühstück, um neun das große. Manche Herren
Kicker kommen mit Zahnstocher in den Augen, damit sie offen bleiben.
Für Happel ist immer wichtig, daß alle Spieler einen Verein haben – aber im
Sommer 1992 stimmt fast nichts: Polster ziellos, Ogris ohne Verein, auch
Prosenik, wegen Pfeifenberger wird diskutiert, um Kühbauer gestritten usw.
*„Was kann ich tun? Der Klub, der den Spieler will, muß zahlen. Vielleicht
kann ich von hinten herum was drehen – aber nicht unbedingt."*

Erzählungen aus der Märchenkarriere des Ernst Happel. Was verrätst du den
jungen Spielern?
*HAPPEL: „Von der Märchenkarriere nicht viel, sondern ich praktiziere, wie
stellt sich ein Holländer, wie stellt sich ein Belgier und wie stellt sich ein
Deutscher?"*
Und wie möchtest du, daß sich der Österreicher stellt?
*HAPPEL: „Mit der richtigen internationalen Einstellung. Charakter- und
mentalmäßig. Nicht labil, nicht ängstlich, sondern frech, offensiv. Ich werd
ein menschlicher Trainer sein, aber Disziplin muß drinnen sein. Es gibt immer
begrenzte Spieler und unbegrenzte Spieler. Und von den Spielern, die unbe-*

grenzt sind in ihren Möglichkeiten, verlang ich mehr. Bei mir kann einer schlecht spielen, schlechte Tagesverfassung haben, aber jeder hat eine defensive und eine offensive Aufgabe. Und die ist zu absolvieren. Wenn ich einen Ball verlier, muß ich nachsetzen. Der gegnerische Spieler, der mir jetzt den Ball abgenommen hat, hat einen Spieler vor sich, der ist nicht gefährlich. Aber der, der nachsetzt, der hinter seinem Rücken ist, der ist gefährlich. Das sind verschiedene Punkte, die gemacht werden müssen.
Oder Felix Magath beim HSV: War der Spielmacher und hat nur Dreckarbeit verrichtet. Was ist Dreckarbeit? Wenn ich einen 20-, 30-Meter-Sprint zurückmache.
Bei begrenzten Spielern hab ich mehr Einsicht, die werd ich weniger zur Verantwortung ziehen als die unbegrenzten. Aber jeder Spieler, der aufs Feld geht, muß Siegeswillen bringen. Er muß voll über die 90 Minuten.
Wir spielen nicht nur eine Struktur: wir werden mit einer Variante beginnen und mit der zweiten oder dritten aufhören. Was ist notwendig in den 90 Minuten? Ja, das liegt nicht an mir allein, sondern es wird an uns allen liegen. Speziell mit der Mannschaft, daß wir eine große Familie sind und alle an einem Strang ziehen. Einer für alle, alle für einen. Das ist einmal wichtig, ohne Eifersüchteleien, weiß ich – wer das da macht, ist völlig uninteressant, wir werden keinen egoistischen Fußball spielen, aber wir müssen einen frechen, offensiven Fußball spielen. Es wird vielleicht ab und zu ein Rasenschach auch werden, aber wenn's nicht rauskommt, muß ich doch umschalten auf Hollywood. Ich bin kein Verfechter von einem Catenaccio-System, um ein Spiel 1:0 zu verlieren oder 1:0 zu gewinnen. Da verlier ich lieber 2:0 bevor ich 1:0 verlier, muß das maximale Risiko nehmen – und irgendwie umschalten.

Constantini kommt, wie bekannt, als letzter zu Happels Bestellung, „weil ich im Stau steck. Ist mir peinlich bei diesem Pünktlichkeitsfanatiker." Aber Happel akzeptiert ihn sofort: „*Treffen wir uns morgen 9 Uhr im ÖFB."* Wo sie alle Sicherheitssperren durchbrechen, Alarm auslösen, bis die Security kommt. Erstes, befreites Gelächter. „*Du siehst, ich bin gar nicht so ein Grantler."* Drei Stunden lang reden sie über alle Spieler – Happel mehr über die Tiroler, Constantini mehr über die Wiener.
Später kommt Didi drauf: „Happel hat mich in einer TV-Diskussion gesehen. Wie ich den Fußball verteidig, mit Leuten streit, die dagegen sind. Das taugt ihm. Happel mag keine Leute, die blöd über den Fußball reden – für den er lebt und stirbt."
Am lustigsten haben sie es bei der EM-Endrunde in Schweden, wo sich Happel und Constantini echt anfreunden. Nach dem 1:1 im Eröffnungsspiel: Riesengedränge vor der U-Bahn, mit allen Hooligans. Didi macht sich Sorgen – aber Happel sitzt schon als erster drin. Nachher essen sie am Würstelstand, „weil mit den ÖFB-Diäten werden wir kaum satt".

Didi Constantini: Happel-Ziehsohn, Happel-Erbe, Kronprinz – welche Namen hat man ihm nicht alle gegeben. Und der Chef selbst?
„Er hat mir sehr viel gegeben, dem Schneckerl Prohaska, der ganzen Öffentlichkeit. Später der Vorwurf: Ich hab unser Verhältnis besser dargestellt, als es war – von ein paar Eifersüchtlern, die nicht so nahe an ihn herangekommen sind. Ich hab's nicht einmal so gut dargestellt: Es war wirklich sehr schön. Ich hör auch, daß ich an seinem letzten Tag in einer Zeitungsschlagzeile noch gesagt hätte: Ich bin verliebt in Happel. Ich muß jetzt im nachhinein noch sagen: Wenn's eine gewisse Liebe zwischen einem 67jährigen und einem 37jährigen Sportler gibt, dann war die da – von beiden Seiten. Wenn mir jemand neidig ist, ist mir das Wurscht. Ich bin froh, daß ich das erlebt hab: ein Jahr Zusammenarbeit. Er hat mich akzeptiert als Trainer und als Mensch", sagt mir Constantini.
Natürlich hat Mauhart schon mit Prohaska geflüstert: „Könnte sein, daß Herr Happel nimmer kann oder nimmer will, nach der WM-Qualifikation aufhört. Da besteht eine Chance. Fangen wir mit der U-21 an."
Schneckerls Antwort: „Herr Mauhart, ich hab nix in Aussicht, ich komm gern, will nur die nächsten zwei Jahre in Ruhe arbeiten."
Prohaska besteht nicht auf einen Zweijahresvertrag, aber es braucht zwei Jahre, um etwas zu bewegen. Kündigung: jeden Monat möglich. „Ich kann mir aber vorstellen: Wenn ich fünfzig bin, längerfristige Anstellung beim ÖFB."
Wenn man im ÖFB sagt: Du bist unser U-21-Trainer, aber wenn mit Happel etwas passiert...", reagiert Prohaska immer gleich: „Davon will ich nichts wissen." Prohaska ist total integer: „Man kann doch, auch wenn Herr Happel krank ist, nicht schon über seine Nachfolge reden."
Wie fein man nach den U-21-Blamagen im ÖFB mit Schneckerl umgeht, weiß ich nicht...
Happel sagt immer: *„Didi, machen wir Kurzarbeit."* Das heißt bei ihm: 10-m-Sprints, 15-m-Sprints, 5-m-Sprints, Reaktionsübungen.
SCHLAGWORT PRESSING: *Spiel im Ballverlust. Der Gegner hat den Ball, und ich mach die Räume eng. Pressing kannst du spielen ab der Mittellinie, am gegnerischen 16er, und da muß aber jeder attackieren. Bei richtigem Pressing löst du den Libero auf, nimmt der Libero den Stürmer vom Gegner, und jeder geht zu seinem Mann, und da, wo der Ball ist, wird halt abgedeckt. Da gibt es das berühmte L-Stellungsspiel von AC Milan, mit dem beschäftigen sich ein paar Trainer. Aber ich kann nicht nur Pressing trainieren, Pressing, Pressing, Pressing, weil, was machen dann die Spieler, wenn sie den Ball haben? Das muß ich auch üben.*
VERTEIDIGER-VERGLEICH ÖSTERREICH – INTERNATIONAL
Wie stehen die Gegner beim Ausschuß, bei einem Paß von rückwärts oder bei einem Longpaß? Wie stellt sich der Ausländer auf, wie unserer? Ein Abwehr-

spieler hat in der Luft immer einen Vorteil, außer, das ist ein großer Mann und Kopfball-Spezialist – dann hab ich vielleicht weniger Chancen. *Erstens muß ich nicht auf jeden Kopfball raufgehen: was soll der Stürmer zehn Meter vorm Strafraum mit dem hohen Flugball machen, der jetzt kommt? Der muß ja ein Rastelli sein, net. Bin auch ich ein guter Kopfballspieler, muß ich variieren mit meiner Spielweise. Ich deut' an, bleib' stehen, geh gar nicht auf den Kopfball. Oder ich geh, dann muß ich ihn haben. Aber wie steh' ich da? Bei uns stehen sie Körper an Körper. Die anderen stehen zwei Meter rückwärts, haben einen Anlauf beim Sprung. Also, da spring' ich erstens einmal schon höher. Mir kann doch keiner sagen, daß ich aus dem Stand höher spring als mit einem Zwei-Meter-Anlauf, da bin ich doch in der Bewegung. Das ist genau so, wenn ein Spieler nicht direkt schießt und jeden Ball kontrolliert, das ist ja keine Überraschung.*

Und das sind Happels PRAKTISCHE ÜBUNGEN mit dem Team:

Immer zeitbezogenes Training, in der Aufbauphase immer die längeren Wege: also Torschußübungen vom gegnerischen Tor weg, oder vom eigenen 16er drei Mann aufs gegnerische Tor mit Kombinationen zum Abschluß. Zuerst einmal ohne Gegner, und mit den langen Wegen, die den Spielern in Fleisch und Blut übergehen müssen. „*Wenn ich immer nur 10, 15 Meter trainier, und dann schießt einer, wird er im Spiel keinen 70-Meter-Sprint hinlegen.*"

Oder taktische Übungen, Ball halten in einem Eck vor dem eigenen Tor und dann alles mit Sprint aufs gegnerische Tor. Oder Trainingsspiele, wo nur die Verteidiger das Tor machen dürfen, da werden sie gezwungen, daß sie mitgehen. „*Und das will ich immer haben: Ballabwehr, wenn der Ball in der Mannschaft bleibt, durch bis zum gegnerischen Tor – wenn Ballverlust ist, wieder formieren, aber nicht zurückgehen, in erster Linie will ich immer vom eigenen Tor weg, aber nicht durch Vorpuffen, 16er reinigen, 16er weg, ins Mittelfeld, und wo der Ball ist, muß eine Überzahl an Spielern sein. Es gibt es nicht, daß drei Verteidiger gegen einen Stürmer spielen, es gibt immer nur einen Verteidiger mehr als Stürmer des Gegners. Also Verteidiger sofort ins Mittelfeld hinein, vom Mittelfeld in die Sturmspitze, immer hinter dem Ball kommen, was wirklich das ist, weil die Vorderen mehr oder weniger abgedeckt sind, und über die Seite.*"

Stellt sich jeder Trainer vor, nur Happel trainiert alles. Und sein Grundsatz: „*Du darfst nichts dem Zufall überlassen! Wenn ich keine Standardsituationen trainiere, kann ich nicht den Spielern sagen, wo sie hinrennen sollen. Ich kann nicht sagen, du gehst auf das erste Stangl, du gehst auf das zweite. Wenn ich es nicht trainiere. Das gehört alles automatisiert. Fehler können im Spiel dann immer passieren, aber was ich nicht trainiert hab, kann ich nicht verlangen.*"

Ein Problem: in Österreich spielen fast alle Vereine mit Manndeckung. Dann kommen die Spieler zum Team und Happel predigt Raumdeckung – nicht zuviel Umstellung?

„Nein, das sind schon die Spieler, die sich auskennen."
Manfred Zsak ist meist Libero, die zwei vor ihm spielen im Raum auf die Gegenspieler, nicht total im Raum, *„weil dann ja egal wäre, wer wo spielt. Hauptsache, die Position ist besetzt. Und wenn ich eine Klassemannschaft hab, ist es das schönste Spiel – und macht den Spielern auch die meiste Freude."*
Die großen Happel-Teams haben alle die gleiche Handschrift: das irrsinnig schnelle, druckvolle Spiel von hinten heraus ist Happel-Stil.
Und er variiert immer im Training und erklärt auch, warum: gegen diesen Gegner lassen wir uns zurückfallen, dort spielen wir auf Konter.

In Budapest gehen unsere Spieler nach einer starken ersten Hälfte ein – 1:2. „Vorher zuviel gemacht", heißt die Ausrede. „Ein paar sind wirklich müde", entschuldigt Constantini. Darauf Happel: *„Wieso kommt dann keiner zu mir? Jeder soll mir sagen, wenn er müde ist."*
Sagt Constantini: „Ja, glaubst du, daß sich einer traut? Dir zu sagen, daß er müde ist? Der hat Angst, daß er nächstesmal nimmer dabei ist."
Da wissen die Spieler noch nicht, wie zugänglich Happel ist. Wenn man ihm nur ehrlich kommt und mit ihm redet. Aber dazu ist anfangs der Respekt viel zu groß.
Gegen Litauen (4:0) will Happel am gegnerischen Sechzehner Pressing spielen, aber mit zwei, drei Spielern ist das schwer, ein Pressing zu spielen. Nach 20 Minuten schaut ihn Constantini an: „Ich glaub, das mit dem Pressing können wir vergessen – mit nur zwei Spielern in der Offensive. Da brauchen wir Spieler, die absammeln gehen."
Paar Tage später bestätigt ihm Happel: *„Du, das Pressing können wir vergessen."* Er hat etwas aufgenommen und verarbeitet. Er hat wirklich nicht zwei, sondern vier Augen, eine fast fotografische Erinnerung und unheimlich viel Gefühl.
Oft schaut er beim Training gar nicht hin, schickt aber den Masseur zu Constantini: „Sag ihm, er soll zwischen den Sprints größere Pausen machen."
Blöde Stimmung kommt auf, als Austria-Tormanntrainer Rudi Szanwald zum Team stößt – Konsel könnte sich gegen Wohlfahrt benachteiligt fühlen. *„Keine Bevorzugung"*, sagt Happel kurz, das genügt.
Gegen Wales (1:1) setzt er – wie immer gegen britische Mannschaften – auf spielerische Mittel: Die Sternstunde des Thomas Flögel.
Salzburg wird heiß, als Happel bei 34 Grad in voller Montur trainieren läßt. *„Wenn sich Spieler hart tun im Training, und du läßt sie nachher alles ausziehen, laufen sie wie die Glöckerln!"* Von Bleiwesten ist er dagegen kein Freund.
Das 2:4 gegen Polen ist ein großer Rückschritt, Happel enttäuscht, läßt sich aber nicht aufhalten. *„Bleib auf deiner Linie, schau nicht rechts, nicht links,*

"Fußball 2000" hat Happel schon 1970 mit Feyenoord gespielt: „Die beste Vereinsmannschaft, die ich je trainiert". Europacupschlacht Feyenoord–Milan 1970: Van Duivenbode mit totalem Einsatz. Die Holländer gewannen San Siro 2:0.

„Für Sie, Majestät": Feyenoord-Kapitän Rinus Israel mit dem Weltpokal, von Königin Juliane beglückwünscht. Ersatzmann Joop van Daele, ein Brillenträger, schoß des 1:0 im Weltcupfinale gegen Estudiantes. Unten: Tormann Pezzano gegen Kindvall.

ie holländische Torfabrik: Soeben hat Schoenmaker gegen Dinamo Bukarest eingeschossen. Viele Feyenoord-
re erzielten die Abwehr- und Mittelfeldspieler, vor allem Franz Hasil (mit Happel, 20 Jahre später). Unten:
iedersehen mit seinen Stars Wim van Hanegem und Wim Jansen 1992 in Sittard: Happel war tief gerührt.

„Wödmasta" auch ohne Titel. Spannende Szene aus dem WM-Finale Argentinien–Holland 1978 in Buenos Ai (großes Bild): Tormann Fillol als Spitze einer Spielerpyramide. Bilder links: Happel als holländischer Teamche

Rob Rensenbrinks Elfer gegen Koncilia im WM-Spiel gegen Österreich (5:1) – der heutige Teamchef-Assistent Erich Obermayer unzufrieden mit dem Schiedsrichter – Mario Kempes macht Argentinien zum Weltmeister.

Heimkehr aus dem Ausland nach 26 Jahren. Zuerst auf den Innsbrucker Tivoli, dann ins Wiener Stadion. Happ übernahm den österreichischen Fußball, als er national bedeutungslos war, international auf dem Boden lag – e typisches Trainingsbild.

marschier nur gradaus, wenn sie dich kritisieren", ist sein Motto. „Ich geh meinen Weg. *Es kommt immer vor, daß du Spiele verlierst, wenn du glaubst, du gewinnst."*
Er kann Fußballspiele lesen wie kein zweiter – und ich hab oft genug neben ihm sitzen dürfen. Manchmal, wenn der Ball rechts ist, sagt er: *„Paß auf, was jetzt links passiert."* Da sitzt er, vielleicht ein bißl müde, aber Happel sitzt nie nur da, er lebt Fußball, in jeder Sekunde, bei jedem Paß, jedem Schuß.
Im Team kritisiert er *„unsere bekannten Durchhänger, immer so 15 bis 20 Minuten nach der Pause".* Sagt aber immer auf der Bank: *„Didi, jetzt beuteln wir sie schon wieder."*
Holland beschert ihm das Wiedersehen mit seinen Feyenoord-Stars. Hundert Leute, Riesenfeier, aber um 16 Uhr sagt er: *„Laß das Telefon abschalten, ich möcht Ruhe haben."* Und legt sich aufs Zimmer. *„Ich will nicht, daß sich die Spieler ablenken lassen – und ich auch nicht von meinem Programm."*
Niemand – natürlich außer Constantini und seinen Spielern – hat Happel je bei einer taktischen Besprechung vor einem Match zuhören dürfen, *„weil das nur die Spieler und mich etwas angeht, sonst keinen".* Hier – zum erstenmal – ein Einblick in Happels perfekte Vorbereitung auf ein Länderspiel. Eins, das ihm besonders am Herzen liegt: gegen Holland 1992 in Sittard. Wegen seiner glanzvollen Holland-Vergangenheit, wegen „General" Rinus Michels – persönlicher Freund und oftmaliger Gegenspieler.
Hier erstmals die schriftlichen Aufzeichnungen, wie Happel sein Team auf einen übermächtigen Gegner einstellt: Er beschreibt ganz kurz den Gegner, respektiert Holland als Klassemannschaft, aber nur kurz, weil er sich nie lang mit Gegnern beschäftigt, geht rasch die letzten Trainingseinheiten durch, bespricht die Fehler, die passiert sind. Und erklärt den einzelnen Mannschaftsteilen die verschiedenen Aufgaben.
Wobei sofort ins Auge sticht, daß die zwei Spitzen (Ogris/Polster) zwar bis zur Mittellinie zurück müssen, aber nicht in die eigene Hälfte, sondern in der gegnerischen Hälfte die Verteidigung stören, aber nicht frontal attackieren sollen. Mit dem Hintergedanken, daß bei Ballgewinn ein sofortiger Konter eingeleitet werden kann. Andere Trainer befehlen oft aus reine Angst: „Zurück!"
Augenscheinlich auch das Dreiecksverhältnis in der Raumaufteilung im Mittelfeld, das bedeuten soll: einer attackiert, zwei decken ab. Und das immer wieder, und gestaffelt.
Das ist eines der drei Happel-Systeme, das typische Auswärtssystem gegen einen sehr starken Gegner: den Gegner kommen lassen, abfangen und dann gezielte Konter spielen – aber von Angst, Zurückziehen oder gar Verstecken natürlich kein Wort. Holland gewinnt, aber nur 3:2.
Ein Dokument, wie Happel seine Spieler auf ein so schweres Match wie in Sittard einstellt: Hier seine Taktik, in seiner Handschrift.

DER GEGNER SOWIE DAS SPIEL IST NORMAL SCHON EIN MASSSTAB FÜR DIE QUALIFIKATIONS SPIELE ANGENOMMEN FRANKREICH IN PARIS

HOLLAND FRANKREICH GEHÖREN ZU DEN FAVORITEN IN SCHWEDEN

WIR HABEN ES MIT EINEM GEGNER ZU TUN DER WELTKLASSE IST UND DER AUF EINEN HOHEN NIVEAU MODERNEN FUSSBALL BRINGT MIT TOTALER OFFENSIVE MIT TEMPO UND DRUCK

DA MÜSSEN WIR AUCH WAS ENTGEGEN SETZEN TAKTISCH DISZIPLINIERTES VERHALTEN IM MITTELFELD DIE BESTIMTE INTERNATIONALE HARTHEIT IN DEN ZWEIKÄMPFEN BRINGEN GESTAFFELT VERBLEIBEN DAMIT HABE ICH SCHON EINE BESTIMMTE RÜCKENDECKUNG IM SPIEL VON VORNE NACH HINTEN JEDER STARK IN SEINEN RAUM. <u>KOMBINIERT MANN & RAUMDECKUNG</u>

WIR BEGINNEN MIT DEN REZEPT UND DER TAKTIK DIE WIR IM PRAKTISCHEN GEÜBT HABEN
1x IM KLEINFORMAT
2x IM GROSSFORMAT

MAN KONNTE BEIM ÜBEN AUCH SEHEN
WIR HABEN ÖFTERS KEIN GESTAFFELTES
MITTELFELD GEHABT
ENTWEDER WAREN DIE SPIELER IN DER
MEHRZAHL IN DER OFFENSIVE ODER IN
DER ABWEHR RUND UM DEN STRAFRAUM

1.) DAS MUSS WECHSELWEISE GEHEN WANN
UND WER MUSS IN DIE OFFENSIVE MIT

2.) WIEDER WECHSELWEISE DASSELBE IN
DER DEFENSIVE KANN ICH MIT ODER
MUSS ICH BLEIBEN

3.) MIT EINEN STARKEN GESTAFFELTEN
MITTELFELD IM RAUM DURCHZUSPIELEN
DA DARF ODER DÜRFEN KEINE LÖCHER
SEIN. (DAS DREIECKVERHÄLTNIS)

4.) jeder deckt u. bekämpft jeden Gegner
der in seinem Bereich ist oder eindringt

5.) DIE BEIDEN SPITZEN JEDESMAL VOR
DIE MITTELLINIE AUFSTELLEN ZENTRAL
DEN GEGNER NUR ANGREIFEN WENN
(ER MIT BALL) IN UNSERER HÄLFTE
(ODER AM BALL) EINDRINGT

IM MOMENT DER GEGNER MIT BALL IN
UNSEREN RECHTECK HINTER MITTELL.
IST GEHT POLSTER SCHARF ZUM
LETZTEN ABWEHRSPIELER
OGRIS SUCHT SICH EINEN FREIEN
RAUM ZUM KONTER (BEIDES NICHT VERGES

6.) KEINE UNNÖTIGEN BALLVERLUSTE
SICH LEISTEN LIEBER EINEN
SPIELER NACH HINTEN ANSPIELEN
DER BAUT AUF DER HAT MEHR ÜBER=
SICHT VON RÜCKWÄRTS.

RISIKO MUSS ICH NEHMEN WO ES NICHT
INS AUGE GEHT WEIT AB VON TOR

STRAFRAUM NÄHE WEG DEN BALL
WENN ES BRENZLICH IST

7.) Gegner Kommen lassen sich
zurück ziehen hinter der
Mittellinie Gegner abfangen mit
Forechecking
2 STÜRMER VOR DER MITTELLINE

8.) JEDER EINZELNE MUSS ÜBER DIE 90 MIN GEHEN (MÜDIGKEIT - WECHSEL).
MIT VIEL AKTIVITÄT - LAUFFREUDIGKEIT VERANT-
WORTUNG NEHMEN VIEL EINSATZ - MIT BISS
OHNE BISS IST NICHTS OFFENSIVE - DEFENSIV
AUFGABE VERRICHTEN GILT FÜR JEDEN.
REDEN - SPRECHEN ANWEISEN BEMERKBAR

9.) BALL BESITZ BEIM AUFBAU / HOLLAND HINTEN
DAHER NOCHMALS 2 SPITZEN VOR
DER MITTELLINIE NICHT DIE ABWEHR AN-
GREIFEN SPIELEN LASSEN.
ABER IN MOMENT DER GEGNER ÜBER
DIE MITTELL. IST
GLEICH ABFANGEN DEN GEGNER STELLEN
BEKÄMPFEN
SONST KANNS GEFÄHRLICH WERDEN

10.) WAS IST NICHT VERSTÄNDLICH

FRAGEN STELLEN FÜR DAS EINE
ODER ANDERE

(MOTIVATION)   200 KM

Dokument für alle Trainer: Happels Holland-Taktik

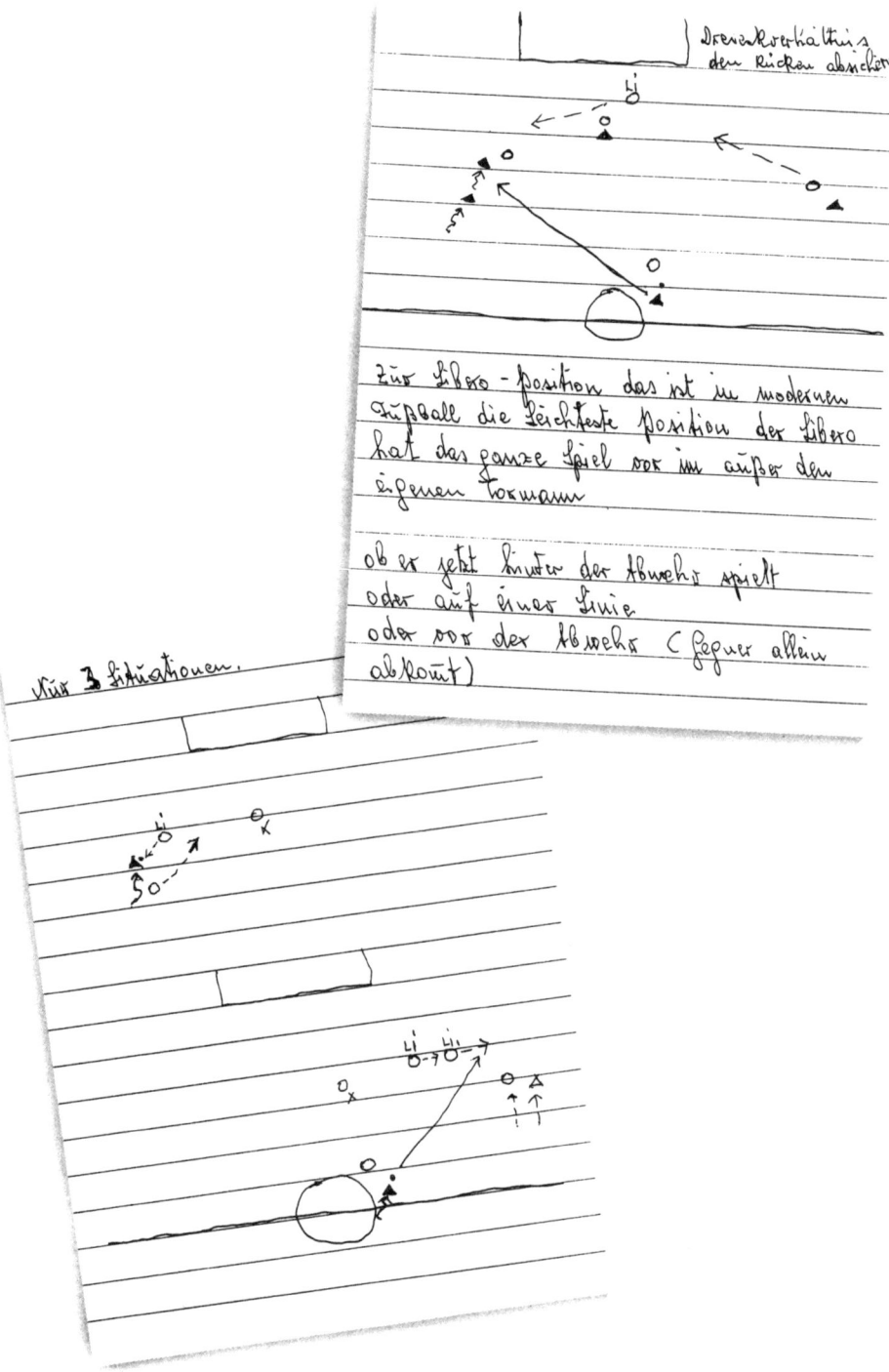

Das Einzigartige an Happel: Er plant in seinem letzten Lebensjahr nicht den Fußball nach seiner Krankheit, sondern er plant seine Krankheit nach dem Fußball, staunt Constantini, als der Teamchef immer wieder Therapien wegen der Länderspiele verschiebt. Wie in Preßburg beim 2:2, wo die „Saat Happel" erstmals aufgeht, das Team genau so spielt, wie er es sich vorstellt: *„Hinten zumachen und alles von hinten heraus, aber nicht mit ein oder zwei, sondern mit drei oder vier Mann. Stöger, Herzog, Pfeifenberger spielen Extraklasse – und alle anderen kommen mit."*
Eine Sturmspitze nur, und trotzdem offensiv! *„Du kannst mit einer Spitze offensiver spielen als mit drei."* Happel erinnert sich: *„Beim HSV spiel ich einmal ein Cupmatch mit vier Spitzen – und verlier 1:2. Und das Allerärgste: Ich seh in diesem Match überhaupt keinen Stürmer!"* Denn Happel vertritt immer die These: *„Die Spieler, die von hinten kommen, sind die gefährlichsten. Denn jene, die vorn spielen, werden abgedeckt. Und ich will immer, daß die Spieler hinter dem Ball daherkommen."*
Das 1:1 gegen Portugal in Linz ist nicht so, wie es sich Happel vorgestellt hat. Beim WM-Auftakt in Paris geht es Happel schon sehr schlecht: Er hat keine Kraft mehr, bereits Schmerzen. „Didi, mach du das Training." Für Constantini ein Riesenkompliment, weil es besagt, daß der Chef nichts auszusetzen hat. Wir verlieren 0:2, *„von der Psyche her aber 0:10. Katastrophale Leistung, hauptsächlich Zweikampfverhalten. Wenn ich einen Zweikampf gewinn, gibt mir das genauso Selbstvertrauen wie ein guter Paß – aber wir verstecken uns."*
Stöger/Herzog kommen eher ins Spiel, wenn sie sich von hinten die Bälle holen – was sie in Paris nicht tun. Der Plan: Daß sie hinter Polster mit langen Bällen nachkommen, ein Fehler, aber nach 20 Minuten hätten die zwei sich umdrehen und selber die Bälle holen müssen – als sie sehen: Das Longpaßspiel funktioniert nicht.
„Wir sind halt doch nur Außenseiter in unserer Gruppe", seufzt Didi im Bus zum Flugplatz. Happel denkt zwei, drei Minuten nach: *„Du hast eh recht. Ich hab das auch gewußt. Aber im Fußball ist alles möglich. Du hoffst immer. Wir können in Wien vor 50.000 jeden Gegner schlagen, ob Brasilien oder Deutschland!"*
Israel, sein letztes Match. Happel hat kaum mehr Stimme, redet leise, aber die Spieler registrieren jedes Wort. Andere Trainer brüllen herum, aber keiner hört ihnen zu. Aber die Spieler befolgen genau, was Happel gesagt hat, und machen ihm mit dem 5:2 zum Abschied eine Riesenfreude: Sein letztes Lebenselixier.
Schade, daß er das 0:0 gegen Weltmeister Deutschland nicht mehr miterleben darf.
In Schweden sagt ihm Constantini: „Du bist 67, ich bin 37, ein anderer 50. Du kannst in Österreich als Nationaltrainer nicht viel verändern, weil du immer

abhängig bist, wie die Spieler daherkommen: Die einen besser beisammen, die anderen schlechter."
Irrtum, Didi. Happel ist wirklich der einzige, der etwas verändert hat: Wie er selber immer sagt: *„Das Selbstwertgefühl ist gestiegen. Die Spieler trauen sich mehr zu. Ich hab sie abgeschirmt gegen die Öffentlichkeit. Seit dem 0:1 gegen die Färöer Insel hat alles nur hingepeckt auf sie."*
Sein Wille, seine Übersicht, sein Fachwissen: Das alles hat den Spielern immens viel gebracht. Riesenhoffnung wegen der WM. Nicht, weil sie jetzt besser spielen, aber die Hoffnung war: jetzt haben wir den besten Trainer der Welt.
„Als würden die Leute glauben: Du spielst zweite Halbzeit", sagt Constantini einmal, worauf Happel ernst reagiert: *„Die Spieler müssen begreifen, was ich wollte."*

HAPPEL „RÖNTGENISIERT" SEINE SPIELER

Einzelkritik hat er immer gehaßt. *„Darauf geh ich nicht ein."* Oder: *„Dazu gib ich keinen Text."* Aber ich glaub: Seine Teamspieler und Millionen Fußballfans sollten wissen, was er über sie denkt, wie er von ihnen gesprochen hat – und welche Zukunft er ihnen gibt.

FRANZ WOHLFAHRT: Der Philosoph im Tor, der seit einer Seelenmassage bei Joki Kirschner die Angst des Tormanns vorm Elfmeter völlig verloren hat. „Im Gegenteil: Ich freu mich jedesmal: auf die Chance, ihn zu halten!" Und durch Meditationen weiß er: „Ich bin der Beste!" Scheint auch Happel zu denken, weil er vorm Portugal-Match in Linz öffentlich sagt: *„Ich hab meinen Torwart für die WM-Qualifikation schon gefunden."*
„Die Austria, der FC Wohlfahrt." Franz hat das Glück, daß ihn Happel sehr oft in Hochform sieht. Vor allem im Sommer/Herbst 1992, *„als die Austria gar nicht so überlegen ist, wie sie dasteht – und Rapid lange nicht so schlecht, wie die Tabelle sagt"*, analysiert mir der Teamchef nach den ersten Runden. Natürlich läßt Happel anfangs einmal Wohlfahrt, einmal Konsel spielen. Aber im Endeffekt wird Wohlfahrt für ihn zum richtigen Moment die Nr. 1, und da will er nimmer umplanen: *„Wenn bei mir einmal ein Tormann schlecht spielt, wirf ich ihn deswegen nicht hinaus – weil sonst kann ich ihn vier, fünf Monate nimmer brauchen."*
Hickersberger hat Wohlfahrt zur WM 1990 nicht einmal als dritten Tormann mitgenommen. Spätere Erklärung: „Wegen seiner damaligen privaten Probleme." Jetzt hat Wohlfahrt nicht nur die Gegenwart, sondern auch die Zukunft im Griff: mit seiner Sportler-Agentur für Altersvorsorge – fürs Leben nach dem Fußball.

MICHAEL KONSEL. Hat den Teamchef sofort nach dessen Wohlfahrt-Laudatio angerufen: „Darf ich bitte mit Ihnen reden, wie Sie das gemeint haben?" Happel: *„Das hab ich nie gesagt."* Konsel: „Ich hab's aber im Radio gehört." Worauf mich Happel ums Beweismittel bittet – das Tonband.
Zwei gleichwertige Torleute: Immer ein Problem, wenn sie etwa gleich alt sind. *„Sonst spielt bei mir immer der jüngere."*
Auch Konsel ein Supertormann, spektakuläre Rettungsaktionen im Rapid-Tor wie einst Walter Zeman, aber das blöde Metzler-Tor gegen Stahl Linz in Wien hängt ihm lang nach – bei Happel? Ihre letzte Unterredung: am Mittwochnachmittag im Hotel Meridien in Paris – vorm 0:2 im Parc des Princes. Happel reagiert nicht bös, eher überrascht. Konsel glaubt, er kann nicht gut der Zweite sein – und ist angefressen. *„Aber wenn einer der Zweite ist, möchte ich, daß er noch mehr arbeitet – damit er wieder der Erste wird!"* Doch ein Super-Trainierer ist Konsel immer.

MANFRED ZSAK: *„Über den Zsak diskutier ich nicht!"* legt Happel bald fest, daß er zu ihm hält. Wichtig nach zwei Teamchef-Enttäuschungen des Austria-Kapitäns: Zuerst an Hickersberger zerbrochen, weil er ihm vor der WM 1990 die Kapitänsschleife wegnahm, um sie Polster zu geben: „Einer meiner großen Fehler." Danach Riedl-Opfer nach dem 0:6-Debakel in Schweden, wo er unfreiwillig im Mittelfeld spielen mußte, danach total frustriert war. Vorm nächsten Ländermatch: „Es gibt Wichtigeres und Interessanteres, als mir so ein Match anzuschauen." Unter Riedl will Zsak (wie Polster) nie mehr im Team spielen, erst Didi Constantini überredet ihn zum Comeback.
Körperlich kein Riese, aber sprungstark, ein Bombenschuß: Er bestätigt Happel, der immer überzeugt ist, *„daß Zsak ein guter Libero ist. Ich will von ihm nur einen größeren Aktionsradius."* Leichter, wenn das Team angreift – weil dich ein anderer abdecken kann. Aber bist du in der Defensive, kannst nicht hinten wie ein Wilder herumrennen. *„Ich will nur, daß er sich bewegt."* Statischen Libero hat Happel selber gespielt. *„Es geht immer nur um die Laufarbeit."*

ROBERT WAZINGER: *„Der kommt, was mein Fußball ist, von hinten, der schaltet sich ein, der macht Tore, macht einen Doppelpaß, der ist kopfballstark, hat Charakter und die Einstellung. Um das geht's. Nur ist er ein provinzialer Spieler – der war vielleicht am Beginn auch noch oben auf der Alm statt bei mir herunten. Jetzt weiß ich natürlich nicht: Wenn er zum Einsatz kommt, ist er noch auf der Alm oder nicht? Ist er herunten, dann ist's gut. Ist er oben, dann ist's natürlich schlecht ..."*
Nur ein Spaß von Happel, aber viele mißverstehen ihn: Der „Wazi" von der Alm.
„Ihr dürft das nicht so ernst nehmen. Da erzählst du was, und dann tut's ihn

häkerln. Aber der Wazi versteht mich schon. Der ist nicht beleidigt. Weil der hat genug mitgemacht mit den Zuschauern. Nach drei Minuten: Wazinger raus! So ein angenehmes Gefühl ist es nicht, wenn ich von Wattens komm, von da oben, ein Provinzler, und auf einmal steh ich da. Da können sie rufen, was sie wollen, der geht bei mir nicht raus. Der geht sich nicht duschen, da können sich alle anderen vorher duschen! Das hab ich schon oft mitgemacht. Aber wenn du nach dem Publikum gehst, dann kannst dich ja gleich aufhängen!"
Ein sehr, sehr laufstarker Spieler also. *„International vielleicht zuwenig Härte. Aber einer, der mitdenkt. In Innsbruck sicher lange Zeit unterschätzt worden."*
Hinten beim Gitter am Tivoli die große Konfrontation Happels mit fanatischen Fans. *„Weißt was, sag ich zu dem Mann, hau dich den Berg rauf, geh jodeln, laß mich in Ruh. Wazinger raus! hat mich nie interessiert. Justament bleibt er drin. Und wenn er noch so schlecht spielt, er ist der Letzte, den ich rausnimm."*

MICHAEL STREITER: Einer von Happels Lieblingsschülern. Gescheiter Fußballer, der sich als Persönlichkeit toll entwickelt hat. Spielt alle Positionen, auch Außendecker. Happels Ersatz-Libero im Team. Im Mittelfeld spielt er nie. *„Außendecker – das ist sowieso der äußere Mittelfeldspieler, rechts oder links – oder hinten zentral. Spielen könnte er es ja, äußerer Mittelfeldspieler, aber ob er die Verantwortung übernimmt? Von dort muß man ja etwas kommen, ein gewisser Druck."*
Happel-Urteil: *„Ein intelligenter Fußballer. Schnell, sieht sehr viel, nicht unbedingt ein Härtling im Zweikampf. Aber der hat soviel Fußballintelligenz, daß er meistens im Vorteil ist."* Wie Streiter beim 0:0 in Nürnberg abwechselnd Riedle und Klinsmann entschärft – das hätte Happel Freude gemacht.

CHRISTIAN PROSENIK: Der Spieler, der Happels FC Tirol den dritten Meistertitel gekostet hat – durch seinen Gewaltschuß zum 2:2-Ausgleich gegen die Admira 1991. Gleich danach geheiratet – seine Ehefrau ist für die Prosenik-Karriere genauso ehrgeizig wie er selbst. Leiser Zwiespalt: Im Dreß der Austria tut er zuwenig für die Defensive, weil er zuviel stürmt, im Teamdreß aber zuwenig für die Offensive, weil er so pflichtbewußt ist – oder?
Für Happel *„ein exzellenter Fußballer, aber er geht mir zuwenig mit nach vorn – international gesehen"*. Gegen Polen ist Christians Gegenspieler der Superdribbler Ziowa, mit langer, schwarzer Haarmähne. Constantini hat Bedenken, ob das gutgeht: *„Wirfst du da nicht zuviel deine Internationalität hinein, Trainer? Wir sind halt in Österreich, da gibt es defensiv Bessere und offensiv Bessere, und der Prosenik ist halt in der Offensive stärker als in der Defensive."* Happel schüttelt den Kopf: *„Ein Spieler muß nach fünf Minuten wissen, wie der Gegner ist."*
Es geht schief – 2:4. Und als Happel und Constantini nachher nochmals die

Aufstellung zusammenschreiben, kommen sie drauf: *„Wir haben gegen Polen mit sechs, sieben offensiven Leuten gespielt – zuviel."*

LEOPOLD ROTTER: Früher bei Rapid, kam aber nicht zum Zug wegen Pregesbauer. Für Krankl einer der begnadetsten Fußballer und Weltklasse, wäre ihm nicht einmal zu heiß zum Fußballspielen gewesen, einmal zu kalt. Dann kam er wegen nur tausend Zuschauern nicht in Stimmung, hatte aber wegen zwanzigtausend Nervenflattern. Rotter dagegen ist robuster. Jetzt wollte ihn Rapid von St. Pölten zurück – vergeblich. Im Team aufgefallen durch seine Krämpfe beim 1:2 in Budapest, zehn, 15 Minuten vor Schluß. *„Ich wundere mich schon, wenn ich draußen sitz und seh, daß er Krämpfe hat und mir nicht vorher sagt, daß er müde ist. Aber kein Vorwurf von mir – kann passieren"*, sagt Happel.

ROBERT PECL: „Mein Gigant!" hat Hans Krankl immer seinen „Eisenfuß" tituliert. Großer Kämpfer, leider mit ewigen Verletzungsproblemen: Knorpelschaden im linken Knie, auch schon meniskusoperiert, immer wieder Zerrungen und Muskelverletzungen und das drohende Schicksal seines sogar noch talentierteren Bruders vor Augen – der mußte nach drei Knieoperationen seine Karriere in Rapids U-21 beenden.
Sein Problem Nr. 2: die roten Karten – bis zu drei pro Saison! *„Er sieht immer derber aus, als er wirklich ist"*, bestätigt Happel, *„weil du bei ihm jedes Foul schon kilometerweit kommen siehst."* Um einen Gegenspieler, wie es Happel mit dem Bulgaren Hristo Stoitschkov vorhat, zu provozieren, *„aus dem Zelt herauszulocken, wie die Holländer sagen"*, wirkt Pecl viel zu vordergründig und grobschlächtig. Dabei oft unterschätzt: Er ist technisch besser, als er aussieht.
Beim 2:4 gegen Polen bittet Pecl den Teamchef um Austausch – weil ihm die Luft ausgeht. *„Wer ist müde?"* fragt Happel oft in der Halbzeitpause. Pecl, vorher immer verletzt, ein bißl ausgelaugt, meldet sich. Happel macht kein Aufhebens: *„Gut, wenn einer müde ist, kommt der nächste rein. Jeder Teamspieler ist mir sehr wichtig. Aber nicht so bezogen auf Namen, mehr auf eine Position."* Pecl fürchtet, daß Happel „heiß" ist.
Ein Cut, sagen seine Kameraden, ist für Pecl wie ein Schnupfen. Aber wenn seine Verletzungsserie abreißt, er seine normalen Leistungen bringt: ein Spieler, der international überall mithalten kann.

PETER SCHÖTTEL: Happel sagt für Angreifen immer „aktackieren" und einmal zu Schöttel während des Trainings: *„Du bist ja langsamer als deine Schwiegermutter."* Darauf Schöttel halblaut, so daß es nur die Mitspieler hören können: „Trainer, aktackieren Sie nicht meine Schwiegermutter..." Maturant, Rapid-Eigenbau, eigentlich der logische Nachfolger von Heri Weber als Libero

gewesen – sowohl bei Rapid als auch im Team. Doch Hickersberger entschied sich unter Streß für Aigner, gab aber nach der mißglückten WM '90 zu: „Eigentlich war Schöttel immer der bessere Libero – aber wie kann ich Aigner nach dem 3:0 gegen die DDR eliminieren?"
Happel: *„Schöttel hat fußballerisch viel mehr drauf, als er zeigt. Weil er sich immer selbst bremst für die Offensive, überlegt, ob er mitgehen kann oder nicht. Sobald er weniger überlegt und mehr mitgeht, kommt er noch mehr zur Geltung. Darum ein bißl unterschätzt, aber gut im defensiven Bereich."*
Was Happel nicht paßt: Als er nach einem Rapid-Match hört, *„daß sich Schöttel nach einem verunglückten Rückpaß zu Konsel in der Halbzeit austauschen lassen will:* „Besser, ich bleib draußen und setz mich auf die Ersatzbank." Da denkt Happel völlig anders: *„Wer einen Fehler macht, soll zwei Minuten später einem Gegner den Ball durch die Beine spielen! Ich will, daß jeder denkt: Egal, ich marschiere weiter. Daß einer zurücksteckt, freiwillig Ersatz ist, will ich nicht hören!"*

MARIO POSCH: *„Normal kein linker Verteidiger, aber in Sittard sagt er, er wird's probieren. Und er ist kein idealer Mittelfeldspieler, weil er in der Abwehr sehr neutral ist. Wenn er dann seitlich spielt, neben der Linie, kann's sein, daß er in seinen Möglichkeiten begrenzt ist."*

WOLFGANG FEIERSINGER: Der Ex-Gendarmerieschüler ist eine Mischung aus Spätentdeckung und verschlamptem Talent. Lieblingsschüler von Krankl, der ihn aus Salzburg unbedingt zu Rapid mitnehmen wollte. Feiersinger sagte zu, dann ab, weil er im letzten Moment Angst bekam – und Krankl war bös.
Teamdebüt unter Hickersberger (gegen die Schweiz), immer linker Außenverteidiger, bis Happel experimentiert.
„Laufstark, marschiert 90 Minuten." Aber den kannst auf der rechten Seite genauso spielen lassen wie links, rät Constantini, dort ist er sogar noch besser. Das Experiment (gegen Portugal in Linz) ist ein durchschlagender Erfolg. Leider ist der echte linke Mittelfeldspieler ein Problem in ganz Österreich. *„Bei vielen Vereinen spielen eigentlich Rechte auf der linken Seite. Ich brauch einen, der hinten zumacht und vorn flankt – aber die wachsen ja nicht auf den Bäumen."*

PETER ARTNER: Eine Zeitlang sagt Happel, wenn er Admira-Spiele beobachtet: *„Der ist zu lang am Ball."* Aber im Team, beruhigt ihn Constantini, ist das sicher nicht so. Stimmt, bestätigt Happel: *„Ich weiß, daß er 90 Minuten marschiert, beinhart ist, im Zweikampf vielleicht der Stärkste, sicher der Effektivste. Positiv, wenn du hinter Stöger/Herzog einen Mann hast, der nachlegt, ungut ist für die Gegner. Artner ist wie eine Bank: Im Mittelfeld nicht umzu-*

bringen, spielt den unauffälligen Job, muß für die anderen die Löcher zumachen, seinen eigenen Mann abdecken – und spielt oft für zwei, drei Mann." Zweimal bereits leuchtet sein Name auf der „Mercati"-Liste der italienischen Sportzeitungen, als Perle auf dem Transfermarkt – zugegriffen hat noch keiner. Aber Hauptsache, Happel weiß ihn zu schätzen: *„Ich hab nur drei"*, vertraut er nach dem 4:0 gegen Litauen einem Freund an: *„Wohlfahrt, Artner und Flögel."* Sein bestes Ländermatch? Happel: *„Da hab ich mit ihm gar nicht so gerechnet, daß er das alles bringt: Durch seine Lauffreudigkeit, durch seinen Einsatz zieht er eigentlich das ganze Spiel an sich – und viel kommt von ihm. Aber ob Artner in jedem Länderspiel eine solche Leistung bringt? Da bin ich leider überfragt . . ."*

MANFRED BAUR: Libero in Innsbruck, ungewollt auch eine Zeitlang im Team: „Ich bin Mittelfeldspieler." Happel hält von Baur große Stücke und sagt mir schon im Frühjahr 1990 auf Tonband:
„Ich hab da mehrere Junge – aber Baur ist der Talentierteste. Der lebt und stirbt für seinen Sport." Ist Profi geworden erst ein halbes Jahr zuvor, aber Happel weiß: *„Was gut ist, kommt schnell. Und der muß kommen. Ich wär' schon sehr enttäuscht, wenn der nicht seinen Weg macht – weil er neben seinen Kapazitäten als Fußballer auch die richtige Einstellung hat."*
Darum kann er ihn Hickersberger *„nur empfehlen, Baur zur WM-Endrunde nach Italien mitzunehmen. Immer gut für junge Spieler, bei so einer Atmosphäre dabei zu sein – sie müssen ja net unbedingt aktiv mitspielen."*
Prächtig sein Freistoßtor gegen Wales.

PETER STÖGER: Vom Kinderstar endlich zum echten Star. Von Dolfi Blutsch als 16jähriger für den LASK entdeckt. „Da ist einer wie Prohaska: genau die gleichen Füße." Über Steyr zur Vienna, von Trainer Dokupil weiterentwickelt, dann endlich zur Austria.
Als Eintracht Frankfurt im Sommer 1992 nach Wien kommt, um Ivanauskas zu kaufen, wollen die Deutschen den Litauer plötzlich nicht mehr – die Nummer 10 mit dem Oberlippenbart hat ihnen viel besser gefallen. Aber Peter zögert.
„Wenn Stöger laut Vertrag um vier Millionen Schilling freigegeben werden muß, aber zwölf Millionen wert ist – warum verkauft er sich dann nicht selber?" rechnet mir Happel im Sommer 1992 vor.
Ja, warum scheitert der Transfer wirklich? Frankfurt hätte die Ablöse glatt bezahlt, aber Stöger hat gerade, mitten in den Verhandlungen, die große Liebe entdeckt. Und seine „bezaubernde Jeannie", die Tänzerin, mag er nicht in Wien zurücklassen. Statt Waldstadion also weiter Horr-Stadion. Und endlich auch der Wendepunkt im Team. „Mir tut weh, weil immer behauptet wird: der Stöger ist nur ein Vereinsspieler."

Oft sagt man: Ein reiner Vereinsspieler, der ist im Team nie gut – und auf einmal ist das ein Komplex, der sich im Kopf festsetzt. Blödsinn: Wenn er beim Klub zwei Tore aus dem Mittelfeld machen kann, dann kann er's auch im Team.

Für Happel und Constantini ist Stöger *„unterm Strich schon seit zwei, drei Jahren der beste Mittelfeldspieler in Österreich. Weil du ihm zwei Aufgaben geben kannst: daß er einen Gegner neutralisiert und dann in die Offensive geht. Marschiert 90 Minuten ununterbrochen. Muß genau wie Herzog immer am Ball sein. Jehr mehr am Ball, um so besser werden sie."*

Happel ist der erste Teamchef, der über das Mittelfeld-Duo Stöger/Herzog keinerlei Diskussionen aufkommen läßt. Alle Bedenken früherer Trainer („auswärts darf man beide sicher nicht spielen lassen – sogar zu Hause ein Sicherheitsrisiko") wischt Happel vom Tisch: Und freut sich nach dem 2:2 von Preßburg: „Das waren Weltklassekonter, meine Herren!"

Das erste Stöger-Tor im 20. Länderspiel. „Endlich nicht mehr als Vereinsspieler abgestempelt. Komplex abgelegt. Aller Druck weggefallen."

Der Teamchef hat von Stöger immer sehr viel gehalten: *„Aber die Möglichkeiten, die er als Spieler hat, kommen noch nicht richtig raus, weil er so hohe Erwartungen in sich setzt, daß er total verkrampft."* Happel weiß, wo er korrigieren muß, und Peter sagt nach ein paar Wochen dankbar: „Trainer, jetzt hab ich's heraus. Ich schlaf ruhig, bin nimmer so nervös, wenn ich rausgeh, sondern viel unbeschwerter und lockerer." In Interviews heißt das so: „Ich hab mir die Latte zu hoch gelegt."

Typisch, wie Stöger vor Happels letztem Ländermatch (Israel) ins Teamquartier City-Club kommt, allen die Hand gibt, schon weitergeht – da ruft ihn Happel nochmals zurück um ihm vor Veronika und Didi zu sagen: *„Ich bin mit dir wirklich sehr zufrieden!"* Alle spüren, wie sehr sich Stöger freut.

THOMAS FLÖGEL: Karriere in zweiter Generation. Vater Rudi – Bankbeamter und jetzt Austria-Nachwuchstrainer – war immer Rapidler, sein Sohn Thomas im Herzen immer Austrianer, „weil ich im zweiten Bezirk aufgewachsen bin: nur ein paar Minuten vom Stadion". Gleicher Laufstil wie der Papa (eingezogene Schultern, seitlich federnd), gleiche Technik, genauso trickreich: Schießt herrliche Tore.

Gegen Wales (1:1) ist Happel mit Flögel *„hochzufrieden. Jetzt muß ich schauen, vielleicht kann ich ihn noch auf eine andere Position stellen"*. Mehr in der Mitte, damit er das Spiel an sich reißt? *„Ich will da nicht sagen: mehr zentral in die Mitte, sondern von hinten aus der Defensive heraus, mehr ins Spielgeschehen hinein. Damit er die langen Wege nicht gehen muß."*

Ein Fußball-Ästhet, Liebling der Mitteltribüne im Horrstadion. Sogar der legendäre Sandro Mazzola schickt Flögel einen Spielervermittler nach Wien: „Den müssen wir uns für Inter sichern!"

Auch Happel hat mit Flögel Großes vor. Zuletzt in seiner Karriere leider etwas steckengeblieben: Junger Spieler, junge Liebe – und die Stewardess Tina steht auch nicht gern im Abseits. Im Herbst ein kleines Tief – aber das weiß er selber: Der Thomas ist ein gescheiter Bursch.
Happel ist überzeugt: *„Der macht seinen Weg. Nur international ist oft die Frage: Wirfst du jetzt die Leute rein, die in Top-Form sind – oder ist es dir egal, wenn einer ein bißl schlechter, ein anderer ein bißl besser ist – und du bleibst bei der Mannschaft?"*

FRENKI SCHINKELS: „Du holländischer Bandit!" nennt ihn Happel zum Spaß – beide reden oft und gern holländisch miteinander. „Happel war schon als Bub für mich ein Gott." Vom Vater, einem Profi bei Xerxes Rotterdam, immer mitgenommen, als Neunjähriger in die Knabenmannschaft von Feyenoord gesteckt – wo das Echo Happel ewig nachklingt: „Ich hab überall seine Fotos gesehen." Sehr jung schon Profi geworden, in Schweden, bei Alkmaar, Excelsior Rotterdam, dort wegen einer Ohrfeige für den Schiedsrichter acht Monate gesperrt ... und schließlich Österreich: SAK, Sportclub, Austria, Spittal, wieder Austria, Stahl Linz, St. Pölten, Salzburg.
Leitspruch: „Um 500.000 Schilling bin ich frei." Wohin er sein Auto mit Kennzeichen „Frenki 4" lenkt – er verdient überall eine Million, hat überall gute Verträge, weil er sehr geschäftstüchtig ist.
Aber worauf er noch viel stolzer ist: „Auf meine fünf Länderspiele unter Happel! Was ich jetzt in Holland für Ansehen genieße – unglaublich. Denn einberufen kann dich ja jeder Trottel. Aber Teamspieler unter Happel – das ist wie ein Sechser im Lotto!" Mal fünf sogar.
Was Happel an seinem „holländischen Banditen" so taugt? *„Der kann zehn Fehlpasses hintereinander machen – und wird trotzdem frech weiterspielen. Ein Österreicher gibt zu früh auf, versteckt sich. Aber Schinkels kämpft und riskiert weiter, der ist nicht zu brechen."* Großes Lob. Manchmal kriegt Schinkels in seinen Viermäderlhaushalt (drei Töchter) holländische Zeitungen geschickt. „Ich bin immer stolz, wenn ich in einer Happel-Story auftauch."
Oder in Ländermatchberichten – wie bei seinem Kopftor ausgerechnet gegen Holland in Sittard. „Unser Kopfballungeheuer", schmunzelt Constantini. Seither sagt Happel auch „Grootie", das heißt auf holländisch: der Lange, zwecks Theater.
Schinkels ist ein Fußballer, *„der alles sieht. Einer von den zwei, drei Besten in Österreich – bevor sie den Ball haben: Da weiß Schinkels schon, wo er hinspielen wird. Eine Gabe für einen Mittelfeldspieler, eine der wichtigsten Sachen. Und eine Laus als Fußballer."* Happel weiß schon, *„warum ich Schinkels seinerzeit nach Tirol holen wollte. Aber das ist gescheitert an irgend einem Punkt. Ein typisch holländischer Fußballer mit der richtigen Einstellung, und spielerische Klasse hat er auch."*

DIDI KÜHBAUER: Ganz der Typ des *„schlitzohrigen, ausg'schwabten"* Fußballers, wie ihn Happel so gern hat: *„80 Prozent Talent, die 20 Prozent Charakter bring ich ihm auch noch bei!"* Das große Talent aus dem BLZ Mattersburg ärgerte viele Trainer, fuhr im Winter mit nassen Haaren im Cabrio spazieren – heute längst kein Problemkind mehr. Dank Happel, dank Starek, der immer verlangte: „Kühbauer muß zu Rapid!" Admira fordert 10 Millionen und bekommt 6,5.

Kühbauer ist für Happel die große Entdeckung des Polen-Matches. *„Die Art und Weise, wie er spielt, gefällt mir."* Natürlich relativ, wenn man bei einer 2:4-Niederlage gut spielt. Aber vor 20 Jahren, in Wembley, haben zwei Mittelfeldspieler gestritten, wer beim 0:7 gegen England der Bessere war – Gustl Starek und Buffi Ettmayer.

ANDY HERZOG: Im Herbst 1992 zum besten offensiven Mittelfeldspieler der deutschen Bundesliga gewählt; kriegt sogar eine Stimme für den „Fußballer des Jahres" von „France Football", wird „Krone"-Fußballer des Jahres. Herzog, der König von Bremen.

Dabei hat ihm Otto Baric einst bei Rapid prophezeit: „Du bist ein guter Fußballer, aber spielen wirst bei mir nie!" Worauf Trainer Dokupil bei der Vienna den Rohdiamanten zurechtschliff, aber Krankl hatte große Mühe, Herzog zu Rapid zurückzuholen. „Ich bleib bei der Vienna, weil mein bester Freund dort spielt – der Peter Stöger." Rapid holte Herzog direkt aus dem Vienna-Trainingslager aus Zell am See.

Im Hanappi-Stadion immer gut, auswärts ausgepfiffen und beschimpft, schon als ewiges Talent abgestempelt – aber dazwischen immer großartige Partien: Vom 3:0 gegen die Türkei (zwei Herzog-Tore) bis zum 5:2 gegen Israel (wieder zwei Herzog-Tore). *„Wenn's bei ihm gutgeht"*, schmunzelt Happel, *„dann wissen wir eh, was los ist."*

Happel hält den Andy für einen *„genialen Fußballer. Wenn ihm etwas gelingt, macht er alle teppert!"* Das Problem gegen Israel ist nur der Halbzeitpfiff: *„Sonst macht er statt zwei Goals sogar vier – weil er nicht zu halten ist."*

Seine Freunde sind die Westwien-Handballer und die WEV-Eishockeyspieler. Sein Lieblingslokal: Schloßgasse; manchmal auf einen Pfirsichschnaps.

Daß er heute bei Werder Bremen spielt, verdankt er Pepi Hickersberger: „Um Andys Ehrgeiz aufzustacheln, ruf ich meinen Freund Otto Rehhagel in Bremen an und bitt' ihn: Komm nach Wien und schau dir den Herzog an." Rehhagel kam, Andy brillierte – und heute ist er wirklich der Superstar in Bremen. „Herr Rehhagel ist ein verflucht harter Trainer", gibt Herzog zu. „Aber ich verdank ihm viel, was ich heute bin."

Im Sommer 1992 sagt mir Happel über Herzog: *„Der Andy soll sich ins Ausland putzen"*, und erklärt auch gleich, warum.

„Die deutsche Bundesliga ist erstens für den Spieler, zweitens für mich per-

sönlich ein Maßstab, weil ich die deutsche Bundesliga ja kenn. Das sind andere Maßstäbe, was das Training betrifft, und auch Woche für Woche kolossaler Einsatz jeder Mannschaft. Die spielen ja nicht auf Abwarten, sondern von Beginn gleich volle Pulle. Da wird jede Mannschaft Woche für Woche gefordert. Für mich ist es besser, wenn die Spieler im Ausland sind, aber lieber, wenn sie da sind. Daß sie einmal sehen, was die ausländischen Spieler für Charakter zeigen, was Einsatz betrifft, und Arbeit beim Training. Weil wir kennen ja unsere Mentalität, unseren Charakter, unsere Einstellung. Also, für die Jungen kann's nur gut sein."

Mit 22 wohnt Herzog noch zu Hause bei seinen Eltern. Werder Bremen zahlt 3 Millionen Mark (21 Millionen Schilling) und Andy übersiedelt mit seiner jungen Freundin Kathi nach Bremen.

Anfangs hat Happel leise Angst, *„daß sich Herzog nicht durchsetzt. Weil er noch zu sehr an seinen Eltern hängt, noch nicht ganz abgenabelt ist"* (sagt er oft). Und redet auch mit Rehhagel darüber: *„Ich mach dich aufmerksam, schau ein bißl drauf."*

Anfangsschwierigkeiten, aber dann der große Wendepunkt: Werder schlägt die Bayern in München 3:1, und Herzog ist an allen drei Toren beteiligt: ein Elfer nach Foul an ihm – ein Tor aufgelegt – eines selber geschossen: unmittelbar vor dem Paris-Match.

Danach fliegt Werder nach Bremen, Herzog will nach Wien, die Eltern wollen ihn gleich im Auto mitnehmen, aber das ZDF-Sportstudio schreit nach Andy: Auf nach Mainz, mit dem Hubschrauber. Vater Herzog will gleich mitfliegen, alles mitgenießen, aber Rehhagel entscheidet: „Kommt nicht in Frage. Das ist ein erwachsener Mensch, der kann doch allein von München nach Mainz! Die Eltern sollen ruhig nach Hause fahren – Andy kommt morgen nicht." So geht's auch.

Otto Rehhagel hat mit Österreichern immer beste Erfahrungen gemacht: mit Hickersberger und Schmidradner (in Offenbach), mit Pezzey und jetzt Herzog in Bremen. „Die Spieler mit der Nummer 10", denkt er an Pele, Cruyff, Maradona usw., „haben alle ein bißl ein Problem: die Rückwärtsbewegung der Genialen."

Darum hat Rehhagel auch für Andy „Freiräume gebaut: andere Spieler gehen seine langen Wege, die er nicht gehen kann, für ihn – und wenn er vorn erfolgreich ist, ist das okay."

Stufe 1 der Herzog-Karriere: sich in Österreich durchzusetzen: Stufe 2: Das „Fegefeuer der deutschen Bundesliga" – wie es Rehhagel nennt. Stufe 3: Italien?

Die Fans machen aus Herzog ein Herzerl, ein Herzilein und skandieren „Herzilein, das kannst nur du allein", bis Rehhagel einschreitet: „Ich kann das Herzilein nimmer hören. Ab jetzt heißt du Eisenbieger!" Didi Constantini: „Wir Österreicher machen da oft einen Fehler: Wir sagen: Der geht ins Aus-

land, der setzt sich eh nicht durch – ob Krankl, Polster oder Herzog. Dabei müssen wir für jeden froh sein, wenn sich der durchsetzt."
Happel ist längst angenehm und positivst überrascht: *„Jedesmal, wenn der Andy aus Deutschland zum Team kommt, hab ich mit ihm eine riesige Freude: wie er ein richtiger junger Mann geworden ist, selbständig – die ganze Art, wie er sich gibt."* Also höflich, gut erzogen und doch energisch und selbstsicher.

TONI POLSTER: Hat seine Teamkarriere unter Alfred Riedl beendet: „Der glaubt, Paprika ist ein ungarischer Teamspieler." Läßt sogar Constantini abblitzen: „Zahlt sich nicht aus, ich wart einmal, wer neuer Teamchef wird." Happel macht Toni zum Kapitän – und der bedankt sich mit dem 1:0 in Budapest.
Ich weiß nicht, ob es Happel je zu Polster gesagt hat. Aber noch vor seiner Teamchef-Ära fällt ihm auf: *„Der müßte einmal ordentlich austrainiert sein! Nur wäre er dann ein Jahr tot, wie meine Tiroler das erste Jahr – aber mit Pacult hatte ich auch das Problem. Teilweise auch so ein körperloser Spieler. Den Fehler hat man in der Jugend gemacht – mit 20 hätte man noch vieles korrigieren können."* Happel ist anfangs klar, *„daß Polster konditionell nicht ganz auf der Höhe ist. Wäre er körperlich topfit, hätte er mehr Widerstandskraft und Stehvermögen im Zweikampf."* Aber Happel weiß am besten, daß Polster oft die wichtigsten Tore schießt und nie, nie, nie hätte er ihn ausgetauscht – mag das Publikum noch so pfeifen. *„Erstens einmal prinzipiell – na grad zu Fleiß nicht!"*
Krankls zwei Cordoba-Tore machen ihn unsterblich – Polsters 3:0 gegen die DDR nicht?
„Siebzig Prozent sind gegen Polster, dreißig für ihn. Solche Spieler hat's immer gegeben. Auch bei Krankl haben die Leute geschimpft, obwohl der wahrscheinlich noch gefährlicher war – und dann hat er die entscheidenden Tore geschossen. Polster ist so ein ähnlicher Typ."
Aber Happel ist überzeugt, daß Toni der torgefährlichste Spieler ist: *„Ich telefonier oft mit ihm und hör, daß er Tore gemacht hat. Wichtig ist, daß er sie bei uns schießt ..."*
In Spanien – früher beim Ex-Happel-Klub FC Sevilla, dann in Logrones, jetzt bei Rayo Vallecano – marschiert Polster unerschrocken in den Strafraum, geht kaum zu Boden, gewinnt Zweikämpfe, und immer öfter winken die Fans, wie beim Stierkampf, mit den weißen Taschentüchern.
Im Vallecano-Dreß zerbombt er sogar Real Madrid. In Saragossa schlägt Weltmeister Andy Brehme, sein Gegenspieler, in der „Bild"-Zeitung den Bayern vor: „Ihr müßt Polster kaufen!"
Simmering – Austria – Torino – Sevilla – Logrones – Vallecano – dazwischen fast noch Real Madrid. Aber als Hugo Sanchez verletzt ist, Real nach Polster angelt, will Toni unbedingt in Sevilla bleiben.

Problemlos sind seine Transfers nie: In Torino Krieg mit Trainer Radice, außerdem Präsidentenwechsel – und der Neue fühlt sich nicht zuständig. In Logrones hat der Präsident unter General Franco allen Reichtum verloren, mühsam neu aufgebaut und sitzt plötzlich im Gefängnis.
Aber: Ein Fußballer, der in Spanien seinen Vertrag erfüllt hat, ist automatisch frei – und Polster kassiert überall die Ablösesumme. Jedesmal zirka 10–12 Millionen Schilling. Und weil er sparsam, fast geizig ist: sicher Österreichs reichster Fußballer aller Zeiten.
"Wunderteam-Mittelstürmer Mathias Sindelar hat 1000 Schilling im Monat verdient, heute 300.000 Schilling wert. Und ich bei Rapid bis zu 17.000 Schilling – heute zehnmal so viel", rechnet Happel.
Anders denkt Rayo-Trainer Camacho, frühere spanische Verteidiger-Legende, und nimmt Polster im Spätsommer aus der Mannschaft. „Er darf nicht einmal mehr trainieren, weil er die körperlichen Voraussetzungen nicht mitbringt. Polster muß an seiner Fitness arbeiten!"
Jetzt klappt's wieder. Polster schießt Tor um Tor, Aufsteiger oder Abstiegskandidaten, je nachdem, in die Nähe der UEFA-Cup-Startplätze. Ehefrau Lisi, frühere ORF-Empfangsdame, und der kleine Anton Jesus kommen mit dem Zählen bald nicht mehr nach: Silberner Schuh. Torrekord hinter Krankl – und sein Fernduell mit Papin steht im Frühjahr 11:11. Obwohl der Franzose immer besser trifft.

ANDY OGRIS: Dreimal verheiratet, ein viertesmal zur Austria zurückgekehrt – ein Wirbelwind nicht nur auf dem Fußballplatz, dieser „österreichische Kevin Keegan". Würde perfekt in die englische 1. Division passen, versuchte aber sein Glück in Spanien. Der Vertrag mit Espanol Barcelona: 10 Millionen, wenn er länger als ein dreiviertel Jahr bleibt – sonst nur sieben.
Beißt, kämpft, fightet nicht nur auf dem Feld: Dostal-Opfer bei der Austria, Linzer Zwischenspiel, haßte es, immer für längere Zeit „das letzte österreichische Tor geschossen" zu haben: 1:3 gegen die Schweiz, 2:1 gegen die USA. Bester Stürmer in der WM-Vorbereitung 1990, Gewinner des „Fußball-Oscar" – Teamkapitän – und daher der erste Spieler, mit dem Happel als Teamchef redete: noch am Tag seiner Bestellung.
"Ich sag dir meine Regeln: Am wichtigsten sind Disziplin und Pünktlichkeit."
„Den Ogris", sagte einmal ein Teamchef, „mußt auch nehmen, wenn er grad nicht in Form ist – weil er so unheimlich wichtig fürs Klima in der Mannschaft ist."
Als er aber vereinslos, ohne Training, gegen die CSR nicht im Kader aufscheint, ruft er Happel an: „Warum spiel i net?" *„Weil ich von dir enttäuscht bin"*, erklärt ihm Happel. „Ich von Ihnen auch", sagt Ogris unverblümt.
Einer, der gleich zurückredet – was Happel gefällt. *„Goschert muß er nicht sein, aber ehrlich."* Yes-Man haßt er. „Aber die Unehrlichen find ich in zwei

Minuten raus." Ogris, der Kicker, gefällt ihm, *"weil er immer marschiert. Auch wenn er einmal nicht die Über-Form hat. Wir können nicht verzichten. Obwohl der Andy, seit er von Spanien zurück ist, selten die Superleistung von früher gebracht hat. Das wissen wir ja."* Bis zum Goal gegen Israel.

HEIMO PFEIFENBERGER: *"Ein ehrlicher Fußballer!"* betont Happel, völlig zu Recht, wie sich im Transfer-Rummel beweist. Krankl hat Heimo bei Rapid zum Verteidiger umfunktioniert, nach Pecls Ausfall sogar zum Manndecker – schließlich haben schon früher die Sturmtanks Robert Dienst oder Hansi Buzek später Stopper oder Libero gespielt. Aber Happel protestiert: *"Für mich ist Pfeifenberger kein Verteidiger, sondern ein Stürmer!"* Außerdem, so wie er bei Rapid eingesetzt wird, *"zuviel Manndecker"*. Vorn hat er Ogris-Polster – weil Happel im Raum spielen will, fällt "Pfeifi" durch den Rost.
Ich hab noch die "Heimo! Heimo!"-Sprechchöre nach Pfeifenbergers erstem Ländermatchtor (gegen die Färöer in Salzburg) im Ohr. Und nach Lehen zurück zieht es Pfeifenberger wegen seiner Kinder. 4,5 Millionen Schilling Ablöse, fast schon alles klar, bis der LASK dazwischenfunkt. Heimo: "Ich würde gern, bin aber schon Salzburg im Wort." Vier Tage später ist der Vertrag fix, worauf Heimo den LASK-Präsidenten Jungbauer anruft: "Ich hab soeben mit Salzburg abgeschlossen, tut mir leid, aber danke für Ihr Angebot."
Hätte jeder Kicker so höflich reagiert?
Ein Supermatch in Preßburg: *"Ich bin begeistert, wie er da wirklich ganz stark spielte, und ein schönes Tor gemacht hat"*, lobt Happel.

ERNST OGRIS: Den "kleinen Ogris" mag Happel weniger – obwohl er beim 1:2 gegen Dänemark in Odense, halfvolley aus acht Metern, das Tor des Jahres geschossen hat. *"Was macht der da?"* fragt Happel in Preßburg – er hat den Stürmer aus dem provisorischen Kader gestrichen, nur vergessen, es auch zu sagen. *"Der ist ja auch noch nicht soweit. Macht wohl sechs Tore, aber du mußt dir auch seine Bewegungen anschauen."*

WALTER WALDHÖR: Von Otto Baric einmal an Micheldorf verliehen, als Landesligaschützenkönig zurückgekommen, einen Schienbeinbruch überwunden, tut sich schwer, weil Vorwärts Steyr mit drei Stürmern spielt – Knoflicek, Niederbacher, Waldhör. Aber das weiß auch Happel, anfangs von Waldhör recht angetan, *"nur dann wird er mir ein bißl zu ungefährlich und schießt auch in der Meisterschaft sehr wenige Tore – aus welchem Grund auch immer"*.

RALPH HASENHÜTTL: "Super-Sub" würden sie ihn auf der Insel nennen: den Super-Auswechselspieler, den Jolly-Joker, sogar als Austria-Ersatzstürmer ins Team geholt und bei der ersten Ballberührung immer für ein Tor gut – Happel liebt Überraschungseffekte. Hasenhüttl sieht aus wie die Olympiahelden 1928 aus der „Stunde des Siegers", ist aber ein begnadeter Klavierspieler und ein besessener Fußballer: Als die Austria gegen den Ex-Happel-Verein Brügge rausfliegt, weint er – und obwohl ihm LASK-Präsident Jungbauer die doppelte Gage bietet, bleibt er bei der Austria.

GERFRIED SABITZER: „Du bist nur ins Team gekommen, weil du fünf Kilo abgenommen hast", glauben seine Freunde – aber der „steirische Salzburger" dementiert: „Blödsinn, ich hab nix abgenommen." Happel registriert alles. *„Erstens einmal kommt er mir viel lebendiger vor, spritziger. Er ist jung, aggressiv, hat keine Angst, er geht als Stürmer rein, an den Mann, schreckt sich vor nix. Und bei den Standardsituationen ist er da mit dem Kopf."*
Von Sabitzer hält Happel also viel, nur ärgert ihn ein Interview, das er liest: *„Sabitzer sagt: Ich hab jetzt vier Kilo zuviel, im Teamtrainingslager aber zwei Kilo abgenommen. Ich hoff, ich bin wieder dabei, daß ich wieder zwei Kilo abtrainier."* Das findet Happel nicht sehr intelligent, *„weil das heißt: Der Spieler tut daheim beim Klubtraining zu wenig, um auf sein Idealgewicht zu kommen."*
Gegen Israel ist Sabitzer „auf Abruf" nominiert, ruft aber nicht einmal an. Er ist für zwei Spiele gesperrt und nimmt drei Kilo zu, was Happel bös macht: *„Ich hab mich sehr geärgert."*

DER ÖFFENTLICHE HAPPEL

Weil man mich das oft gefragt hat: Wie hast du eigentlich die Interview-Wünsche mit dem Teamchef geregelt? frage ich den ÖFB-Pressechef Heinz Palme einmal. Wieviel Zeit nimmt sich Happel für Journalisten und Interviewwünsche? „Für dich immer", sagt Palme. „Für andere je nach Lust und Laune..."
Oder Gerry Leutgeb, in der Happel-Ära Swarovski-Manager: „Sie haben sein Vertrauen nie mißbraucht, das hätte er auch nie toleriert. Wenn nix is, is nix. Sensations-Berichterstattung ohne echte Informationen haßt er." Grundsätzlich hat Happel „keine schlechte Einstellung. Er verurteilt nur den ungerechten Journalismus. Ein beinharter Profi, ein gradliniger, ehrlicher Kämpfer. Schaut der Wahrheit ins Aug, ist immer korrekt. Aber Schläge unter der Gürtellinie hat er nie verziehen."
Der „Menschenfeind", der „Menschenverachter", wie ihn so viele, ohne ihn zu kennen, aus der Ferne abkanzelten – der ist Happel nie.
In Salzburg liegt der FC Tirol, erstmals ohne Happel, 0:2 zurück. „Jetzt brennt aber der Hut", tastet sich eine Reporterin an Happel heran – und der reagiert grantig.

Und der Linzer Radio-Sportchef Manfred Payrhuber: „Wenn ich Happel manchmal frag, wie's gestern im Casino war, rechnet er mir genau seinen Gewinn oder Verlust vor. Beim nächstenmal kann's sein, daß er mich anschnauzt: „Was geht Sie das an?"
Als ihn der Grazer Radio-Sportchef Werner Sabath um einen Matchkommentar bittet, brummt Happel: *„Ich hab schon meinen Text gegeben – was soll ich jetzt noch sagen?"*
Sabath: „Dann sagen S' halt wenigstens Frohe Ostern."
Happel: *„Wieso, sind in Österreich mehr Katholiken? Weil in Deutschland sind mehr Protestanten . . ."*
Happels Maxime: *„Ein guter Reporter ist, wer die Wahrheit schreibt. Wer seine Phantasie einbaut, hat nix mit gut zu tun."* Das hat er nie gemocht – sonst hat er nie Probleme.
Als ihn das RTL-Fernsehen einmal zu einem längeren TV-Interview überreden kann, baut Happel im Studio kunstvoll eine Armee von Swarovski-Kristallfiguren auf. Seine ORF-Fernsehgage spendiert er für „Licht ins Dunkel". Ins Radio-Studio kommt er zu mir immer gratis.

Der Sportclub-Platz ist fast sein Heimstadion. Oft nimmt ihn ein Kartenfreund vom Café Ritter mit, oder Veronika bringt ihn hin und holt ihn wieder ab. *„Den Sportclub-Platz hab ich immer gern mögen. Ich triff dort immer Leute, mit denen kannst herrlich diskutieren."*
Vor allem über den sensationellen Wiederaufschwung: *„Was mit dem Sportclub passiert, was da aus ganz wenigen Möglichkeiten herausgeholt wird – da lacht mir das Herz!"* Noch im Herbst 1992 fordert er vom Nationalteam: *„Spielt frech wie der junge Sportclub!"* Seine Befürchtung nur, und die sagt er oft: *„Daß die junge Mannschaft irgendwann größenwahnsinnig wird. Nicht auf dem Boden bleibt."*
Happel ist erst beruhigt, als er Willy Kaipel trifft. Früher Sportclub-Tormann, dann Salzburger, jetzt Sportclub-Trainer und Filialleiter einer Bank in der Ottakringer Straße – nur 400 Meter vom Café Ritter.
Kaipel hat Happel einfach angerufen und gefragt, ob er vorbeischauen dürfe. Für junge Trainer hat Happel immer Zeit: *„Aber komm in den ÖFB, nicht ins Kaffeehaus."*
Kaipel hat auch ein Buch über Tormanntraining geschrieben – und natürlich Happel mitgebracht. Viermal Audienz: kein Problem.
Fußballtrainer, auch für Kaipel „kein normaler Beruf: Nur der Sozialhelfer ist noch schwieriger und sinnvoller, aber dann kommt schon der Fußballtrainer. Nirgendwo sonst mußt du so oft im Monat soviele Leute gleichzeitig zur Höchstleistung bringen."
Darum braucht nicht nur der Spieler, sondern auch der Trainer „stets neue Motivation: Die mir Herr Happel jedesmal gibt. Nach jedem Gespräch mit

ihm hab ich neue Energien, meine Batterien frisch aufgeladen." Die Motivation, die unserem Fußball jetzt so schmerzhaft fehlt. Denn: „Happel ist keine Plaudertasche. Alles, was er sagt, hat Hand und Fuß."
Kaipel fragt ihn, warum der Sportclub bei Eckbällen und Standardsituationen Schwächen hat. Happel gibt ihm praktische Tips: *„Beim Eckball muß einer zum kurzen Eck, etwa fünf Meter vorm Tor, den Ball nach hinten verlängern. Oder zweitens: Laß den Corner indirekt, vom Verteidiger, mit Effet hereindrehen. Und drittens, das wichtigste: Bewegung im Strafraum! Aber erst, wenn der Eckball reinkommt, nicht schon vorher. Und viertens: Arbeiten, arbeiten, arbeiten!"*
Das Zauberelixier hilft – plötzlich macht der Sportclub aus Eckbällen fünf, sechs Tore. Was Happel sagt, gilt offenbar immer.

HAPPEL ÜBER KONDITIONSTESTS: *„Sehr wichtig. Ein Fußballer muß zweimal im Jahr getestet werden, damit man weiß: Wie ist der körperliche Zustand. Was fehlt? Ist alles in Ordnung? Die konditionelle Basis ist die Grundbedingung für jeden Fußballer. Wer körperlich nicht in Tip-Top-Zustand ist, von dem muß man Abstand nehmen."*
HAPPEL ÜBER DIE SCHIEDSRICHTER: *„Normal darf bei mir immer nur ein Mann sprechen mit dem Schiedsrichter – der Kapitän. Aber ich weiß nicht immer, wie seine Sprache ist . . ."*
HAPPEL ÜBER DIE WM-QUALIFIKATIONSGEGNER: *„Bei den Franzosen geht immer alles in Wellen. Die Bulgaren darf man ja nicht unterschätzen, Stoitschkov muß provoziert werden. Und von Bloßfüßigen oder Kleinen mag ich überhaupt nichts hören! Die Unangenehmsten sind Finnland und Israel – für mich die unangenehmsten Spiele."*
HAPPEL ÜBER STEHGEIGER: *„Wenn einer umhersteht, nichts macht und nicht aktiv ist, dann wird's krislig. Das will ich nicht sehen. Wenn mir einer eine Chance verhaut, das macht mir weniger, weil der haut ja nicht absichtlich daneben. Da muß er ja beschädigt sein."*
HAPPEL ÜBER DIE MEISTERSCHAFT: *„Ich sehe noch immer Mannschaften, die auf Abwarten beginnen. Die spielen vielleicht vier Spiele im Monat auf Abwarten, kommen 0:1, 0:2 in Rückstand halt, gehen in die Kabine, kommen raus und blasen hinein. Sind sie blind, kriegen sie noch zwei Tore, sind sie nicht blind, holen sie eventuell noch einen Punkt. Warum gehen wir nicht gleich von Beginn an volles Tempo? Das ist auch international üblich."*
HAPPEL ÜBERS PUBLIKUM: *„Die bezahlt haben, dürfen pfeifen – aber wer eine Freikarte hat, muß den Mund halten"*, ist sein Prinzip. Am Tivoli reagiert er einmal ganz wild, stürmt zum Zaun und fragt: *„Hast du Eintritt gezahlt oder eine geschenkte Karte?"* Wenn er sie vorzeigen kann, sagt Happel: *„Okay, dann hast du das Recht, daß du schimpfst – sonst nicht!"*

Unser Fußball ohne Happel, der immer *„150 Jahre alt werden"* wollte.
Keiner mehr, der fragt: *„Wer ist der Mann?"* oder: *„Was sind das für Menschen?"* Der mahnt: *„Ich mach Sie aufmerksam"* oder grantelt: *„Wenn ich Sie sehe, wird mir übel und mießlich!"*
„Holländisch red ich nimmer, aber wenn die Holländer nach Tirol kommen, kann ich's sofort wieder." Und seine HSV-Freunde besuchen ihn im Winter.
„Ich bin kein Bla-bla-Redner. Was andere Trainer 30 Minuten lang erklären, dazu brauch ich vielleicht fünf Minuten."
„Fußball ist für mich Hobby, aber als Trainer auf der Bank kann ich nicht genießen – nur wenn ich zuschauen könnt."
„Wenn ich einen Fußballer seh von überdurchschnittlichem Format, der die Materie beherrscht, mit Phantasie und Improvisation Fußball spielen kann, dann lacht mein Herz."
„Sprech ich zuwenig, hab ich zuviel gesagt. Sprich ich zuviel, krieg ich das zehnfach zurück."
„Ich halt meine Verträge immer ein. Aber wenn der Verein nicht in Ordnung ist: Einen künstlichen Wirbel kann ich immer machen."
Aber, leider Gottes auch: *„Was weiß ich, was in drei Monaten ist? Vielleicht lieg ich in drei Monaten auf dem Hernalser Friedhof."*

SEIN STILLER KAMPF

Angefangen hat seine Krankheit mit übergangenen Verkühlungen, Grippe, im Oktober 1990.
Aber vorher schon: zwei Magenoperationen in den 60er Jahren. Einen nervösen Magen hat Happel immer. Nach Feyenoord und FC Sevilla, bevor er zu Brügge kommt, auch Magengeschwüre. Ein Homöopath zaubert für ein paar Wochen die Schmerzen weg, aber Happel will kein Risiko eingehen: *„Ich hab vier bis sechs Wochen Pause, also Operation."*
Man entfernt ihm zwei Drittel des Magens. Kein Problem, weil sich der Magen bekanntlich nach gewisser Zeit wieder ausdehnt.
1985, beim HSV fängt plötzlich alles wieder an: Innerhalb eines halben Jahres – Dezember 1985 bis Mai 1986 – nimmt Happel 18 Kilo (!) ab.
Das Problem ist nicht der Magen, sondern, wie er ißt und trinkt. „So heiß wie der Ernst ißt ja kein Mensch. Heiße Suppe, ein Aperitif, dann irgendeinen Schnaps, dazu eiskalte Limonade – das verätzt die Speiseröhre", zählt Veronika auf.
In Hamburg ist er Versuchskaninchen der Ärzte; teils homöopathisch behandelt, teils mit Medikamenten, die er haßt, weil er Chemie strikt ablehnt. Happel hat das Gefühl, *„daß mich alle verrückt machen"*, und will nach Meisterschaftsende, also Ende April 1986, nach Wien.

Letztes Heimspiel: gegen Eintracht Frankfurt. Freitag abend, in der Kasernierung in Quickborn, gibt ihm der Arzt einen Brief. Verschlossen und zugeklebt. Nur für den Arzt in Wien bestimmt, Herr Happel.
Happel reißt ihn trotzdem auf und liest ohne Brille nur ein Wort: Diagnose Darmkrebs.
Als Veronika Samstag früh – vorm Match – ins Hotel kommt, ist Happel ernster als sonst: *„Geh aufs Zimmer, in meiner Tasche ist ein Brief – schau dir den an."*
Veronika liest und sagt: „Dann hat's überhaupt noch keinen Sinn, nach Wien zu fahren. Du hast jetzt deine Termine, wirst durchgecheckt, und dann sehen wir weiter."
Happel glaubt die Diagnose Darmkrebs nicht. *„Wenn schon, dann eher der Magen."* Er fährt nach Wien und legt sich unter falschem Namen – Direktor Waldner – in die Privatklinik. Fußballreporter aus ganz Europa, aber auch verschiedene Millionenklubs jagen Happel, doch keiner findet ihn.
6. Mai 1986: „Direktor Waldner" hat, wie sich herausstellt, zwar Polypen im Dickdarm. Aber die sind harmlos, keine bösartigen Wucherungen – man muß sie nur kontrollieren. Und die Koliken, stellt sich heraus, kommen nicht vom Magen, sondern von der Galle. Prof. Rocker säubert also die verätzte Speiseröhre, entfernt die Gallenblase und zwickt den Streßnerv ab – weil er beim Match immer erbrechen muß. Auch darum gibt er in Hamburg fast nie Interviews.
„Sie dürfen nicht mehr alles in sich reinfressen und reinschlucken! Einfach alles rausbrüllen!" rät ihm Prof. Rocker noch.
Die zusätzliche Krankenversicherung, über den Ex-Sportclub-Spieler Pepi Hamerl abgeschlossen, kostet 4000 Schilling Monatsprämie. Am Ende beziffert Elfriede Happel sämtliche Spitalskosten mit 3,5 Millionen Schilling!
„Die Polypen im Dickdarm müssen wir operieren, aber nicht jetzt, weil Sie noch schwach sind, sondern in eineinhalb Jahren", hat ihm Prof. Rocker damals gesagt, hier heroben am Schafberg. „Und alle zwei Jahre müssen wir den Magen linieren, mit einer Geleemasse stärken. Aber er ist nie gegangen."
Diät ist kein Thema. „Er ißt sowieso, was ihm schmeckt." Aber seit wann läuft wirklich die Sanduhr? „Ich gib Ihnen fünf Jahre, hat Professor Rocker 1986 gesagt", rekapituliert die Ehefrau.
Happel fährt mit Veronika auf zehn Tage nach Seefeld und erholt sich prächtig.
„Er hat jetzt immer 71 bis 73 Kilo, schaut aber sehr gut aus, weil sich alles umverteilt, ist nie mehr übergewichtig und hat auch keine Probleme mehr. Er trinkt keinen Schnaps mehr, nur hie und da, sehr mäßig Wein."
„Drei Achtel beim Heurigen sind für mich schon sehr viel." Er weiß, daß ihm Alkohol nicht guttut, braucht ihn auch nicht: *„Mit dem Trinken kann ich aufhören – mit den Zigaretten nicht."*
Happel kommt also als gesunder Mensch zum FC Tirol: komplett durchge-

checkt, auch von einem Schweizer Arzt, den Swarovski herbeiholt. Die Befunde sind alle in Ordnung. „Ein Blödsinn, wenn jemand behauptet, daß der Ernst seit den achtziger Jahren gegen den Krebs kämpft!" sagt Veronika.
Aber weil die Öffentlichkeit so total mitgefühlt hat: Hier die Chronologie, der traurige Ablauf der Ereignisse.
Happel hat schon immer leichte Schatten an der Lunge, aber von allen Messungen und Untersuchungen weiß man: kein Problem. Aber die Schatten können einmal bösartig werden.
Happel hat kaum je Fieber, was schlecht ist, weil Fieber ja sehr viel aus dem Körper herausschwemmt! *„Außerdem muß ich, wann immer Training ist, auf dem Platz sein."* Auch mit Verkühlung und Grippe. Zwischendurch halt eine Injektion oder ein paar Influbene.
Seltsam, daß er gerade nach schweren Niederlagen oder bitteren Enttäuschungen oft krank wird – sein Körper rebelliert, wenn er verloren hat. Später, nach dem 0:2 von Paris im Oktober 1992, sogar tödlich.
Dezember 1990. Nach dem 1:9 gegen Real Madrid im Europacup – Happels schwerste Niederlage aller Zeiten – fliegen Ernst und Veronika, beide stark verkühlt, leicht fiebrig, auf die Bahamas. *„Zwei Tage sind wir ziemlich matschig."* Zurück in Europa, wartet das Trainingslager auf Madeira.
Happel geht's schlecht: Darmgrippe, Durchfall. Beim Trainingslager auf Sardinien auch nicht besser. Für Happel ein Rätsel. Jetzt streicht er sogar das Training, läßt sich Blut abnehmen, vom Klubarzt mit Sauerstoff anreichern. Normal explodiert man darauf – nur Happels Körper reagiert nicht.
Plötzlich ruft Dr. Unterberger an: „Ich brauch dringend den Ernst, weil seine Leberwerte total daneben sind." Sie treffen einander unten beim Tivoli-Stadion, fahren gemeinsam in die Klinik, wo leider Gottes amtlich wird, was Happel lang als „Virus von den Bahamas" zu verharmlosen sucht: Der Lungenschatten ist ein Tumor, die Metastasen sind in der Leber, worauf die Leber aufgeht und sich vergrößert.
Inzwischen läuft die Meisterschaft weiter, und Happel klammert sich an den Fußball. 20. April, FC Tirol in Donawitz abgesagt, auf Dienstag verschoben. Schiedsrichter Dr. Kaupe nimmt Happel im Auto mit nach Wien, drei Tage später chauffiert ihn Veronika wieder nach Donawitz, weil er sich ganz schlecht fühlt – und gleich nach dem Match wieder nach Tirol. Wo die Ärzte sofort mit der Behandlung beginnen.
Die Innsbrucker Universitätsklinik hat auch international hervorragenden Ruf. Die Ärzte sind oft in Amerika, kooperieren mit der berühmten Mayo-Klinik. So läßt sich der milliardenschwere Reeder Niarchos – früher Onassis' großer Gegenspieler auf allen Weltmeeren – zur geheimen Untersuchung nach Innsbruck fliegen, zu Prof. Gerstenbrand. Die Abteilung wird hermetisch abgesperrt, Leibwächter und Pflegepersonal müssen draußen warten – dann entdecken sie Ernst Happel: Bitte ein Autogramm.

Seine Leber wird punktiert, das Stück untersucht, ausgewertet – binnen vierundzwanzig Stunden wissen die Ärzte, was zu tun ist. Happel verträgt die erste Behandlung erstaunlich gut: keinerlei Übelkeit, und er wird auch nicht müde. Nur wird der Magen wieder angegriffen. Der Patient verliert den Geschmack, ißt nichts und verliert binnen kurzer Zeit 13 Kilogramm!
„Das Schlimmste für einen Menschen muß sein, wennst blind wirst. Das Zweitschlimmste, wenn du nichts mehr schmeckst", sagt er mir.
Der „Virus von den Bahamas" läßt Veronika keine Ruhe. „Ihr könnt mir das nicht erzählen, ich muß wissen, was sich da abspielt", verlangt sie in der Woche nach dem Donawitz-Match von den Ärzten. „Ich hab vor sieben Jahren meine Eltern verloren, hab ungefähr eine Ahnung, was da passiert."
Ende April weiß Veronika die ganze Wahrheit: Lungenkrebs, den man aber durch Chemotherapie in sich geschlossen halten kann – maximal vier Wochen Abstand. Wenn der Zeitpunkt überschritten ist, arbeitet der Tumor wieder, bilden sich sofort Metastasen. Operation wäre das Schlimmste – weil der Tumor explodieren würde.
Aber wie sagt man das, weltberühmt oder nicht, dem Patienten?
Dr. Gruber und Prof. Zurnetten schauen Happel an wie ihren Vater: Wie würde ich das meinem Vater beibringen? Darf ich ihm überhaupt die Wahrheit sagen? Und welche Wahrheit?
Zumal Happel einen wahnsinnig guten Verdrängungsmechanismus hat. Gezielt führen ihn die Ärzte hin – bis zum 20. Mai 1991, an dem Happel erfährt, wie krank er ist.
Alle haben vor diesem Moment Angst. Weil Happel einmal, vor vielen Jahren, in Deutschland mit der Kirche total angeeckt hat: *„Wenn ich weiß, daß ich unheilbar krank bin, such ich mir jemanden, dem gib ich 100.000 Mark für eine Spritze."*
Veronika und die Ärzte nehmen schon an, daß Happel jetzt keine Dummheiten macht. Aber da ist Unsicherheit. Doch Happel reagiert positiv und wie erwartet.
Man sagt es ihm nicht ganz brutal, sondern langsam, behutsam. Das Wort „Krebs" will Happel nicht hören, also redet man eben vom Tumor, ihm ist jedoch klar, was es ist.
„Okay, so schaut es aus. Zwar traurig, aber was können wir machen? Was hab ich für Chancen?"
Die Ärzte sagen: „Wir wissen jetzt genau, auf welche Art der Chemotherapie Sie ansprechen, wo wir zu 99 Prozent Verträglichkeit garantieren können. Und daß wir das in Griff bekommen."
„Gut", sagt Happel, *„dann machen wir es."* Es ist Montag vormittag, und die Ärzte fangen sofort an. Happels Kampf ums Leben beginnt – bald um jeden Tag.
Im Mai 1991 bekommt er auch wieder Appetit und will unbedingt nach Italien:

„Ich liebe Italien, die Sonne, die Luft, die italienische Küche!" Die Ärzte sind nicht unbedingt einverstanden: „Noch zu früh, Herr Happel." Aber man läßt ihm seinen Willen, weil man ihm nichts verbieten kann – auch nicht das Rauchen. Freitag, Anfang Juni, Abreise. Sonntag bringt ihn Veronika mit 40 Grad Fieber zurück in die Klinik. Lungenentzündung, bekämpft mit Antibiotika, dann die nächste Chemotherapie – es geht stetig bergauf.

Manche Flaschen rinnen 20 Minuten, manche stundenlang. Damit geht Happel runter ins Kaffeehaus der Uni-Klinik, spielt Karten.

„Die Ärzte sind mit mir sehr zufrieden. Ich glaub, ich bin jetzt überm Berg", sagt er mir im Sommer 1991. Er hat die berühmten 13 Kilo wieder zugenommen, sieben kurze Nachttherapien hinter sich, den ganzen Herbst 1991 geht's ihm gut. Nur die November-Therapie verschiebt er: *„Das geht sich mit dem Europacup nicht aus – wegen Liverpool. Also erst im Jänner, während die Mannschaft auf Madeira trainiert."*

Es kommt alles anders. Kurz vor Weihnachten 1991 ist Happel Teamchef – aber dem Freudenschock der Fußballfans folgt der große Schock für Happel: Leber schon wieder voll Metastasen, auch leise Ansätze im Kopf.

Am Silvestertag 1991 sind Mauhart, Ludwig und Constantini bei ihm in der Klinik, werden mit Happels Einverständnis voll aufgeklärt – und die Therapie beginnt wieder mit voller Wucht. 15 Bestrahlungen auf den Kopf, die Happel traurig machen, weil er wieder die Haare verliert. Aber er spricht wieder voll an, die Metastasen im Kopf sind weg, kommen auch nie wieder – erst ganz zum Schluß.

Auch die Leberwerte kommen in Ordnung, als Happel Ende Jänner – nach einem ganzen Monat – aus der Klinik kommt.

„Sie müssen sich daran gewöhnen: alle vier Wochen. Wie ein Nierenkranker, der regelmäßig zur Dialyse muß. Bitte unbedingt einhalten!" schreibt ihm Dr. Gruber, wenn er nachlässig ist – wie vorm ersten Ländermatch in Budapest, als er sich fallen läßt, den Mut verliert.

Nach Joschi Walters Begräbnis hat Happel ein totales Tief: *„Ich weiß, ich bin der nächste"*, sagt er leise, *„und ich will eigentlich gar nicht mehr. Es ist alles so unsinnig und sinnlos."*

Veronika muß ihn provozieren: „Du hast dir doch jetzt eine Aufgabe gestellt, das Nationalteam übernommen. Du möchtest das und das erreichen, zumindest so lang wie möglich, und das Team dorthin führen, wo du es haben willst!"

Happel vorm Ungarn-Match: total desinteressiert, sitzt zu Hause, löst Rätsel auf, schaut Fernsehen, schläft – aber als ihn Veronika ins Teamquartier City-Club bringt, ist er mit einem Schlag ein anderer Mensch.

„Jedesmal das gleiche: In dem Moment, wo er ins Teamquartier kommt, wo er den ersten Spieler sieht, geht ein Ruck durch ihn, leuchten seine Augen – das ist sein Lebenselixier!"

Teamarzt Dr. Schopp, der Happel ständig beobachtet, sagt: „Für mich ist das

sensationell." Und für Constantini ist Happel „sowieso immer der gleiche. Manchmal ein bißl müde – sonst nix."
Im Sommer 1992 redet er – beim Mittagessen mit mir im Palais Schwarzenberg – erstmals vom Aufhören: „Jetzt geh ich in Pension." Ich glaub ihm genausowenig wie die Innsbrucker Ärzte: „Herr Happel, nicht nur, daß Sie es eh nicht machen: Das können Sie auch gar nicht! Der Fußball ist Ihr Hobby, Ihr Beruf, Ihr Lebenselixier. Wenn Sie das nicht mehr haben, ist es aus und vorbei!"
Und das hat Happel auch selber gewußt.
Er will bis zum Schluß es noch einmal zeigen, etwas bewegen, und er sagt: *„Ich hoff, daß sie nachher nicht wieder in den alten Trott zurückfallen. Aber man weiß eh nicht, was nachher passiert. Den Grundstamm hab ich jetzt, das könnte also ganz gut funktionieren."*
Er denkt: *„Wenn mir noch die Zeit bleibt, will ich mich zumindest bis Sommer 1993 ums Team kümmern. Auch wenn ich nicht mehr unbedingt auf der Bank sitz, laß ich mich halt im Rollstuhl hinfahren."* Ein Happel im Rollstuhl, sagt Constantini, sieht immer noch mehr als jeder andere Trainer auf der Bank.
Seine Schmerzen im Rücken haben mit seiner Krankheit nichts zu tun – erst ganz am Ende: Happel hat, seit er dreißig ist, ein Bandscheibenleiden, das ihn alle ein, zwei Jahre voll trifft.
Am 14. Oktober das 0:2 von Paris, das ihm so weh tut. Wieder reagiert sein Körper.
Fünf, sechs Tage später, zwischen Freitag und Sonntag früh, hat Happel den Lungeninfarkt, durch den der Tumor explodiert. Er spürt selber, *„daß irgendwas passiert ist"*.
Er weiß: Israel wird sein letztes Match. Und ruft deshalb seinen Sohn an: *„Kommst heut ins Stadion?"* Nein, sagt Happel junior, überlegt sich's später – steht am Abend vor versperrten Toren. „Herr Happel hat keinen Auftrag gegeben, jemanden reinzulassen."
Er spürt es, er weiß es, als er am 1. November ein letztes Mal nach Innsbruck fährt: daß er nicht mehr nach Wien zurückkehren wird. Noch im Zug beginnt er, sein Leben aufzuarbeiten. Wie Veronika sagt: „Sein Haus zu ordnen."
Veronikas ältere Schwester wird durch eine schwierige Operation gerettet. „Ich krieg das Leben geschenkt, das dein Ernst verliert", sagt sie beklommen. Happel fürchtet zum erstenmal: *„Ich werde Weihnachten nimmer erleben."*
Die Computertomographie bestätigt den Lungeninfarkt. Die Ärzte prüfen nochmals, was ohne Infarkt gewesen wäre: „Dann hätte er wieder voll angesprochen und weitergelebt. Obwohl natürlich klar war, daß der Körper irgendwann einmal nicht mehr mitmacht."
Ohne Lungeninfarkt, ist Veronika überzeugt, hätte er sich wieder voll erfangen, zugenommen, sich auf der indonesischen Insel Bali gut erholt. Der liebe Gott will's anders.

Dafür ein unglücklicher Nachruf eines Kabarettisten im deutschen Fernsehen: „Happel hatte immer ein Giftfläschchen im Hosensack." Eine stillose Meldung, die Constantini heftig dementiert: „Ich kann jedem nur versichern: Der Trainer hat nur taktische Aufzeichnungen im Sack, eine Vitamintablette oder Vitaminspritze. Weil er leben will, solang er kann."
Didi Constantini besucht Happel in den letzten zwei Wochen dreimal in der Klinik. Veronika ist Tag und Nacht bei ihm. *„Ich will nicht, daß Sie mich an lebensverlängernde Maschinen anschließen"*, bittet er die Ärzte.
Am 14. November 1982 schläft er friedlich und ohne Schmerzen ein – genau am 36. Jahrestag seines berühmtesten Spiels gegen Real Madrid. Und punkt 17.17 Uhr, als überall die Bundesligaspiele abgepfiffen werden.
Nach dem Begräbnis ein stiller ÖFB-Empfang im „Scandic Crown", eine Woche später Seelenmesse in Wien und Innsbruck. „Ich glaub, erst jetzt kenn ich meinen Vater richtig und begreif, was er geleistet hat", sagt Happel jr. zu Veronika. „Ich bin stolz auf ihn."
Körner II lädt seine alten Rapid-Kameraden zur Knackwurst-Jause ins Hanappi-Stadion. „So bescheiden, wie wir angefangen haben, so hören wir auf . . . ich will nur noch ruhig ausleben. Du siehst ja, wie schnell es geht."

WER HAT DEN GRÖSSTEN SEGEN?

Noch beim 0:0 in Nürnberg hat „Sport-Bild" den ÖFB-Generalsekretär Gigi Ludwig gefragt. Was hältst du von Otto Rehhagel? Ein sehr guter Trainer, sagt Gigi. Eine Woche später geht in Deutschland der Zeitungswirbel los: Rehhagel wird Happel-Nachfolger.
Gigi entschuldigt sich bei Rehhagel: „Hab ich alles nicht gesagt."
„Ich weiß, wie das geht", lächelt Rehhagel. „Ich les selber über mich jeden Tag was Neues: 50.000 Mark netto bei Leverkusen usw." Aber Rehhagel ist schon elf Jahre bei Werder Bremen, hat den Vertrag ändern wollen, „daß ich jederzeit weg kann, wann ich will – und das hab ich jetzt."
Rehhagel als ÖFB-Teamchef – was stimmt wirklich an den Gerüchten? „Immer ein bißl was . . . aber ich mag nimmer drüber reden. Ich hatte auch andere Angebote: von Klubs aus der deutschen Bundesliga", weicht Rehhagel aus. „Mich aber letztlich für Werder entschieden." Sein elftes Jahr – total sein 14., weil er ja schon Jugendtrainer war.
Also: Rehhagel oder Constantini, vielleicht auch Sigi Held.
Das 0:0 von Nürnberg spricht eindeutig für Constantini, während Prohaska mit dem U-21-Team zweimal bös geschlagen wird: 1:5, 1:6. Das hat die Perspektiven stark gegen dich verschoben? frag ich Herbert.
PROHASKA: „Im Prinzip ganz klar. Die Niederlagen waren einkalkuliert, sogar mit dem Präsidenten – nur natürlich nicht so hoch. Von Didis U-21-

Team konnte ich nur noch zwei übernehmen: Gutlederer und Mählich, sonst brauch ich lauter Neue. Darum mein Weg: mit 18-, 19jährigen Talenten anzufangen, die kann ich länger behalten. Aber mit 1:5 und 1:6 hab ich natürlich auch ka Freud."
Präsident Mauhart will die Teamchef-Frage „nicht in eine Diskussion abgleiten lassen, wer den größeren Segen von Happel hat".
„*Der Schneckerl hat noch viel zu lernen. Was ich anerkenn: daß er sich nie zu gut ist, mich zu fragen*", hat mir Happel einmal gesagt: „*Prohaska müßte auf zwei, drei Jahre als Trainer ins Ausland. Und dann mit dem ganz großen internationalen Schliff zurückkommen.*" Und zu Branko Milanovic in der WAC-Kantine: „*Vergiß nicht, mir wieder den ledernen Teamchef-Kalender für 1993 zu schicken – aber für den Didi auch einen.*"
Was alle Fußballfans immer wieder fragen: Was war eigentlich wirklich der Wunsch Happels für eine „österreichische Lösung"?
Constantini: „Die Wahrheit ist: Happel hatte einen solchen Lebenswillen, daß er überhaupt nicht über seinen Nachfolger gesprochen hat – zu mir jedenfalls nicht. Er hat so gestrotzt vor Lebensmut, daß er sich darüber gar nicht so den Kopf zerbrochen hat."
Constantini-Prohaska versuchen, die Happel-Planung weiterzuziehen. Und wenn er nicht Teamchef wird? „Ich hab eine leise Anfrage von Stahl Linz", verrät mir Prohaska, „aber ich bleib lieber beim ÖFB – auch mit der U-21."
Als im Dezember das Trainingslager von den USA nach Italien verlegt wird, „weil Prohaska dort die besten Beziehungen hat", dämmert längst allen, wer der neue Teamchef wird. Weil keiner glauben kann, daß Prohaska nur dem Bürgermeister hofiert und das Kulturprogramm abspult, während Constantini die Mannschaft für die Probespiele aufstellt.
Was hat dir Mauhart wirklich angeboten? „Daß ich den Co-Trainer weitermache und das U-19-Team übernehm." Aber: „Nach dem Herrn Happel mach ich keinen Co-Trainer mehr. Wer die Erfolgsleiter in der Privatwirtschaft kennt, versteht, daß ich nach fünf Jahren Co-Trainer – mit Skocik in Saudi-Arabien, mit Krankl bei Rapid, jetzt mit Herrn Happel – nicht mehr zweiter Mann sein will, sondern der Clef."
Damit sind die Würfel gefallen. Ein Himmelfahrtskommando? Nicht einmal der ehrgeizige Gustl Starek würde mit Prohaska tauschen wollen, „denn in Österreich ist jeder Teamchef".
„Prohaska hat", findet Rehhagel, „eine dankbare Aufgabe. Weil er nur gewinnen, aber nicht verlieren kann."
Prohaskas Vertrag: Teamchef bis Ende der Qualifikation, automatisch verlängert, wenn sich Österreich qualifiziert. Wenn nicht, wird a) neu verhandelt oder b) der Vertrag aufgelöst. Gleiches passiert (allenfalls) nach der WM.
Alle finden sympathisch, wie Constantini die Entscheidung hinnimmt. Nicht den Märtyrer spielt, sich nicht beschwert.

Jetzt noch enttäuscht, Didi?
CONSTANTINI: „Eigentlich überhaupt nicht, weil das seit Monaten festgestanden ist. Nur ein bißl zu lang hinausgezögert vom Präsidenten, dadurch die ganzen Abstimmungen in der Öffentlichkeit, die alle für mich ausgehen. Schön für mich – aber ich wünsch nach wie vor dem Herbert alles Gute. Ein Superfußballer, der auch bewiesen hat, daß er ein guter Trainer ist."
Nur hätte es Constantini „lieber schon im Dezember gewußt, weil dann hätte ich eher einen Klub gefunden". Wo und was? „Das wichtigste ist, daß man sich nirgends anbietet, weil das immer eine schlechte Ausgangsposition ist ... aber halb so schlimm. Ich häng mich deswegen nicht auf."
Sturm Graz war im Sommer 1992 aktuell: „Ein sehr gutes Gespräch geführt, jetzt hat Sturm selber einen guten Trainer – aber wer weiß, vielleicht komm ich einmal nach Graz." Zum Spaß nennt Didi die Angebote: „Galatasaray, Botafogo und die brasilianische Nationalelf ... ein Wunschdenken von jedem Trainer. Alle wegen der schwarz-weißen Dressen."
Constantini wünscht aber „dem Schneck" alles Gute.
Und als Prohaska am Tag nach seiner Berufung, „wie schon seit Jahren", auf Austria-Skiferien ins Zillertal fährt, begrüßt ihn der Ex-Abfahrer Ulli Spieß mit einem Riesentransparent: „Willkommen, Teamchef."
Happel wäre nie eingefallen, mit Spielern Ferien zu machen: *„Als Trainer mußt du zu den Fußballern auf Distanz!"*
Wegen der Skiferien sagt Prohaska dem Fernsehen ab, kommt nicht ins Studio. Wo Präsident Mauhart seine Wahl vehement verteidigt – und über allem schwebt der Geist von Happel.
An Prohaska-Assistent Erich Obermayer hat Happel immer imponiert: *„Das ist ein Arbeiter!"* Sein Einsatz gefällt ihm. *„Was ich nur nicht versteh: Daß man ihm mit der Trainerprüfung Schwierigkeiten macht."* Anfangs begreift auch Obermayer nicht ganz, warum er als 50facher Teamspieler zurück auf die Schulbank muß – wie berühmte Weltcupsieger, die Skilehrer werden wollen, und darum auch bei Prof. Hoppichler am Arlberg wieder ganz unten anfangen müssen. „Aber jetzt versteh ich das."
Im Frühjahr 1993 haben Prohaska und Obermayer ihren Trainerschein. Zuerst Praxis, dann Theorie.
Fast wäre Erich schon vor Pezzey und Herzog bei Werder Bremen gelandet: gleich nach der WM 1978, tolles Angebot. „Aber leider verlangte die Austria für mich zuviel Ablöse." Wieviel? „Da Bremen statt mir Watson für fünf Millionen gekauft hat, kann ich's mir ausrechnen."
Heute hat er vier Tankstellen. Obermayer ist längst wirtschaftlich unabhängig. Vom Erfolg nicht.
Happel hält auch viel von Pezzey: *„Der Bruno ist ein korrekter, ehrlicher Mensch, auch wenn er manchmal probiert, wie weit er gehen kann. Aber was die wenigsten wissen: Schon bei mir in Tirol beschäftigt er sich mit der U-21."*

Österreich hatte immer 7,5 Millionen Teamchefs. Als Ernst Happel kam, nur noch einen: „Das Denkmal, an dem keiner zu kratzen wagte".

Assistent und Schützling: „Er hat die Phantasie, ich hab die Kraft", sagt sein beliebter Co Didi Constantini (oben) den viele Fußballfans gern als Happel-Nachfolger gesehen hätten. Für Franz Beckenbauer (unten) war Happel „der beste Trainer, den ich jemals hatte". Ein geheimer ÖFB-Plan: Als Happel in die Klinik mußte, hätte man ger den „Kaiser Franz" als Prominenten-Teamchef geholt.

Freund und Kollege: Joschi Walter (oben) war für Happel ein jahrzehntelanger Freund. Klubfarben spielten keine Rolle, der Schmäh lief immer. Besonders, als Happel chinesischer Teamchef werden sollte. Als Walter starb, sagte Happel betroffen: „Ich bin der Nächste." Otto Rehhagel (unten) formte gemeinsam mit Happel Andy Herzog zu einem Weltklassefußballer. Die Teamchef-Gerüchte stammten nicht von Rehhagel.

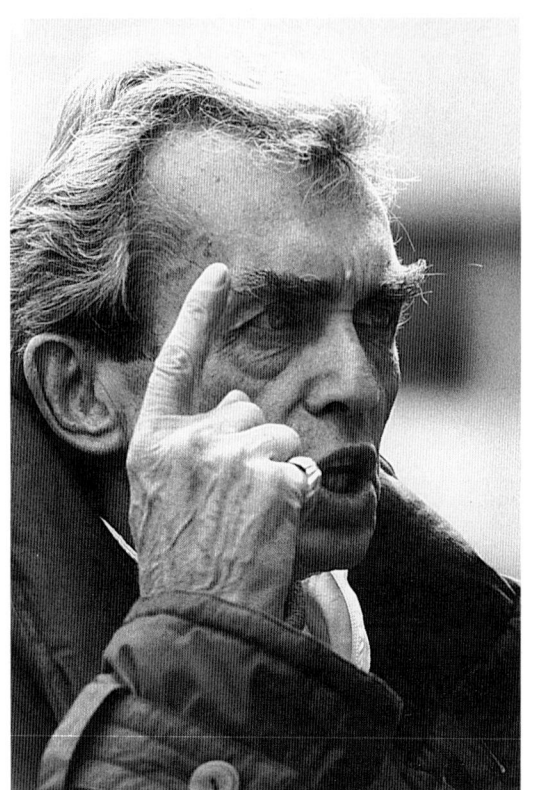

Die vielen Gesichter des Ernst Happel und das neue „Make up" unserer Nationalmannschaft

Die Stützen unseres Teams: oben Peter Stöger, Mitte Toni Polster, rechts Wohlfahrt, unten Andy Herzog. „Wenn ihm etwas gelingt, macht er alle teppert", sagt Happel.

Adieu, Aschyl. Aber für Millionen Fußballfans lebt er weiter: Durch seine Ideen, Sprüche, Systeme, taktische Konzepte – und seine Tricks.

Im Winter spielt Constantini Fußball mit Prohaska, Eishockey mit Pezzey: 6:5 in Kitzbühel. „Aber da haben wir mehr Probleme mit dem Puck, als daß wir über Fußball reden."

Prohaska blättert den Kalender zehn Jahre zurück. Stark, wie ihn die Tifosi in Rom immer noch lieben. Kinder, die, als der „Schneckerl" AS Roma zum ersten Meistertitel nach 41 Jahren führte, noch gar nicht auf der Welt sein konnten, bestürmen ihn um Autogramme.

Pfeifenberger schießt das erste Tor der Prohaska-Ära: 1:1 gegen AS Roma. Zwei Tage später eine entsetzliche Fahrt von der Villa Borghesiana nach Caserta zum Match gegen Napoli. Der Busfahrer verirrt sich, findet erst zehn Minuten vor Matchbeginn ins Stadion. Heinz Palme: „Gott sei Dank ist Happel nimmer Teamchef – er hätte entweder den Chauffeur erwürgt oder den Bus umdrehen lassen."

Wird alles so bleiben, wie es „unterm Happel" war? Oder wird vieles verwässert?

Werden die Spieler murren, falls sie Prohaska je um halb acht zum Frühstück vergattert? Oder werden sie protestieren: „Wieso halb acht? Früher war's auch erst um halb zehn?"

Werden sie aufmucken, wenn sie Prohaska – wie Happel bei 34 Grad Hitze in Salzburg – im kompletten Trainingsanzug schwitzen ließ? Auf zaghafte Anfragen, ob sich die Spieler ausziehen dürfen, hat er nur geringe Marscherleichterung erlaubt: *„Jacken ja, Hosen nein."*

Oder wie wird Prohaska reagieren, wenn ein Legionär von ihm fordert: „Wenn ich komm, muß ich auch eingesetzt werden – dann will ich nicht auf dem Bankl sitzen" (wie Toni Polster in Nürnberg). Happel hätte nur geantwortet: *„Dann flieg heim – weg!"*

Die ersten Indizien schon in Nürnberg? Der kleine, tüchtige Reporter Charly sitzt, ohne sich einzuschmuggeln, ohne jede böse Absicht, plötzlich im Spielerbus – man hat ihn einfach übersehen. „Unterm Happel", rümpft einer die Nase, „hät's das nicht gegeben." Das verdiente Glas Sekt auf dem Heimflug vom 0:0 auch nicht? „Das hab ich erlaubt", versichert der Präsident eilig.

PROHASKA, DER HAPPEL-ERBE

Ernst Happel – was bedeutet er für dich? frag ich seinen Nachfolger.
PROHASKA: „Er war menschlich ganz anders, als ihn die meisten Menschen sehen. Leider erst kennengelernt, als er schon krank war, aber immer super. Ich konnte ihm immer zuhören. Er war sogar bereit, für den Fußball sein Leben zu lassen – jeder andere hätte aufgehört und gesagt: Das tu ich mir nicht an."

Deine erste Begegnung mit Ernst Happel?
PROHASKA: „Als ich noch Austria-Spieler war. Der FC Tirol war in Großram kaserniert. Ich ruf Herrn Happel an: Ich weiß: unangenehm, so kurz vorm Match gegen Rapid – aber ob er ein bißl Zeit hätte? Kein Problem, sagt er, komm nur her. Ein sehr gutes Gespräch, drei Stunden lang. Ich war grad am Übergang zwischen Spieler und Trainer."
Und was hat dir Happel geraten?
PROHASKA: „Ich hab nichts Revolutionäres erwartet, keine Aufstellungs-Tips, aber wir redeten viel: Intensität des Trainings usw. Ich war vom großen Fußballfachmann Happel fasziniert."
Soviel, um ihm jetzt nachzueifern?
PROHASKA: „Happel sagte mir: Du darfst als Trainer nie jemanden nachmachen, nie kopieren. Du mußt deinen eigenen Weg finden und versuchen zu gehen. Ob du ihn ändern mußt, weißt nur du. Ich hab mich immer dran gehalten – und bin gut gefahren."
Dank der Happel-Ratschläge?
PROHASKA: „Ich hab von ihm bestätigt, was ich mir vorgestellt hab."
Auch im Umgang mit Funktionären?
PROHASKA: „Happel sagte mir: Schau, du stehst als Trainer sowieso allein da. Schließ ja keine Kompromisse. Auch nicht mit Funktionären. Wenn du auf den Präsidenten horchst, hast keinen Vorteil – vielleicht ein bißl mehr Ruhe. Wenn du keinen Erfolg hast, schmeißen sie dich sowieso raus. Du mußt stark und allein verantwortlich sein."
Hast du dich immer dran gehalten?
PROHASKA: „Vielleicht hab ich deswegen Probleme bei der Austria bekommen... durchgezogen, was ich wollte. Das hat mich innerlich stark gemacht. Auch wenn viele sagen: der weiche Schneckerl. Stark mußt du von innen sein, nicht von außen den Starken spielen."
Dein schönstes Erlebnis mit Happel?
PROHASKA: „Wie dir schon Hans Krankl erzählt hat: als er auch mir das Du-Wort angeboten hat. Er kam, gerade Teamchef geworden, ins Austria-Trainingslager und sagte: ‚Wir sind jetzt per du, wir sind ja Kollegen.' Ich hab lang gebraucht, bis ich wirklich du zu ihm sagte. Vor lauter Respekt."
Deine Teamspieler tun sich mit dir heute nicht so schwer ...?
PROHASKA: „Was ich immer sag: Ob Du oder Sie, ist keine Frage von Respekt, auch in bezug auf die Spieler. Man kann du sagen und Respekt haben – oder Sie sagen und trotzdem keinen. Ich bin mit allen per du, außer mit den Neuen, Wazinger und Hochmaier. Aber das ist kein großes Thema."
Und umgekehrt?
PROHASKA: „Ich hab Respekt vor Spielern, sofern sie Leistung bringen. Vor denen, die keine bringen, hab ich keinen Respekt."
Da klingt Happel durch: Wenn ein Spieler seine Leistung bringt, mußt du

hinter ihm stehen. Wenn nicht, kannst du nicht hinter ihm stehen. Damit ist alles gesagt.
PROHASKA: „Genauso. Ich hab als Trainer Erfolge – und mir den Respekt verdient. Wer nicht mitmacht, die Arbeit stört, von dem muß ich mich trennen. Egal, wie gut er ist. Wer nur für sich selber denkt, das Gegenteil macht – solche brauchen wir nicht."
Schwieriger beim Team als im Verein?
PROHASKA: „Im Nationalteam stellt sich dieses Problem nicht, da ist nicht Härte angesagt. Ich krieg die Spieler ja immer nur für drei, vier Tage."
Happel hat mir über dich nach deinen Austria-Problemen gesagt: In Österreich ist es möglich, daß der Trainer auch nach Erfolgen gehen muß. Was werden sie erst mit dir aufführen, wenn du keinen Erfolg hast?
PROHASKA: „Das gibt's in jedem Geschäft, wäre aber dem Happel sicher nicht passiert. Ich war ein junger Trainer, viel hat man mir nicht zugetraut. Jahrelang hatte die Austria nichts gewonnen, dann phötzlich alles doppelt. Zweimal Meister, zweimal Cupsieger, zweimal Supercup, zweimal Stadthalle. Und viele wollten nicht zugeben, daß sie sich geirrt hatten. Aber ich bin nicht nachtragend. Vergessen wir die Austria."
Deine Meinung zum Happel-Nachfolgespiel?
PROHASKA: „Ich wußte schon, daß die Sympathie für Constantini ist, weil er mit Happel zusammengearbeitet hat – und die Öffentlichkeit glaubt, er hätte genauso weitergemacht. Wäre vielleicht auch passiert."
Die Reaktionen auf deine Bestellung zum Teamchef?
PROHASKA: „Haben mich teilweise wirklich geärgert. Ich kann nicht verlangen, daß mich alle sympathisch und super finden. Aber es geht um den österreichischen Fußball. Man könnte auch sagen: Gut, mein Kandidat war er nicht, aber wir unterstützen ihn. Nach meiner Bestellung hätte man aufhören müssen, für Constantini oder gegen mich abzustimmen."
Präsident Mauhart spricht vom Unterschied zwischen einer populären und populistischen Entscheidung . . .
PROHASKA: „Wenn man vor zwei, drei Jahren das Volk gefragt hätte, jeder hätte gesagt: Das kann nur der Krankl werden! Im Sommer 1992: nur der Constantini, völlig richtig, weil mich die U-21-Niederlagen zurückwerfen . . . Und eines ist klar: Ob Didi oder ich, Krankl oder Sigi Held oder vielleicht sogar Rehhagel – jeder von uns wäre letztlich nur in Happels Spur. Ich hab immer gesagt. Mich muß niemand lieben, niemand sympathisch finden. Also: einen Schlußstrich ziehen und schauen, was letztlich rauskommt."
Sportclub-Trainer Willy Kaipel sagt: „Wenn der Prohaska in die Fußstapfen des großen Happel treten will, muß er aufpassen, daß er drin nicht versinkt."
PROHASKA: „Da hat er absolut recht. Aber ich steig nicht in seine Fußstapfen, mach ihn nicht nach, komm mir nicht als Happel vor. Mir wäre viel lieber, er wäre noch am Leben, unser Fußball hätte ihn noch ein paar Jahre

gebraucht. Jetzt muß es ein anderer machen. Und egal wer – die Fußstapfen vom Happel wären für jeden zu groß ..."
Arbeitest du ganz im Happel-Stil weiter? Oder drückt die Last?
PROHASKA: „Die Deutschen haben bis heute keinen Nachfolger für Beckenbauer gefunden, auch für Berti Vogts sind die Fußstapfen von Beckenbauer zu groß. Kein direkter Vergleich mit Prohaska, Krankl oder Pezzey: Ich bin 38, Happel war 67. Wenn ich mich mit ihm vergleichen kann, dann als Spieler: beide erfolgreich, international einen Namen gemacht. Als Trainer miß mich bitte in 20, 30 Jahren an Happel. Selbst wenn ich der Meinung wäre: Ich bin schon wie Happel."
Vielleicht später einmal?
PROHASKA: „Dazu ist der Zeitunterschied viel zu groß. Mein Riesenziel wäre, so ein Fußballtrainer zu sein. Nicht genau der gleiche Mensch, aber in der Kategorie Happel. Wenn ich's nicht schaff, ist es an mir gelegen – da bin ich verantwortlich."
Mir sagte Happel einmal: „Der Prohaska sollte zuerst ins Ausland gehen."
PROHASKA: „Hat er mir auch geraten. Obwohl er ein großer Patriot ist. Er hat seinen guten Namen als Spieler ausgenützt und den schwierigen Weg über einen kleineren Klub gewählt – ADO den Haag. Den hätte ich auch gehen können: Galatasary Istanbul hat im Sommer angefragt, jetzt arbeitet dort Feldkamp. Ich will aber lieber Erfolg mit dem Team – und dann die Chance kriegen, daß ich mir Superklubs aussuchen kann. Zu Bedingungen, wie ich sie mir wünsche."
Gleich mit ganzem Druck, totalem Stress?
PROHASKA: „Wenn du mit einem kleinen Klub heute fünf-, sechsmal verlierst, fliegst auch dort raus."
Was übernimmst du von Happel?
PROHASKA: „Den Teamkader werde ich, genau wie er, jedesmal nur bekanntgeben und ausschicken, aber nicht kommentieren."
Und nach dem Match?
PROHASKA: „Keine Pressekonferenz-Analysen am Tag nach jedem Ländermatch. Weil ich mich nicht rechtfertigen will, warum dieser oder jener nicht gespielt hat. Haben wir verloren, dann waren sowieso immer jene, die gar nicht gespielt haben, die Besten. Und haben wir gewonnen und überragend gespielt, erübrigt sich das sowieso."
Und mit dem Präsidenten?
PROHASKA: „Ist vereinbart, daß wir uns am Tag nach jedem Ländermatch treffen und drüber reden."
Was wird mit dem zeitigen 7.30-Uhr-Frühstück im Trainingscamp?
PROHASKA: „Verschieb ich auf acht Uhr, das genügt."
Und für Toni Polster, der aus Spanien gewohnt ist, daß er erst um elf aufsteht?

PROHASKA: „Kein Problem, die paar Tage wird er sich schon dran gewöhnen."
Deine größte Befürchtung?
PROHASKA: „Es ist sehr ruhig geworden um unser Team – weil es Happel abgeschirmt hat. Da hat sich kein Kritiker getraut, aufzumucken. Meine einzige Sorge jetzt: Daß Kritiker denken: Also, Happel ist er keiner, jetzt erklären wir ihm, wie man Fußball spielt."
Dein Verhältnis zu Didi Constantini – heute?
PROHASKA: „Wie immer: Keine dicken Freunde – aber nicht gegeneinander. Zehn-, zwölfmal pro Jahr spielen wir miteinander Fußball. Ich weiter vorn, er defensiv. So hat jeder seine Rolle."

Nicht jeder große Fußballer: auch ein großer Trainer. Aber fast jeder: ein Schicksal:
In England trauern alle Zeitungen auf Seite 1: „Death of our Hero". Fußball-Sir Bobby Moore, Kapitän der englischen Weltmeisterelf 1966, ist 51jährig an Krebs gestorben. Er war jung verheiratet, zuletzt Fußballreporter für eine englische Privat-Radiostation und oft in Wien – eingeladen auch von Toni Fritsch zum 25-Jahr-Jubiläum des 3:2 von Wembley 1965.
Dafür jubelt Jimmy Hartwig (38), deutscher Nationalspieler aus Happels großer HSV-Mannschaft, später Legionär in Salzburg, auf Seite 1 von „Bild am Sonntag": „Ich hab den Krebs besiegt!" 1991 hat er geweint, als ihm die Ärzte das Todesurteil sagten: „Sie haben nur noch zwei Jahre zu leben." Jimmy hat sein Testament gemacht, alles seinem Sohn vererbt, sich sogar schon „auf das Neue gefreut, das nach dem Sterben kommt", und öffentlich erklärt: „Im Himmel wartet Trainer Ernst Happel auf mich."
Und jetzt: das geschenkte zweite Leben. Diagnose: „Sie sind gesund – keine Metastasen mehr!" Wieder weint Hartwig, jetzt vor Freude.

HAPPELS SPIELE FÜR RAPID

Datum	Bewerb	Gegner	Resultat	Platz	Zuseher	Bemerkungen
1942						
13.12.	F	Postsport	4:4	Rapid	350	
27.12.	WRS	Wr. Sportclub	1:3	Rapid	5.600	
1943						
3.1.	F	Reichsbahn 2	4:4	Rapid	600	
10.1.	F	Vorwärts 06	4:2	Rapid	800	
21.2.	M	FC Wien	4:6	Rapid	11.000	Happels 1. Meisterschaftsspiel
28.2.	M	Vienna	4:6	Wr. Stadion	18.000	
7.3.	M	Admira	0:2	Rapid	11.700	
20.3.	F	Wachbaon Wien	2:4	Rapid	1.000	
28.3.	F	Postsport	3:0	Rapid	1.200	
3.4.	F	LAC	5:2	Rapid	700	
13.6.	SB	Wr. Sportclub	4:5	Wr. Stadion	12.000	
27.6.	SB	FC Wien	3:5	Rapid	8.000	Entscheidungsspiel SB
15.8.	F	Amateure Steyr	3:3	Steyr	1.600	
22.8.	M	FC Wien	3:0	Wr. Stadion	10.000	
28.8.	F	Reichsb. Marbg.	7:1	Marburg	3.000	
29.8.	F	Rapid Marburg	3:0	Marburg	4.000	
5.9.	M	FAC	2:2	Rapid	14.000	
12.9.	M	Austria	1:2	Wr. Stadion	24.000	
26.9.	F	Wacker	3:0	Wacker	1.000	
3.10.	M	Amateure Steyr	5:1	Rapid	6.000	
10.10.	M	WAC	1:2	Rapid	7.000	Platzsperre
24.10.	M	Vienna	2:10	Wr. Stadion	20.000	
31.10.	M	Wacker	2:1	Wacker	12.000	
7.11.	M	Wr. Sportclub	1:2	Dornbach	12.000	
14.11.	M	FC Wien	1:0	WAC	12.000	
28.11.	F	Papid Oberlaa	2:0	Wacker	7.600	nach 35 Minuten wegen Fliegeralarm abgebrochen
5.12.	F	FAC	2:5	Wacker	6.000	
12.12.	M	FAC	2:3	Wacker	6.000	
19.12.	F	Admira	3:2	Wacker	9.000	
25.12.	F	MSV Brünn	5:2	Wacker	3.500	Weihnachts-Rundspiel
26.12.	F	FC Wien	3:2	Wacker	3.700	
1944						
30.1.	F	Rapid Oberlaa	5:0	Dornbach	8.000	
13.2.	M	Amateure Steyr	4:1	Steyr	300	starker Schneefall, bis zu 30 cm Schnee
5.3.	F	BSC Telefonw.	7:0	WAF	400	
19.3.	M	WAC	4:2	Wr. Stadion	11.000	
1946						
10.3.	C	Red Star	7:1	Red Star	4.000	Happels 1. Spiel nach dem Krieg und mit Zeman und Aurednik
17.3.	F	Schwechater SC	6:2	Rapid	6.000	
24.3.	M	Wr. Sportclub	6:2	Rapid	22.000	Happels 1. Spiel mit Binder
27.3.	M	Ostbahn 11	10:0	Rapid	7.500	6 Tore von Aurednik
13.4.	F	SC Baumgarten	5:0	Rapid	1.000	
22.4.	I	MTK Budapest	3:1	Wr. Stadion	40.000	wegen MTK abgebrochen

Alle Spiele Happels für Rapid

Datum	Bewerb	Gegner	Resultat	Platz	Zuseher	Bemerkungen
1.5.	F	Vorarlbg. Ausw.	4:0	Bregenz	14.000	
19.5.	M	FC Wien	5:1	Wr. Stadion	25.000	
26.5.	M	Austria	5:1	Wr. Stadion	41.000	4 Tore von Binder
30.5.	C	FC Wien	4:0	Wr. Stadion	25.000	
2.6.	M	FAC	4:0	Wr. Stadion	19.000	Happel zum 1. und Rapid zum 15. Mal Meister
8.6.	I	FC Winterthur	9:1	Winterthur	3.000	
10.6.	I	FC Zürich	0:1	Zürich	4.000	
12.6.	I	FC Solothurn	0:0	Solothurn	2.500	
13.6.	I	B-Team Schweiz	2:0	Luzern	1.000	
20.6.	C	Vienna	2:1	Wr. Stadion	50.000	Happel zum 1. und Rapid zum 4. Mal Cupsieger
23.6.	M	Wacker	1:4	Wr. Stadion	8.000	
30.7.	F	Welser SC	3:2	Wels	7.000	Happels 1. Spiel mit Merkel
1.8.	F	Gmundner SC	6:2	Gmunden	6.000	
3.8.	F	Salzburger SK	3:1	Salzburg	5.000	
8.8.	F	Graphia	6:1	Schmelz	4.000	
10.8.	F	SC Siebenhirten	3:0	Liesing	2.500	
17.8.	I	FC Neuchatel	6:1	Genf	2.000	
18.8.	I	Bata Zelin	7:5	Genf	10.000	5 Tore von Hartl, Rapid Turniersieger
25.8.	M	Postsport	8:3	Wr. Stadion	28.000	4 Tore von Körner II
1.9.	M	Hochstädt	4:1	BAC	12.000	
4.9.	I	Slavia Prag	0:0	Prag	20.000	
8.9.	M	Vienna	2:2	Wr. Stadion	38.000	
14.9.	F	GAK	7:0	Sturm Graz	2.000	
15.9.	F	Sturm Graz	1:5	Sturm Graz	14.000	
22.9.	M	Wacker	3:2	Wr. Stadion	56.000	
29.9.	M	Austria	3:0	Wr. Stadion	30.000	
13.10.	M	WAC	2:0	Rapid	8.500	
20.10.	M	FAC	4:5	Wr. Stadion	18.000	
26.10.	F	Straßenbahn	1:0	Rapid	500	
28.10.	I	SK Bratislava	1:6	Bratislava	6.000	Happel scheidet nach 10 Min. verletzt aus
8.12.	M	FC Wien	4:3	Rapid	13.000	Rapid Herbstmeister
15.12.	F	Wacker	3:1	Rapid	3.500	
24.12.	I	Lazio Rom	2:2	Rom	15.000	
26.12.	I	Sampd. Genua	2:1	Genua	20.000	

1947

Datum	Bewerb	Gegner	Resultat	Platz	Zuseher	Bemerkungen
1.1.	I	Alessandria	3:2	Alessandria	2.000	
2.3.	F	Red Star	10:0	Red Star	6.000	
9.3.	M	Vienna	0:4	Rapid	15.000	
16.3.	I	SC Charleroi	2:3	Charleroi	15.000	
6.4.	I	MTK Budapest	2:6	FTC	20.000	
7.4.	I	FTC Budapest	2:5	FTC	20.000	
13.4.	M	WAC	2:1	Wr. Stadion	45.000	
16.4.	C	Vienna	3:2	Rapid	14.000	
20.4.	M	Wacker	5:4	Wr. Stadion	54.000	
24.4.	F	ASV Penzing	6:1	Penzing	2.000	
27.4.	M	FAC	2:2	Rapid	10.000	
4.5.	F	SW Westbahn	5:1	Rapid	800	
8.5.	C	Austria	2:3	Wr. Stadion	18.000	
10.5.	F	LAC	4:1	Rapid	800	
15.5.	I	Slavia Prag	5:3	Wr. Stadion	38.000	
18.5.	M	Admira	2:0	Admira	11.000	
25.5.	I	SK Kladno	5:0	Wr. Stadion	28.000	
26.5.	I	MTK Budapest	6:2	Wr. Stadion	32.000	Rapid gewinnt Turnier
1.6.	M	Wr. Sportclub	5:1	Rapid	13.000	

Datum	Bewerb	Gegner	Resultat	Platz	Zuseher	Bemerkungen
8.6.	M	FC Wien	2:3	Wr. Stadion	21.000	
13.6.	I	Sparta Prag	0:4	Sparta	20.000	
18.6.	I	Boras	2:3	Boras		Schweden-Reise
19.6.	I	Gävle	2:0	Gävle		
20.6.	I	Leksand	8:1	Leksand		
22.6.	I	Sandviken	3:1	Sandviken		
25.6.	I	Sündsvall	13:1	Sündsvall		6 Tore von Binder
26.6.	I	FC Kalmar	6:2	Kalmar		Ende Schweden-Reise
5.7.	M	SC Hochstädt	4:0	Helfort	5.000	
24.7.	F	Sturm 19 St. P.	9:0	St. Pölten	3.000	
2.8.	I	Kosice	4:2	Kosice	4.000	
3.8.	I	Slavia Presov	1:0	Presov	3.000	
7.8.	I	Svit	10:0	Svit	2.000	5 Tore von Gernhardt
13.8.	I	Mikulas	5:0	Mikulas	3.000	5 Tore von Gernhardt
15.8.	I	Pribica	6:2	Pribica	2.000	
17.8.	I	Voo Zamky	10:0	Voo Zamky	2.000	
20.8.	F	SC Ortmann	4:1	Ortmann	3.000	
24.8.	F	Helfort	6:0	Helfort	6.000	
31.8.	M	Oberlaa	6:3	Rapid	12.000	
7.9.	M	Wacker	4:2	Wr. Stadion	50.000	
21.9.	M	Wr. Sportclub	1:0	Wr. Stadion	30.000	
28.9.	M	Vienna	4:3	Wr. Stadion	30.000	
12.10.	M	FAC	5:0	Rapid	22.000	
19.10.	M	WAC	5:0	Wr. Stadion	20.000	
26.10.	M	Admira	1:2	Rapid	8.000	
28.10.	I	SK Zonojmo	10:4	Znaim	4.000	
2.11.	M	FC Wien	1:0	Wr. Stadion	20.000	
16.11.	C	Gaswerk	11:5	Rapid	3.000	
23.11.	M	Austria	7:2	Wr. Stadion	53.000	Rapid Herbstmeister
30.11.	C	WAC	3:0	Rapid	5.000	
7.12.	F	Grazer SC	4:0	Sturm Graz	10.000	
13.12.	F	Amateure Steyr	5:0	Steyr	2.000	
14.12.	F	LASK	3:1	Linz	10.000	
21.12.	F	Red Star	5:2	Rapid	2.000	
25.12.	I	Anderlecht	4:6	Brüssel	15.000	
29.12.	I	Ausw. Luxembg.	7:1	Luxemburg	5.000	

1948

Datum	Bewerb	Gegner	Resultat	Platz	Zuseher	Bemerkungen
1.1.	I	Ausw. Lüttich	7:2	Lüttich	15.000	
3.1.	I	Komb. Gand	2:1	Gand	8.000	
4.1.	I	Ausw. Antwerp.	0:1	Antwerpen	25.000	Happel wird verletzt
18.1.	I	Inter Mailand	2:2	Mailand	17.000	
25.1.	I	AC Bozen	5:0	Bozen	5.000	
15.2.	F	Post	12:0	Rapid	4.000	je 4 Tore Körner I und II
28.2.	M	Oberlaa	3:2	FC Wien	8.000	
29.2.	F	Sturm Graz	1:4	Sturm Graz	8.000	
21.3.	C	Austria	2:5	Wr. Stadion	52.000	
28.3.	I	Kispest	3:1	Wr. Stadion	33.000	Oster-Rundspiel
29.3.	I	Olimp Charleroi	1:0	Wr. Stadion	35.000	Oster-Rundspiel, Sieger Rapid
4.4.	M	Vienna	2:1	Rapid	15.000	
11.4.	M	FAC	2:2	Wr. Stadion	12.000	
25.4.	M	WAC	4:0	Rapid	7.000	
6.5.	F	SC Harland	13:0	Harland	5.000	
9.5.	M	Admira	6:0	Wr. Stadion	18.000	
12.5.	F	FavAC	1:2	FavAC	2.000	
16.5.	I	FC Zürich	6:3	Brüssel	8.000	
19.5.	I	Kispest	1:3	Courtrai	10.000	

Alle Spiele Happels für Rapid 193

Datum	Bewerb	Gegner	Resultat	Platz	Zuseher	Bemerkungen
6.6.	M	Austria	2:2	Wr. Stadion	44.000	Happel zum 2. und Rapid zum 16. Mal Meister
9.6.	I	Racing Paris	2:3	Paris	10.000	
10.6.	I	Noeux de Mines	4:3	Mines	6.000	
12.6.	I	Nantes/Rennes	3:2	Nantes	8.000	
19.6.	I	Racing Paris	4:1	Paris	12.000	
11.8.	F	Red Star	2:0	Red Star	5.000	
18.8.	F	Helfort	2:2	Helfort	3.000	
22.8.	F	Simmering	5:1	Simmering	8.000	
28.8.	M	Wacker	1:1	Wr. Stadion	37.000	
5.9.	M	Vienna	1:5	Wr. Stadion	27.000	
26.9.	M	Wr. Sportclub	1:1	Rapid	14.500	
5.10.	I	Roter Stern B.	3:3	Belgrad	25.000	
10.10.	M	FC Wien	5:1	Rapid	8.000	
17.10.	M	Admira	2:3	Wr. Stadion	27.000	
21.11.	C	SK Feuerwehr	4:1	Rapid	2.200	
27.11.	F	Admira	4:5	Rapid	3.200	
5.12.	F	Wacker	2:3	Rapid	11.000	1. Spiel von Dienst
12.12.	F	SC Oberwart	3:1	Oberwart	4.000	
25.12.	I	Valetta	6:1	La Valetta	15.000	5 Tore von Riegler
26.12.	I	Floriana	5:1	Malta	10.000	

1949

Datum	Bewerb	Gegner	Resultat	Platz	Zuseher	Bemerkungen
2.1.	I	Engl. Sold.-Ausw.	5:1	Malta	10.000	
5.1.	I	Hamarun	6:1	Malta	12.000	
6.1.	I	Silema Wand.	2:0	La Valetta	10.000	
8.1.	I	Hibernians	7:2	La Valetta	12.000	
9.1.	I	Team Malta	3:1	Malta	15.000	
11.1.	I	FC Catania	1:0	Catania	7.000	
23.1.	C	Austria	1:1	Wr. Stadion	40.000	
1.2.	I	Ausw. Alexandr.	6:2	Alexandria	15.000	Ägypten-Reise
4.2.	I	Ausw. Kairo	3:1	Kairo	20.000	
6.2.	I	Ausw. P. Said	2:1	Port Said	8.000	
9.2.	I	Kanal Team Suez	4:2	Suez	4.000	
11.2.	I	Ausw. Ägypten	0:0	Kairo	25.000	
13.2.	I	Ausw. Alexandr.	0:1	Alexandria	15.000	Ende Ägypten-Reise
27.2.	M	Wacker	2:1	Wr. Stadion	15.000	
13.3.	M	FAC	8:2	FAC	6.000	
27.3.	M	Oberlaa	4:0	Rapid	8.000	
7.4.	M	Vienna	2:1	Rapid	11.000	
10.4.	M	Wr. Sportclub	3:1	Wr. Stadion	20.000	
17.4.	I	SK Partizan	2:5	Wr. Stadion	28.000	
24.4.	M	FC Wien	6:1	Wr. Stadion	21.000	4 Tore von Dienst
28.4.	M	Admira	4:1	Rapid	15.000	
1.5.	F	SK Berndorf	3:4	Berndorf	2.500	
14.5.	M	Hochstädt	9:1	Rapid	6.000	1. Tor von Happel
15.5.	F	Badener AC	1:2	Guntramsdorf	2.000	
29.5.	M	Austria	3:5	Wr. Stadion	50.000	Rapid 2. der Meisterschaft
9.6.	I	Vasco da Gama	0:5	Rio	30.000	Südamerika-Reise
12.6.	I	Fluminense	2:3	Rio	30.000	
16.6.	I	Corinthians	2:2	Sao Paulo	30.000	
19.6.	I	Flamengo	1:2	Rio	30.000	
22.6.	I	Palmeiros	0:2	Sao Paulo	20.000	Nachtspiel
29.6.	I	Sao Paulo	4:2	Sao Paulo	30.000	
3.7.	I	Ponte Preta	2:2	Ponte Preta	8.000	
10.7.	I	Curitiba Ath. P.	7:2	Curitiba	20.000	
12.7.	I	FC Curitiba	0:4	Curitiba	10.000	
16.7.	I	Ferroviario	0:1	Curitiba		
17.7.	I	America FC	5:3	Ioenville	5.000	Ende Südamerika-Reise

Datum	Bewerb	Gegner	Resultat	Platz	Zuseher	Bemerkungen
24.8.	F	Sturm 19 St. P.	7:2	St. Pölten	2.000	
11.9.	M	FC Wien	2:5	Wr. Stadion	27.000	
18.9.	M	SV Gloggnitz	8:2	Gloggnitz	6.000	4 Tore von Körner II
28.9.	I	Dinamo Zagreb	3:1	Agram	25.000	
5.10.	I	Dinamo Zagreb	7:1	Rapid	15.000	
8.10.	M	FAC	2:1	Rapid	13.000	
23.10.	M	Austria	4:4	Wr. Stadion	47.000	
30.10.	M	Oberlaa	8:2	Rapid	12.500	
20.11.	M	Vienna	6:0	Wr. Stadion	30.000	
27.11.	M	Wacker	5:2	Wr. Stadion	29.000	
4.12.	M	Admira	4:2	Wr. Stadion	30.000	
11.12.	M	Wr. Sportclub	3:0	Wr. Stadion	22.000	
18.12.	M	Sturm Graz	3:3	Graz	8.000	
26.12.	F	SK Helfort	5:2	Rapid	3.500	

1950

Datum	Bewerb	Gegner	Resultat	Platz	Zuseher	Bemerkungen
1.1.	I	SpVgg Fürth	1:0	Fürth	14.000	
6.1.	I	1860 München	3:3	München	15.000	
8.1.	I	Jahn Regensbg.	3:3	Regensburg	13.000	
5.2.	F	Austria	6:4	Rapid	6.000	
12.2.	F	Slovan	4:1	Rapid	14.000	
19.2.	F	Admira	5:2	Rapid	16.000	
26.2.	M	Slovan	1:1	Wr. Stadion	25.000	
5.3.	M	Vorwärts Steyr	4:2	Rapid	17.500	
12.3.	M	FC Wien	1:1	Wr. Stadion	23.000	
26.3.	M	Gloggnitz	2:1	Rapid	22.000	
9.4.	F	Simmering	7:1	Rapid	10.000	Osterturnier
10.4.	I	Roter Stern B.	2:1	Rapid	11.000	Osterturnier
13.4.	I	St. Pauli	3:0	Hamburg		
15.4.	I	FC Saarbrücken	3:3	Saarbrücken		
16.4.	I	Auswahl Mons	4:2	Mons		
26.4.	M	FAC	3:0	Wacker	14.000	
30.4.	M	Austria	4:2	Wr. Stadion	56.000	
1.5.	M	Oberlaa	6:0	Wacker	12.000	
4.5.	I	Hibernians	3:2	Wr. Stadion	35.000	
17.5.	I	Ausw. Jugosl.	2:4	Belgrad	55.000	
21.5.	M	Sturm Graz	6:0	Rapid	7.000	
27.5.	I	FC Nürnberg	1:2	München	23.000	Pfingstturnier
29.5.	I	1860 München	2:0	Nürnberg	17.000	Rapid Turnierzweiter
4.6.	M	Vienna	2:0	Wr. Stadion	12.000	
10.6.	M	Wacker	3:1	Wr. Stadion	33.000	
17.6.	M	Admira	2:5	Wr. Stadion	30.000	
6.8.	F	KAC	6:2	Klagenfurt	5.000	Happel eingewechselt
13.8.	F	Villacher SV	4:1	Villach		
15.8.	F	SV Judenburg	14:0	Judenburg		4 Tore von Körner II
19.8.	M	Wr. Sportclub	4:2	WAC	8.000	
23.8.	F	G. Baumgarten	5:2	Baumgarten	2.000	
26.8.	M	LASK	11:2	Rapid	9.000	
30.8.	M	Elektra	5:1	Rapid	15.000	
2.9.	F	Union Salzburg	4:0	Salzburg	4.000	
3.9.	F	B-Ausw. NÖ	5:0	St. Pölten	5.000	
10.9.	M	Wr. Sportclub	2:2	Wr. Stadion	30.000	
17.9.	M	Austria	7:5	Wr. Stadion	53.000	
24.9.	M	Sturm Graz	12:1	Rapid	13.000	
2.10.	M	Vienna	9:0	Wr. Stadion	22.000	5 Tore von Dienst
15.10.	M	Vorwärts Steyr	5:1	Rapid	17.000	
21.10.	M	Wacker	4:3	Wr. Stadion	34.000	
12.11.	M	FC Wien	8:0	Rapid	15.000	
15.11.	I	Atletico Mineiro	3:0	Wr. Stadion	61.000	1. Spiel von Hanappi

Alle Spiele Happels für Rapid

Datum	Bewerb	Gegner	Resultat	Platz	Zuseher	Bemerkungen
19.11.	M	Admira	1:0	Wr. Stadion	35.000	
26.11.	M	FAC	5:2	Rapid	11.000	
3.12.	M	Wr. Neustadt	5:2	Wr. Neustadt	7.000	
25.12.	I	Anderlecht	4:1	Brüssel	10.000	
26.12.	I	Saarbrücken	4:1	Saarbrücken	4.000	
31.12.	I	Preußen Münster	5:5	Münster	5.000	

1951

Datum	Bewerb	Gegner	Resultat	Platz	Zuseher	Bemerkungen
1.1.	I	Phönix L'hafen	7:2	Ludwigshafen	7.000	
14.1.	F	Gaswerk	6:3	Rapid	6.000	
21.1.	F	Red Star	6:0	Rapid	5.000	
28.1.	F	Helfort	6:2	Helfort	3.500	
4.2.	I	K'lautern/Ndf.	4:2	Kaiserslautern		
6.2.	I	Rac./U. Brüssel	6:2	Brüssel		
7.2.	I	Jeunesse Esch	9:0	Esch		
11.2.	I	A-Team Schweiz	2:2	Genf	9.000	
18.2.	F	Austria	5:3	Rapid	20.000	
25.2.	M	LASK	1:2	Linz	13.000	
4.3.	M	Elektra	11:0	Wr. Stadion	8.000	
18.3.	M	Wr. Sportclub	6:3	Rapid	21.000	
22.3.	I	Roter Stern B.	3:2	Bordeaux		
25.3.	I	Rotweiß Essen	2:1	Essen		
26.3.	I	Fort. Düsseldorf	3:3	Düsseldorf		
1.4.	M	Austria	3:1	Wr. Stadion	60.000	
8.4.	M	Sturm Graz	3:3	Sturm Graz	10.000	
15.4.	M	Wacker	3:3	Wr. Stadion	45.000	
17.4.	F	Ausw. Burgenld.	6:1	Neufeld	4.500	
22.4.	M	Vienna	5:2	Rapid	13.000	
25.4.	M	Admira	3:1	Rapid	10.000	
29.4.	M	Vorwärts Steyr	6:1	Steyr	8.000	
3.5.	M	FC Wien	3:2	FC Wien	8.000	
6.5.	I	Preston Northend	3:1	Genf	20.000	
9.5.	I	Leeds	2:2	Leeds	20.000	
12.5.	I	Bury	1:2	Bury	15.000	
16.5.	I	Barnsley	2:4	Barnsley	8.000	
19.5.	I	Hibernians	5:3	Edinburgh	40.000	
3.6.	M	FAC	8:2	FAC	6.000	
6.6.	I	Sunderland	5:1	Wr. Stadion	25.000	
10.6.	M	Wr. Neustadt	7:1	Rapid	7.000	Eigentor Müller
24.6.	F	Frohnleiten	7:1	Frohnleiten		
28.6.	F	SV Leoben	7:1	Leoben	4.000	
30.6.	F	SK Eggenburg	10:2	Eggenburg	3.000	
3.7.	I	Lazio Rom	5:0	Wr. Stadion	23.000	Zentropa-Cup
5.7.	I	Wacker	3:2	Wr. Stadion	9.000	Zentropa-Cup, 1 Tor von Happel aus einem Elfmeter
5.8.	F	SC Schwechat	13:0	Schwechat	3.000	1 Tor Happel
7.8.	F	Badener AC	5:2	Baden	3.500	
11.8.	F	Kremser SC	6:2	Krems	4.000	4 Tore Dienst
15.8.	F	Rapid Oberlaa	6:2	Oberlaa	2.000	1 Tor Happel
18.8.	I	Werder Bremen	4:1	Wr. Stadion	20.000	1 Tor Happel (Elfmeter), Happel ausgeschlossen
9.9.	M	Sturm Graz	4:0	Sturm Graz	10.000	
13.9.	I	Roter Stern B.	1:2	Belgrad	55.000	
16.9.	M	Wr. Sportclub	10:3	Wr. Stadion	40.000	4 Tore von Dienst
26.9.	I	Ausw. Lüttich	8:0	Lüttich	20.000	
29.9.	M	FC Wien	5:2	Wacker	5.000	
4.10.	I	Dinamo Zagreb	2:6	Zagreb	35.000	
7.10.	M	GAK	0:3	Graz	8.000	
21.10.	M	Simmering	5:1	Wr. Stadion	24.000	

Datum	Bewerb	Gegner	Resultat	Platz	Zuseher	Bemerkungen
28.10.	M	Blau-Weiß	6:0	Wacker	12.000	
7.11.	M	FAC	10:1	Rapid	3.500	
11.11.	M	Wacker	2:3	Wr. Stadion	32.000	
18.11.	M	LASK	3:2	Linz	15.000	
9.12.	M	Kapfenberg	4:0	Wacker	10.000	
22.12.	I	Galatasaray	6:1	Istanbul	15.000	
23.12.	I	Fenerbahce	0:1	Istanbul	20.000	
29.12.	I	Beyoglu Spor	5:0	Istanbul	10.000	
30.12.	I	Besiktas	2:3	Istanbul	20.000	

1952

Datum	Bewerb	Gegner	Resultat	Platz	Zuseher	Bemerkungen
6.1.	I	Panathinaikos	3:1	Athen	20.000	
7.1.	I	AEK Athen	3:2	Athen	20.000	
10.1.	I	Olympiakos	3:0	Athen	25.000	
13.1.	I	Panathinaikos	1:0	Athen	20.000	Tor Happel (Freistoß), Abbruch 10 Min. vor Ende
16.1.	I	PAOK Saloniki	8:2	Saloniki	15.000	1 Tor Happel, 4 Tore von Dienst
20.1.	I	Aris Saloniki	11:1	Saloniki	15.000	4 Tore von Probst
10.2.	F	WAC	7:2	WAC	5.000	
23.2.	F	Wacker	4:4	WAC		
4.3.	M	Admira	3:1	Wr. Stadion	11.000	
9.3.	M	Austria	3:1	Wr. Stadion	50.000	
16.3.	M	Wr. Sportclub	4:0	Wr. Stadion	30.000	
	M	Wacker	3:1		40.000	
11.4.	I	Tennis Borussia	3:3	Berlin	40.000	
13.4.	I	Dinamo Zagreb	4:2			
14.4.	I	1. FC Köln	1:2			
14.5.	I	AC Milan	2:1			
17.5.	M	FAC	2:3			Rapidler müde von den vielen Tourneen
28.5.	I	TSV 1860	3:2			
31.5.	I	Stadtausw. Angers	7:4			
2.6.	I	Le Havre	2:1			
4.6.	I	Racing Paris	2:6			
8.6.	M	Vienna	2:5	Wr. Stadion		
16.6.	M	Sturm Graz	7:1	Rapid		Titel fast fixiert
18.6.	M	Kapfenberg	4:0	Kapfenberg		Happel-Hochzeit
25.6.	I	Olympiakos	2:2	Athen		Gernhardt Nasenbeinbruch
28.6.	I	AEK	4:1	Athen		Flutlicht, schlechte Beleuchtung
3.7.	I	Panathinaikos	1:2	Athen		
5.7.	I	Griech. Olympiat.	0:2	Athen		
27.8.	I	Partizan	0:4	Belgrad		Körner I verletzt
	M	Austria Salzburg	4:3			glücklicher Sieg
	F	Vienna	2:1	Wels		Exhibition
	M	LASK	9:0			4 Tore von Dienst
11.11.	I	Ausw. Straßburg	4:1			
13.12.	I	Vefa	6:1	Istanbul		ohne Zeman, Probst, Dienst, Musil
14.12.	I	Fenerbahce	4:4	Istanbul	30.000	
20.12.	I	Besiktas	2:1	Istanbul		fanatisches Publikum
21.12.	I	Galatasaray	1:1	Istanbul		Happel führte verjüngte Elf

1953

Datum	Bewerb	Gegner	Resultat	Platz	Zuseher	Bemerkungen
4.1.	I	Deportivo	2:5	Cali, Kolumbien		Gernhardt Zehenbruch
6.1.	I	Santa Fé	1:2	Santa Fé		
11.1.	I	Millionarios	1:1			

Alle Spiele Happels für Rapid

Datum	Bewerb	Gegner	Resultat	Platz	Zuseher	Bemerkungen
14.1.	I	River Plate	0:0			
21.1.	I	Deportivo Cali	1:1			
25.1.	I	Boca Juniors	3:4			
29.1.	I	River Plate	1:5			
4.2.	I	Millionarios	1:2			
10.2.	I	River Plate	3:1			
14.2.	I	River Plate	1:3			
18.2.	I	Millionarios	0:4			
22.2.	I	Lajola	3:3			
24.2.	I	Am. Soccer Lg.	3:4	New York		Merkel suspendiert, Happel Geldstrafe
1.3.	M	Grazer Sportklub	0:1	Graz		peinliche Niederlage
2.3.	I	Diables Rouges	1:5			
4.4.	I	Bastia	5:4	Wr. Stadion	60.000	Osterturnier
5.4.	I	Honved	0:2	Budapest		Osterturnier
	M	GAK	5:1	Rapid		Beinbruch von Cihak
	M	Vienna	2:4			Körner II verletzt, aber ausgeschlossen
10.5.	M	Austria	4:1			Meisterschaft wieder spannend
17.5.	M	Admira	1:3	Wr. Stadion		
21.5.	I	Middlesborough	2:1	Holland		für die Opfer der Überschwemmungskatastrophe
24.5.	I	Arsenal London	6:1	Brügge		1 Tor Happel, Sensationsspiel von Rapid
26.5.	I	Stade Francaise	2:0			
28.5.	I	Ausw. Kopenhg.	5:1			
7.6.	M	Sturm Graz	3:3	Graz		Rapid nach 12 Min. 0:3 zurück
	M	FAC	12:4			
17.6.	I	FC America	6:4	Wr. Stadion	55.000	3 Tore von Dienst
24.6.	I	1860 München	0:4	München		ohne Dienst, Probst
28.6.	I	Göttingen 05	7:5			
30.6.	I	Werder Bremen	2:1			
2.8.	I	Nimes	5:1	Innsbruck	15.000	Stadioneröffnung Tivoli
	F	Columbia	7:3			Debüt von Halla
15.8.	I	Schalke 04	6:1	Wr. Stadion		Turnier
16.8.	I	Dinamo Zagreb	2:2	Wr. Stadion		Turnier
23.8.	M	GAK	3:1	Graz		
	M	Austria	3:4	Wr. Stadion	60.000	
	M	Sturm Graz	4:2	Graz		„Hosen-Affäre" von Probst
13.10.	I	Spartak Moskau	0:4	Moskau	80.000	Rapid-Premiere i.d. UdSSR
15.10.	I	Dynamo Moskau	2:1	Moskau	80.000	Happel-Tor gegen Jaschin
4.11.	I	Sunderland	3:2	Sunderland		Nachtspiel
8.11.	M	Vienna	4:3	Rapid		Rapid lag 0:2 zurück
26.12.	I	Jeunesse Esch	6:3	Luxemburg		
27.12.	I	RW Essen/Duisb.	1:1			

1954

Datum	Bewerb	Gegner	Resultat	Platz	Zuseher	Bemerkungen
1.1.	I	Real Sociedad	3:6	San Sebastian	17.000	Happel verwandelt und vergibt Elfmeter
3.1.	I	FC Valencia	5:2	Valencia	18.000	
25.1.	I	America FC	1:0	Montevideo	8.000	
30.1.	I	Penarol	2:5	Montevideo	20.000	
3.2.	I	Fluminense	1:3	Montevideo	20.000	
6.2.	I	National	1:2	Montevideo	25.000	
9.2.	I	Norrköping	3:1	Montevideo	12.000	
13.2.	I	Luqueno	2:0	Montevideo	15.000	1 Tor Happel
16.2.	I	Alianza	0:2	Montevideo	20.000	Rapid 5. im Turnier

Datum	Bewerb	Gegner	Resultat	Platz	Zuseher	Bemerkungen
22.2.	I	San Lorenzo	5:3	Buenos Aires	35.000	1 Tor Happel
28.2.	M	FAC	4:2	WAC	7.000	
7.3.	M	Austria	3:0	Wr. Stadion	50.000	
21.3.	M	LASK	5:0	Linz	16.000	
31.3.	I	FC Bangu	6:4	Wr. Stadion	45.000	
4.4.	M	Wr. Sportclub	2:3	Wr. Stadion	9.000	
17.4.	I	Honved	2:1	Wr. Stadion	30.000	
19.4.	I	Flamengo	2:2	Wr. Stadion	55.000	
25.4.	M	Wacker	5:1	Wacker	17.000	
28.4.	I	CSR-Nat.-Team	3:1	Brünn	30.000	
2.5.	M	WAC	4:5	Rapid	12.000	
20.7.	I	Dynamo Moskau	1:0	Wr. Stadion	60.000	
31.7.	F	Badener AC	10:2	Baden	3.000	
7.8.	I	Reims	4:3	Gelsenkirchen	15.000	
8.8.	I	Schalke 04	5:4	Gelsenkirchen	15.000	
11.8.	I	Lyon	2:1	Lyon	10.000	1 Tor Happel
13.8.	I	Toulouse	3:4	Toulouse	12.000	
15.8.	I	Reims	1:0	Vichy	16.000	
18.8.	I	Racing Paris	3:1	Paris	12.000	
5.9.	M	Austria	1:2	Wr. Stadion	35.000	
11.9.	M	Vienna	1:1	Wacker	16.500	

Ernst Happel spielte den Rest der Saison und die nächste nicht bei Rapid.

1956

29.9.	F	Wr. Sportclub	1:1			
14.10.	F	Siegendorf	6:2	Rapid	1.000	
21.10.	M	Kremser SC	2:0	Krems	9.500	1 Tor Happel (Elfmeter)
27.10.	M	GAK	1:1	Rapid	9.000	
1.11.	EC	Real Madrid	2:4	Madrid	125.000	
4.11.	M	Stadlau	4:2	Rapid	6.500	
10.11.	M	Sturm Graz	0:1	Graz	6.000	
14.11.	EC	Real Madrid	3:1	Wr. Stadion	50.000	alle 3 Tore Happel
18.11.	M	Wr. Sportclub	3:1	Rapid	8.000	
25.11.	M	Wacker	0:1	Wacker	10.000	
2.12.	M	Simmering	2:1	Simmering	8.000	
13.12.	EC	Real Madrid	0:2	Madrid	100.000	Entscheidungsspiel
25.12.	I	All Stars	7:1	New York	2.500	
30.12.	I	Saprissa	1:1	Costa Rica		

1957

1.1.	I	Racing Buen. A.	1:4	Costa Rica		Tor von Happel (Elfmeter)
6.1.	I	Herediano C. R.	2:7	Costa Rica		beide Tore Happel aus Elfmetern
9.1.	I	Universidad	4:1	Guatemala City		
13.1.	I	Communicacion.	3:2	Guatemala City		
20.1.	I	Libertad	3:2	Barranquilla		1 Tor Happel (Freistoß)
23.1.	I	Ausw. Curacao	0:2	Curacao		
26.1.	I	Ausw. Aruba	4:3	Curacao		
28.1.	I	Curacao	2:0	Curacao		
31.1.	I	Ausw. Guadel.	2:1	P. Apitre		
2.2.	I	Martinique B	4:4	F. de France		
3.2.	I	Martinique A	2:2	F. de France		Happel ausgeschlossen
7.2.	I	Ausw. Surinam	1:3			
8.2.	I	Ausw. Surinam	3:3			
3.3.	F	Olympia 33	2:2	Rapid		
16.3.	M	Admira	6:2	Rapid	7.500	
24.3.	M	WAC	4:1			

Alle Spiele Happels für Rapid

Datum	Bewerb	Gegner	Resultat	Platz	Zuseher	Bemerkungen
30.3.	M	Kapfenberg	8:1	Rapid	4.000	4 Tore von Riegler
7.4.	M	Austria Salzbg.	5:4	Lehen	7.000	4 Tore von Riegler
14.4.	F	Güssing	5:1	Rapid		
21.4.	I	Ruch Chorzow	4:0	Chorzow	75.000	1 Tor Happel (Elfmeter)
22.4.	I	Wisla Krakau	1:1	Krakau		
24.4.	I	Lodz	1:2	Lodz		
28.4.	M	Vienna	3:2	Wr. Stadion	35.000	
12.5.	M	Austria	3:2	Wr. Stadion	25.000	
18.5.	M	Kremser SC	12:1	Rapid	8.500	5 Tore von Riegler und 4 Tore von Dienst
30.5.	M	GAK	5:1			
5.6.	I	Sampd. Genua	4:3	Wr. Stadion	53.000	1 Tor Happel (Freistoß)
8.6.	M	Sturm Graz	5:1	Rapid	8.000	1 Tor Happel
16.6.	M	Wr. Sportclub	2:0	Wr. Stadion	15.000	
19.6.	M	Wacker	2:4	Rapid	8.000	100. Tor von Dienst
29.6.	MC	MTK Budapest	1:1	Wr. Stadion	35.000	
6.7.	MC	MTK Budapest	3:3	Nepstadion	50.000	
11.7.	MC	MTK Budapest	4:1	Wr. Stadion	25.000	Entscheidungsspiel
16.7.	MC	Vojv. Novisad	3:0	Wr. Stadion	25.000	1 Tor Happel (Freistoß)
21.7.	MC	Vojv. Novisad	1:4	Novisad	25.000	
21.8.	F	Fischamend	9:1	Fischamend		Ablösespiel Bertalan
24.8.	M	Vienna	4:1	Wr. Stadion	30.000	
28.8.	M	Olympia	6:4	Hohe Warte	7.000	4 Tore von Dienst
31.8.	M	Kapfenberg	8:2	Rapid	9.000	5 Tore von Dienst
4.9.	M	Wacker	1:2	Wr. Stadion	20.000	
8.9.	M	FC Wien	5:1	Rapid	6.000	
9.10.	EC	Milan	5:2	Wr. Stadion		
19.10.	M	WAC	3:1	Rapid	6.000	1 Tor Happel (Elfmeter)
23.10.	M	Simmering	5:2	Simmering	6.000	4 Tore von Dienst
27.10.	M	Admira	1:3	Admira	9.000	
30.10.	EC	Milan	2:4	Zürich	24.000	Entscheidungsspiel, 1 Tor Happel (Elfmeter)
3.11.	M	GAK	1:4	Rapid	5.000	
10.11.	M	Austria	4:0	Wr. Stadion	33.000	1 Tor Happel (Elfmeter)
17.11.	M	Sturm Graz	2:1	Graz	8.000	
20.11.	F	Ausw. 1. Brigade	6:4	Rapid		
25.11.	M	Kremser SC	2:0	Rapid	7.000	1 Tor Happel (Elfmeter)
30.11.	M	Wr. Sportclub	4:2	Rapid	13.000	
7.12.	M	Vienna	2:1	Hohe Warte	8.000	1 Tor Happel (Elfmeter)
14.12.	F	Wacker Innsbr.	5:2	Innsbruck		1 Tor Happel, Happels 1. Spiel mit Skocik
15.12.	F	Austria Salzbg.	3:2	Lehen		
21.12.	F	Austria	1:4	Rapid	5.000	
29.12.	I	AEK Athen	2:0	Athen	10.000	

1958

1.1.	I	Apollon	1:1	Athen	7.000	Tor von Happel
5.1.	I	Olympiakos	0:2	Piräus	6.000	
6.1.	I	Panathinaikos	1:1	Athen	12.000	
8.1.	I	Apollon	2:1	Saloniki	6.000	1 Tor Happel
16.2.	F	Simmering	1:2	Simmering	4.000	Happels 1. Spiel mit Flögel
23.2.	M	Olympia	2:1	Wr. Stadion	10.000	
8.3.	M	Wacker	5:5	Wr. Stadion	8.000	alle 5 Tore Riegler
22.3.	F	Gaswerk	3:3			
29.3.	M	Simmering	5:2	WAC	8.000	
2.4.	I	Alem. Aachen	2:2	Aachen	8.000	
5.4.	I	Sedan	2:4	Leuven		
7.4.	I	Waterschei	5:2	Waterschei	10.000	4 Tore von Riegler
9.4.	I	Racing Paris	2:1	Paris	10.000	

Datum	Bewerb	Gegner	Resultat	Platz	Zuseher	Bemerkungen
12.4.	M	WAC	3:0	WAC	7.000	1 Tor Happel
16.4.	M	Admira	7:2	Wr. Stadion	10.000	1 Tor Happel
20.4.	M	GAK	3:2	Graz	10.000	
23.4.	M	Kapfenberg	1:0	Kapfenberg	6.500	
27.4.	M	Austria	1:1	Wr. Stadion	7.000	
30.4.	M	Sturm Graz	10:0	Wr. Stadion	10.000	4 Tore von Dienst
4.5.	M	Kremser SC	1:0	Krems	8.000	
7.5.	M	FC Wien	5:0	Hohe Warte	15.000	
10.5.	M	Wr. Sportclub	2:2	Rapid	12.000	1 Tor Happel
22.6.	F	Laa a. d. Thaya	13:2	Laa a. d. Thaya		je 4 Tore von Dienst, Körner II und Riegler
1.7.	I	Malmö FF	1:0	Malmö		
3.7.	I	Östers IF	8:2	Vaexjoe		Happels 1. Spiel mit Szanwald
6.7.	I	Holmsund	7:1	Holmsund		
8.7.	I	Bodm	4:2	Bodm		
10.7.	I	Kiruna	17:1	Kiruna		8 Tore von Reiter und 6 Tore von Dienst
13.7.	I	Avesta	10:4	Avesta		
16.7.	I	Ausw. Solleftea	12:0	Solleftea		7 Tore von Reiter
18.7.	I	Saevle IF	7:4	Saevle		1 Tor Happel
1.8.	I	Lewsky Sofia	1:1	Sofia	35.000	
3.8.	I	Lok Sofia	3:2	Sofia	40.000	
23.8.	F	Columbia	11:1	Columbia	1.500	5 Tore von Dienst
24.8.	F	Red Star	5:0	Red Star	2.000	
27.8.	F	Donaufeld	10:3	Red Star	1.500	
30.8.	M	Olympia	10:3	Red Star	14.000	
7.9.	M	Kapfenberg	3:1	Bruck/Mur	7.500	
20.9.	M	Vienna	1:1	Wr. Stadion	25.000	
27.9.	M	WAC	2:0	WAC	12.000	1 Tor Happel
11.10.	M	Admira	5:2	Rapid	7.000	1 Tor Happel
19.10.	M	Wr. Sportclub	3:4	Wr. Stadion	50.000	
26.10.	M	Kremser SC	3:1	Rapid	6.500	1 Tor Happel
2.11.	M	Wacker	5:1	Wacker	15.000	1 Tor Happel
8.11.	M	Donawitz	9:0	Rapid	6.000	4 Tore von Dienst
23.11.	M	GAK	2:1	Rapid	10.000	
26.11.	I	La Gantoise	0:3	Gent		
30.11.	M	LASK	4:1	Linz	15.000	
7.12.	M	Simmering	6:3	Rapid	10.000	1 Tor Happel
13.12.	M	Austria	4:1	Hernals	11.000	Rapid Herbstmeister

1959

Datum	Bewerb	Gegner	Resultat	Platz	Zuseher	Bemerkungen
6.1.	F	Himberg	12:0	Himberg	2.000	1 Tor Happel
11.1.	F	Berndorf	5:4	Berndorf	2.000	
5.2.	WST	Simmering	7:9	Stadthalle	8.000	3 Tore von Happel
1.3.	M	Olympia	3:0	Red Star	8.000	
4.3.	F	Gaswerk	9:1	Rapid		
14.3.	M	Vienna	1:0	Hohe Warte	15.000	
18.3.	M	Kapfenberg	9:2	Rapid	5.000	1 Tor Happel
23.3.	M	WAC	1:1	Rapid	10.000	
28.3.	I	Ujpest Dosza	0:0	Nepstadion	25.000	
29.3.	I	Vasas Budapest	0:2	Nepstadion	35.000	
5.4.	M	Admira	3:0	Admira	7.500	
8.4.	C	Wr. Neustadt	3:1	Wr. Neustadt	8.000	1 Tor Happel
11.4.	M	Wr. Sportclub	2:3	Wr. Stadion	18.000	

Legende: M = Meisterschaftsspiel, C = Cupspiel, F = Freundschaftsspiel, I = Internationales Spiel, EC = Europacupspiel, MC = Mitropacupspiel, SB = Sommerbewerb, WRS = Wiener Rundspiel, WST = Wiener Stadthallenspiel